形象、消费与身份认同：

中国“90后”女性对意大利奢侈品的消费

张海虹　著

ZHEJIANG UNIVERSITY PRESS
浙江大学出版社

图书在版编目（CIP）数据

形象、消费与身份认同：中国“90后”女性对意大利奢侈品的消费 / 张海虹著. —杭州：浙江大学出版社，2021.11

ISBN 978-7-308-21765-1

Ⅰ. ①形… Ⅱ. ①张… Ⅲ. ①女性—消费品—消费者行为论—研究—中国 Ⅳ. ①F724.7②F723.5

中国版本图书馆 CIP 数据核字（2021）第 188340 号

形象、消费与身份认同：

中国“90后”女性意大利奢侈品的消费

张海虹　著

责任编辑　陈静毅

责任校对　杨利军　汪　潇

封面设计　春天书装

出版发行　浙江大学出版社

（杭州市天目山路 148 号　邮政编码 310007）

（网址：http://www.zjupress.com）

排　　版　浙江时代出版服务有限公司

印　　刷　广东虎彩云印刷有限公司绍兴分公司

开　　本　710mm×1000mm　1/16

印　　张　13.75

字　　数　240 千

版 印 次　2021 年 11 月第 1 版　2021 年 11 月第 1 次印刷

书　　号　ISBN 978-7-308-21765-1

定　　价　56.00 元

前　言

随着中国改革开放的深入推进以及经济的高速发展，自 20 世纪 90 年代以来，中国的基础消费环境经历了从无到有、从单一到多元的变化。与此同时，中国的传统消费文化也面临西方消费文化以及价值观的冲击。中国“90 后”女性消费者出生和成长在这一时期，她们在购物渠道、消费结构、消费观念等方面都呈现出与其他世代女性不同的消费特征，并正逐渐成为中国奢侈品消费市场的主力军。意大利是世界传统奢侈品强国，虽然其奢侈品牌仅在 20 世纪 90 年代才直接进入中国内地市场，但是它突破中意文化差异的限制，成功在中国塑造品牌形象，赢得了中国消费者的青睐，特别是中国女性消费者的青睐。在全球经济一体化发展的大环境中，不仅意大利国家形象及其品牌形象会影响意大利产品在中国市场的消费，而且中国消费者的身份认同也在其中发挥重要作用。意大利奢侈品企业在中国市场的成功经验，不仅能为已经或将要进入中国市场的他国企业提供借鉴，更能为迫切追求国际化的中国企业提供决策依据。

本书采用质性研究和定量研究相结合的研究方式，将国家形象、品牌形象、消费与身份认同置于同一研究框架下，探讨国家形象和品牌形象对消费者的影响及其原因，并通过分析国家形象及品牌形象对消费者的影响，探究形象、消费及身份认同之间的关系。在质性研究中，课题组共对 46 位中国“90 后”女性消费者和 10 位中国非“90 后”消费者进行了半结构式深度访谈，并对 518 位中国“90 后”女性消费者进行网络自填式问卷调查。本书从质性和定量两个角度，对意大利及其品牌在中国“90 后”女性心目中的形象以及中国“90 后”女性消费者对意大利奢侈品消费情况进行了深入调研，最后按照扎根理论法和统计分析法对研究资料进行整理和分析，建构了消费视角下的形象、消费和身份认同相互影响模型。

本书基于本人的博士论文修改而成。希望本书能对中国与意大利跨文化研究进行有益补充,同时也能对我国与其他非通用语国家的跨文化研究有借鉴意义。

张海虹

2021年6月

目　录

第一章 绪 论

中国和意大利是亚欧大陆两大文明古国。两国都历史悠久，文化底蕴深厚，并且两国的经贸交往源远流长。20世纪90年代初，第一批意大利奢侈品企业进入了中国内地市场。此后，随着中国经济的蓬勃发展以及居民可支配收入的增加，中国消费者成为意大利奢侈品的消费主力军。中国是意大利时尚奢侈品的主要进口国之一。[①] 在世界奢侈品牌林立、两国消费文化存在差异的情况下，意大利奢侈品牌能脱颖而出，赢得中国“90后”女性消费者的青睐，其中的原因耐人寻味。

一、问题提出

2011年，“达芬奇天价家具涉嫌造假”事件引起了众多中国消费者的不满以及社会各界的热议。消费者发现，虽然达芬奇家具的品牌注册地是意大利，但其产品的实际产地是中国。生产者为什么要采取这种欺骗行为？消费者为何对产地的造假如此反感？斯科勒(Robert Schooler)对产品来源国形象的研究结果很好地对此进行了解答。他的研究表明，消费者对于不同产地的同样产品会给予截然不同的评价[②]，而消费者对“达芬奇家具事件”不满的原因在于尽管品牌名称和产品不变，但是生产者提供的是虚假

① Pambianco. La moda italiana verso gli 80 mld nel 2021[EB/OL]. (2020-02-14) [2021-05-10]. https://www.pambianconews.com/2020/02/14/la-moda-italiana-verso-gli-80-mld-nel-2021-286225/.

② SCHOOLER R D. Product bias in the central American common market[J]. Journal of marketing research, 1965(2): 394-397.

的生产地信息，利用了消费者对意大利国家形象的良好评价去哄抬商品消费价格。

对国家形象的研究是随着国际贸易的兴起而发展的，早期主要集中在国际贸易和法学领域。1965年，斯科勒首次将这一概念引入了消费者行为研究领域。之后，产品来源国形象对消费者行为的影响研究越来越受到学者们的关注，并成为国际营销领域的重要研究内容。

意大利曾是中国古丝绸之路的终点。早在700多年前，意大利的文化就已跟随马可・波罗(Marco Polo)经由丝绸之路来到了中国。说起意大利，古罗马竞技场、比萨斜塔这些传统建筑以及诱人的比萨饼会立刻跃入脑海，而拥有一辆法拉利(Ferrari)汽车或一件古驰(Gucci)品牌的产品更是一些年轻人的梦想。对于现代意大利人来说，引以为傲的不仅仅是那些古代文明的印记，还有在世界消费市场占据领先地位的奢华现代时尚。这些高品质的“意大利制造”不仅承载了意大利悠久的历史文化，而且完美呈现了现代意大利的创新设计理念。

如表1-1所示，进入21世纪以来，中国与意大利的经贸往来频繁。此外，欧盟统计局的数据显示，2018年，意大利与中国的双边货物贸易额达518.7亿美元，与2017年相比增长了9.4%。其中，意大利对中国出口155.4亿美元，占意大利出口总额的2.8%，较2017年增长了1.8%；意大利从中国进口363.3亿美元，占意大利进口总额的7.3%，增长了13.1%。[①] 中国已经成为意大利第八大出口市场和第三大进口来源地。[②] 随着中国政府“一带一路”倡议的推行，意大利在“丝绸之路经济带”上占据重要的地位，将成为新时期“丝绸之路经济带”与“21世纪海上丝绸之路”的交汇点。中国与意大利在经贸、文化等方面的交往将更为频繁。

① 21世纪经济报道．意大利外长迪马约：进博会对意大利十分重要[EB/OL]．(2019-11-06)[2021-05-10]．https://ishare.ifeng.com/c/s/7rMpI2dZAqw.

② 中国商务部．2019年意大利货物贸易及中意双边贸易概况[EB/OL]．(2020-04-08)[2020-05-11]．https://countryreport.mofcom.gov.cn/record/view110209.asp?news_id=68009.

表 1-1　中国和意大利进出口情况

年份	中国和意大利进出口总额/亿美元	10 年增长率/%	中国从意大利进口总额/亿美元	10 年增长率/%
1950 年	0.104	—	0.0136	—
1960 年	0.4565	339	0.3749	2657
1970 年	1.0183	123	0.5511	47
1980 年	6.0001	489	2.4889	352
1990 年	12.363	106	5.2968	113
2000 年	68.8044	457	30.7843	481
2010 年	451.5132	556	140.1077	355
2020 年	551.85	22	222.48	59

数据来源：根据《中国商务年鉴》数据整理而成。

中国和意大利的学者越来越重视本国“国家形象”影响研究。自 2012 年起，中国政府已经连续 8 年发布《中国国家形象调查报告》，而意大利政府更是从 20 世纪末就开始努力打造“made in Italy”（意大利制造）的形象。但是，无论是中国还是意大利，双方关于对方国家形象对本国消费者的影响研究甚少，这与中国和意大利日益频繁的商贸往来、中国和意大利产品以及中国和意大利市场在国际市场上的重要地位形成了差距。

本书通过质性研究和定量研究相结合的研究方法，将国家形象、品牌形象、消费与身份认同置于同一研究框架下，探讨它们之间的联系以及国家形象和品牌形象对消费者的影响及其原因，并通过分析国家形象及品牌形象对消费者的影响，探究形象、消费及身份认同之间的关系。

二、研究对象

本书的研究对象是中国“90 后”女性消费者。从时间角度对消费者有不同的划分标准，其中一个是按照消费者出生的年代进行划分，即世代划分。“出生于同一时代的消费者因为经历过共同的社会、政治、历史和经济环境，会产生相似的观念和行为。”①

对中国消费者进行的世代划分研究主要有肖特（Hellmut Schütte）的三分法，以及刘世雄和周志民的五分法。肖特是第一位对中国消费者行为进行系统性研究的西方学者，他还首创性地对中国消费者进行世代细分研究。他在《亚洲消费者行为》中把中国消费者分为1945年以前出生的拥有“社会主义信仰”的一代、1945年至1960年出生的“失落”的一代和1960年以后出生的“关注生活方式”的一代。② 肖特笼统地把1960年以后出生的中国消费者划分在一代中，这明显忽略了改革开放后中国社会和中国消费者的快速变化，他的划分过于粗略。

在肖特三分法的基础上，刘世雄和周志民对1960年后出生的中国消费者进行了细分。他们划分的五个世代分别是1945年以前出生的“传统”的一代、1945—1960年出生的“文革”的一代、1960—1970年出生的“幸运”的一代、1970—1980年出生的“转型”的一代和1980年以后出生的“e”一代。③ 在五分法中，两位学者只是考虑到当时主流消费者的世代，将在1980年之后出生的中国消费者笼统地划分在一个世代。

按照我国目前的社会和消费者实际状况，本书参考两位学者以10年为一个世代的标准，增加两个世代，分别是1990—1999年出生的“e+”一代和2000年后出生的一代。本书的研究对象具体而言是1990年1月1日至1999年12月31日出生的属于“e+”一代（“90后”）的中国女性消费者。

三、研究意义

产品来源国形象和品牌形象对消费者购买行为的影响在理论界和实践界都已达成共识。中国作为世贸组织成员、世界第二大经济体，已成为世界市场的重要组成部分。但是，中国对国家形象的研究起步较晚。本书的研究不仅可以解释意大利国家形象和品牌形象对中国“90后”女性奢侈品消费的影响，深入探讨和分析形象、消费和身份认同之间的关系，而且可

---

① 霍金斯，贝斯特，科尼. 消费者行为学：第8版[M]. 符国群，等译. 北京：机械工业出版社，2003：162.

② SCHÜTTE H, CIARLANTE D. Consumer behavior in Asia[M]. London: Macmillan Press, 2000: 139.

③ 刘世雄，周志民. 从世代标准谈中国消费者市场细分[J]. 商业经济文荟，2002(5)：20.

以为已进入或有意进入中国市场的意大利和其他国家企业的发展和决策提供依据，为有意开拓国际市场的中国企业提供决策借鉴。

（一）理论意义

其一，多维度研究影响消费决策的因素，对原有消费者理论体系进行进一步的补充。随着全球经济一体化、国际贸易以及电子商务的迅速发展，全球市场交易商品的种类日益丰富，而消费者商品选择范围不断扩大，超越了国界。全球化为消费者提供了更多的选择机会。与此同时，由于购物环境和购物渠道的变化，消费者能接触到更为丰富的产品信息，这又在一定程度上给消费者的产品选择增加了难度，导致消费者购买决策日益复杂。因为消费者的认知容量、信息收集时间、消费能力和消费动机都是有限的，而市场上存在生产者和销售者提供的产品信息与消费者获得的信息不对称的现象，所以在选择范围扩大、复杂性增加的情况下，消费者难以仅凭产品的内部线索，如产品自身的价值、使用价值、质量特性等做出消费选择。他们会利用包括产品来源国形象、品牌形象等外部线索进行消费决策。

其二，在中国文化框架下研究形象、消费与身份认同关系，弥补来源国形象研究的不足。国际上对来源国形象的研究主要针对少数发达国家市场，对其他国家，特别是发展中国家的研究所占比例偏低。而作为巨大的新兴市场经济国家，中国在经济发展水平、语言文化和社会制度等方面与西方国家存在诸多差异。因此，有必要在中国特有的文化背景条件下，研究产品来源国形象对消费者的影响以及消费者身份认同在其中的作用。

其三，多视角研究来源国形象，能更加全面地探讨形象对消费者行为的影响以及消费者身份认同的作用。目前，在关于国家形象的经济学、心理学和社会学等跨学科研究中，学者们多选用单一视角或者双视角进行研究，即在宏观社会视角、微观社会视角以及微观个体视角中选其一或选其二。本书采用法国社会学家多米尼克·戴泽的视角转化方法，从宏观社会视角、微观社会视角以及微观个体视角等角度进行研究分析。

（二）实践意义

其一，产品来源国形象的正面塑造是政府和企业获取持续竞争优势的重要途径之一。消费者不仅是市场的主体，而且他们对企业产品的购买与否还决定企业的生存与发展，而企业的生存与发展又影响地区经济的发展。因此，对消费者行为的研究一直是学术界、企业界以及政府关注的焦点。对于国家和企业而言，更加开放的市场带来的是更加激烈的竞争，而世界经济一体化的推进带来的则是竞争内涵的拓展。产品质量、品牌和售后服务等影响国内市场竞争优势的因素，也成为国际市场竞争的基础。同时，产品来源国形象在其中的作用也日显重要，因为当消费者对进口产品进行评价时，产品来源国形象作为产品评价过程中的一个重要的外部线索，会影响消费者对产品的评价。2006年，贾菲(Eugene D. Jaffe)和内本扎尔(Israel D. Nebenzahl)在《国家形象与竞争优势——地方品牌的理论与实践》中指出，不同的国家拥有不同的形象，这些形象是有利的或不利的、正面的或负面的，有的国家在产品开发方面拥有优势，有的则在设计上有独到之处。投资者或消费者会根据国家的这些形象对其品牌进行评估，进而在一定程度上影响这些国家品牌的销售，甚至影响外国投资者的选择。[①] 如果来源国形象是积极正面的，当这个国家有新产品投入市场时，就会迅速得到消费者的认可和接受。[②]

其二，正确理解形象、消费与身份认同的关系对生产者开拓国际市场具有重要意义。中国作为世界第二大经济体，是世界重要的市场之一。在世界经济一体化、电子商务迅猛发展的大背景下，针对国家形象对消费者行为的影响以及消费者身份认同在其中的作用开展研究，不论是对中国的生产者还是对外国生产者而言都具有不可忽视的重要性。

---

① JAFFE E D, NEBENZAHL I. D. National image and competitive advantage: the theory and practice of place branding[M]. 2nd ed. Copenhagen: Copenhagen Business School Press. 2006:20-22.

② AGARWAL S, SIKRI S. Country image: consumer evaluation of product category extension[J]. International marketing review. 1996, 13(4): 23-29.

第二章　中国“90后”女性消费及意大利奢侈品业发展概况

为开展关于意大利及其品牌形象以及中国“90后”女性对意大利奢侈品牌消费的研究，我们首先需要了解一些重要的背景知识：中国“90后”女性消费和意大利奢侈品业发展的概况。为全面了解中国“90后”女性消费的概况，我们将主要分析中国“90后”女性消费的社会背景以及特点。而为了对意大利奢侈品业的发展概况有深入了解，我们主要分析意大利奢侈品业的发展沿革、发展现状以及中国消费者对意大利奢侈品的消费现状。

第一节　中国“90后”女性消费概况

正如霍金斯所说，中国“90后”女性消费者因为曾经经历过共同的社会、政治、历史和经济环境，所以在消费中会有相似的观念和行为。[①] 因此，通过分析中国“90后”女性消费者共同经历过的社会背景以及她们在消费中呈现出来的共性特点，我们可以了解中国“90后”女性消费的概况。

一、中国“90后”女性消费的社会背景

社会背景是指中国“90后”女性消费发生的社会环境[②]和成长环境。社

---

① 霍金斯，贝斯特，科尼．消费者行为学：第8版[M]．符国群，等译．北京：机械工业出版社，2003：162.

② 赵玉明，王福顺．广播电视辞典[M]．北京：北京广播学院出版社，1999：80.

会环境从广义角度看，主要包括政治环境、经济环境、文化环境等。[①] 成长环境主要包括家庭环境、教育环境和信息环境等。

（一）社会环境

自20世纪90年代以来，中国坚持改革开放，经济保持快速发展。目前，中国社会安定、政治稳定，法治建设不断完善，不仅圆满完成港澳回归历史重任，而且成功加入世贸组织，市场经济步入正轨，与全球一体化顺利接轨。此外，中国文化繁荣自由，尖端和高新技术突飞猛进，不仅成功举办亚运会、奥运会等国际重大体育赛事，还成功完成载人飞船发射、港珠澳大桥建设等高科技和基础建设项目。可以说，中国正处于重要的发展时期。

在政治环境方面，中国政局稳定，发展形势良好，但也面临国际政治环境复杂多变的挑战。1991年的苏联解体等国际重大事件的发生，导致国际格局由“两极”变成今天的“一超多强”。

在经济环境方面，虽然1990年西方国家野蛮的经济制裁和2008年金融危机的爆发曾一度给中国的经济发展带来了沉重的打击，但是中国政府坚持宏观调控政策，实施积极的财政政策和适度宽松的货币政策，成功保持了中国经济稳步发展的积极态势。国际上，美国次贷危机引发的全球性金融危机以及西亚、北非地区冲突引发的欧洲难民危机使得欧美国家的经济长时间处于疲软状态。虽然此后各国政府为此出台了相应的政策，欧美国家的经济也出现了复苏迹象，但从世界范围看，包括中国在内的新兴市场国家的经济增长速度较快。

在文化环境方面，中国的当代文化主要由中国特色社会主义文化、中国传统文化和个性大众文化构成。[②] 中国特色社会主义文化是中国的主流文化，是和中国的基本制度和政治制度紧密联系的，具有时代性和开放性。中国传统文化是在中国历史发展过程中形成的社会文化体系。而中国的个性大众文化是改革开放以来，特别是20世纪90年代以来形成的当代个性现象。这三种文化形成了中国文化环境主体。目前的国际世界是一个多元文化共存共生的地球村，不同的文化具有不同的区域特征，而不同的文化之间是相互交流、相互促进的。

---

① 陶应虎. 公共关系原理与实务[M]. 3版. 北京：清华大学出版社，2015：359.

② 徐稳. 论中国共产党引领先进文化的历史进程与基本经验[J]. 山东师范大学学报（人文社会科学版），2013，58(3)：152.

(二)成长环境

成长环境是影响个人成长和发展的因素和条件。这里我们主要从家庭环境、教育环境和信息环境几个方面分析中国“90后”女性消费者的成长环境。

在家庭环境方面,中国“90后”成长的家庭打破了许多传统模式。首先,与此前的家庭相比,“90后”父母的离婚比例较高。如表2-1所示,国家统计局的数据显示,1990年中国离婚登记数仅为80万对,粗离婚率[①]为0.69‰,而2019年的离婚登记数增至470.06万对,粗离婚率为3.36‰。[②]这使得“90后”在情感和心理上经历的磨炼更多,变得更加坚毅自强。此外,20世纪90年代是中国经济转型期,国家经济从计划经济向市场经济转变。“90后”的父母不得不面对“铁饭碗”被打破的局面,要重新择业或者自主就业。因为工作的压力,“90后”的父母在孩子身上投入的时间相对会减少,而“90后”多是独生子女,所以他们会有孤独感。

表2-1　中国1985—2019年离婚情况

年份	1985年	1990年	1995年	2000年	2005年	2010年	2019年
离婚登记/万对	45.79	80.00	105.6	121.29	178.50	267.80	470.06
粗离婚率/‰	0.44	0.69	0.88	0.96	1.37	2.00	3.36

数据来源:根据中华人民共和国国家统计局国家数据网(https://data.stats.gov.cn/)历年数据整理而成。

在教育环境方面,2001年中国国务院批准了《基础教育课程改革纲要(试行)》,全面启动中国基础教育课程的改革。这些改革涵盖了义务教育以及高中教育阶段的课程体系,是以课程为核心并涉及整个教育领域和社会的系统改革,也是教育观念的重大改革,旨在加强对学生独立思考能力和学习方式的培养。[③]“90后”是第一批经历这场教育改革的学生,他们的

① 粗离婚率(crude divorce rate)是指年度离婚数与总人口之比。

② 中华人民共和国国家统计局国家数据网.离婚率[EB/OL].[2021-5-10].https://data.stats.gov.cn/search.htm? s=离婚率.

③ 教育部.教育部关于印发《基础教育课程改革纲要(试行)》的通知[EB/OL].(2001-06-08)[2021-04-28].http://www.moe.gov.cn/srcsite/A26/jcj_kcjcgh/200106/t20010608_167343.html.

学习方法与此前的“70 后”“80 后”有所不同,这也使得他们的思维以及思考方式有所不同。

在信息环境方面,“90 后”生活在网络快速发展的信息社会。据中国互联网络中心统计,1997 年中国的上网用户数仅为 62 万人,到 2019 年网民规模却达到 8.54 亿人。[①] 此外,根据该中心 2009 年的统计分析,教育部的“校校通”工程以及互联网娱乐特性加大了其在青少年中的渗透率,“90 后”在 2008 年成为中国互联网最大的用户群体[②]。

表 2-2　中国 1997—2019 年网民情况

年份	1997 年	2000 年	2005 年	2010 年	2015 年	2018 年	2019 年
上网用户数/万人	60	2250	11100	45700	68800	82900	85400
年均增长率/%	—	231.08	37.60	32.71	8.53	6.41	3.02

数据来源:中国互联网络中心(http://www.cnnic.net.cn)。

二、中国“90 后”女性消费的特点

2003 年,随着经济的高速增长,中国的人均 GDP 突破 1000 美元大关[③],同时中国消费潮在国际市场一体化发展的大背景下出现“符号象征意义”的消费特色。这标志着中国消费主义时代的来临。中国“90 后”女性就是在中国消费主义时代背景下进行消费的,她们的消费具有消费主义的特征,是有“符号象征意义”的消费。

据统计,中国“90 后”的人口总数是 1.75 亿人,约占全国总人口的 13%。[④] 其中,“90 后”男女人口比例约为 115 : 100,“90 后”女性约占全国

① 中国互联网络中心. 第 44 次《中国互联网络发展状况统计报告》[R/OL]. (2019-08-30)[2021-04-30]. http://www.cnnic.net.cn/hlwfzyj/hlwxzbg/hlwtjbg/201908/t20190830_70800.htm.

② 中国互联网络中心. 第 23 次《中国互联网络发展状况统计报告》[R/OL]. (2009-01-22)[2021-04-30]. http://www.cnnic.net.cn/hlwfzyj/hlwxzbg/hlwtjbg/201206/t20120612_26714.htm.

③ 严桦. 中国人均 GDP 首次突破 1000 美元[J]. 政治课教学,2004(3):6.

④ 李春玲,施芸卿. 境遇、态度与社会转型:“80 后”青年的社会学研究[M]. 北京:社会科学文献出版社,2013:35.

总人口的 6%。[①] 根据《中国中产女性消费报告》的统计，2018 年在我国一、二线城市和小城市的中产女性中，“90 后”女性的占比分别为 48.2% 和 41.0%。[②]中国“90 后”女性虽然在总体消费上尚未能超越“80 后”，还未能完全成为中国女性消费的中坚力量，但她们的消费实力正在逐年增强。

在消费观念方面，中国“90 后”女性消费者的超前消费偏好较强。受计划生育政策的影响，中国“90 后”女性大多是独生女，她们没有经历过物资匮乏的年代，所以她们的储蓄和储备观念较弱，对提前消费的偏好比“70 后”和“80 后”强。

在购物渠道方面，中国“90 后”的网络购物模式突出，已经成为我国网络消费的主力军。QuestMobile（北京贵士信息科技有限公司）的数据显示，2019 年 1 月，中国移动互联网女性人群总体规模为 5.31 亿人，比 2018 年增长了 6.7%，其中“90 后”女性人数为 1.66 亿人。虽然“90 后”女性在增速上有所下滑，但是她们月均使用网络时间高达 137 个小时。同时，她们的人均使用 App（手机应用程序）的数量和消费能力遥遥领先于“70 后”“80 后”“00 后”。在中国的互联网消费中，女性消费者稳居消费主体地位，而“90 后”女性更是其中的消费主力。在金额超过 1000 元的在线消费中，“90 后”女性消费者的占比高达 21.1%。[③]

在消费结构方面，中国“90 后”女性的消费特点是个人消费优先。她们消费的首要目的是取悦自己，所以她们对自身消费不设限，敢于花钱。她们更愿意购买一些比较个性化的产品，所以她们在追求新奇事物方面也超过了“70 后”和“80 后”的女性。[④] 她们相信自己的感觉和判断，所以购物时偏爱挑选那些能表现其个性的产品。此外，她们关注自我健康，在购物时比较精打细算，在优惠比价、消费分享等方面的比例要比其他世代的中国

---

① 国家统计局的数据显示：1990—1994 年的比例为 112.26∶100；1995—1999 年的比例为 118.27∶100。数据具体出处是 http://data.stats.gov.cn/easyquery.htm?cn=C01。

② 唯品会，艾瑞咨询. 中国中产女性消费报告[R/OL].［2021-05-02］. http://report.iresearch.cn/report_pdf.aspx? id=3341.

③ QuestMobile 研究院. QuestMobile“她经济”洞察报告[R/OL].（2019-03-26）［2021-05-10］. http://www.questmobile.cn/research/report-new/24.

④ 何苗，姚建莉，周慧. “80 后”“90 后”女性消费 PK：“90 后”已提前进入贵妇行列？［EB/OL］.（2017-10-31）［2021-05-10］. http://m.21jingji.com/article/20171031/herald/d5e218b5c62da2bdcb6955646e244c42.html.

女性高。[①]

在品牌消费方面，中国“90后”女性喜欢时尚产品，对高端消费的接受度高。她们受明星和专家的影响较大，对时尚的接受能力强。她们的从众性和跟潮效应的感性消费特点比较明显，所以品牌忠诚度比“70后”和“80后”的女性低，她们习惯在各种品牌间变换。此外，中国“90后”女性对高端消费的接受度高，即使一些高端品牌的目标顾客群是30岁以上的高收入人群，“90后”女性也会对这些“贵妇”品牌进行超龄追捧。[②]

20世纪90年代以来，中国的消费社会环境发生了快速变化，产生了中国消费革命，这是中国“90后”女性面对的重大消费背景。中国的基础消费环境经历了从无到有、从单一到多元的变化，这引起了消费的内容和形式的改变，例如外卖等方式对中国传统饮食消费内容和模式的改变。中国的消费政策环境也一直处于调整、改革中，如房屋购买政策、车牌摇号政策等。中国的文化信息环境日益开放，这意味着外来的多元文化可以进入中国。而中国消费者在学习和了解外国生活方式和消费观念的同时，会不自觉地被外国的消费观念和消费价值取向影响。但是，按照文化的价值观、行为规范和象征图腾三要素理论，对中西消费者的消费价值观、消费行为和消费象征进行比较，我们还是可以清楚看到中西消费文化之间存在差异，这些差异的深层原因是中国传统文化价值观。[③] 此外，中国的世代消费文化是在不断地变化的，中国“90后”女性的消费购物渠道、消费结构、消费观念都呈现出与其他世代女性不同的特征。

第二节　意大利奢侈品业发展概况

拉茨勒(Wolfgang Reitzle)认为奢侈的含义是由不同社会、社会结构、社会内涵以及经济条件所决定的。传统上认为奢侈品(luxury goods)是超

---

① QuestMobile研究院．QuestMobile“她经济”洞察报告[R/OL]．(2019-03-26)[2021-05-10]．http://www.questmobile.cn/research/report-new/24.

② QuestMobile研究院．QuestMobile“她经济”洞察报告[R/OL]．(2019-03-26)[2021-05-10]．http://www.questmobile.cn/research/report-new/24.

③ 卢泰宏，周懿瑾．消费者行为学：洞察中国消费者[M]．3版．北京：中国人民大学出版社，2018:54.

出人们必要程度需要的，具有独特、珍稀等特点的消费品。[①] 而按美国经济学家兰卡斯特(Kelvin John Lancaster)的商品需求弹性理论，需求弹性大于1的商品属于奢侈品，像高级的食品、衣料、住宅、珠宝首饰、旅游服务等都属奢侈品范围。奢侈品是相对一定时期和一定收入水平而言的，其内容和范围随着生产力的变化而变化。而同一消费品，对于低收入水平的人来说可能是奢侈品，但对于高收入水平的人来说则可能只是必需品甚至是低档商品。[②] 本书对奢侈品的理解，主要沿用的是经济学上对奢侈品的解释，对涉及奢侈品的统计主要参考各国奢侈品行业协会的数据。

一、意大利奢侈品业发展沿革

刘晓刚等将世界奢侈品业的发展划分为三次鼎盛期。第一次鼎盛期是在19世纪50年代前后。在这一时期，奢侈品的普及率不高，贵族阶层是主要的消费者，中产阶级的规模还很小，奢侈品的总体消费量小，因此奢侈品行业的总体规模不大。奢侈品牌主要集中在英国和法国的酿酒业以及瑞士的钟表业，还有法国少量的珠宝和皮具品牌。第二次鼎盛期是在20世纪50年代后。随着享乐主义价值观的兴盛，奢侈品的消费人群扩大，奢侈品业的规模与第一次鼎盛期相比有了较大扩张。奢侈品的门类也出现了多样化，从大的酒店、高尔夫球场、游艇到小的眼镜、打火机和钢笔等。在这一时期，出现了单价相对较低的易耗型奢侈品，而时尚类奢侈品牌也大量涌现。第三次鼎盛时期是在21世纪前后。奢侈品业的规模进一步发展，消费市场出现了向东方国家转移的现象。此外，奢侈品业的纯手工制作以及家族经营模式在弱化，开始推行高消费平民化战略。在这一时期，奢侈品业发展的特色在于行业的高科技化、高便利化和高个性化。[③]

现在还活跃在世界奢侈品业的意大利品牌主要还是传统奢侈品牌，这些品牌大多诞生在世界奢侈品业第一次和第二次鼎盛期之间。按品牌成立的时间，它们可以被划分为第二次世界大战爆发前成立的以及在第二次世界大战结束后成立的两大类。

---

① 拉茨勒．奢侈带来富足[M]．刘风，译．北京：中信出版社，2003：9-11.

② 薛荣久，王绍熙，刘舒年．当代国际贸易与金融大辞典[M]．北京：对外经济贸易大学出版社，1998：142.

③ 刘晓刚，朱泽慧，刘唯佳．奢侈品学[M]．上海：东华大学出版社，2009：70-81.

从1861年意大利王国建立到第一次世界大战爆发的五十几年间,意大利走上了工业化之路,从自由竞争进入了垄断竞争。而第一次世界大战则助力意大利工业实现了狂奔式发展,特别是意大利的汽车制造业和纺织业发展迅猛。[①] 在这一时期诞生的意大利奢侈品牌主要都是珠宝、汽车和服饰行业的。意大利奢侈品业进入了快速发展期。意大利奢侈品牌(1880—1935年)如表2-3所示。

表2-3 意大利奢侈品牌(1880—1935年)

行业类别	品牌名称	创立年份	官方网址
珠宝	宝格丽(Bvlgari)	1884年	https://www.bulgari.cn/zh-cn/
汽车	布加迪(Bugatti)	1909年	https://www.bugatti.com
	阿尔法·罗密欧(Alfa Romeo)	1910年	https://www.alfaromeo.com.cn
	玛莎拉蒂(Maserati)	1914年	https://www.maserati.com/cn/zh
服饰	杰尼亚(Ermenegildo Zegna)	1910年	https://www.zegna.cn/cn-zh/home.html
	普拉达(Prada)	1913年	https://www.prada.com/cn/zh.html
	古驰(Gucci)	1921年	https://www.gucci.cn/zh/
	芬迪(Fendi)	1925年	https://www.fendi.cn
	菲拉格慕(Salvatore Ferragamo)	1927年	https://www.ferragamo.cn
	芙拉(Furla)	1927年	https://www.furla.cn/cn/zh/
眼镜	霞飞诺(Safilo)	1934年	http://www.safilogroup.com/en/

数据来源:根据各品牌的官方网站信息统计整理。

第二次世界大战后,意大利利用美国的“欧洲复兴计划”走出了战后经济发展困境,实现了“经济奇迹”(1950—1963年)大发展,并最终跻身于世界工业强国之列[②]。随着意大利国内经济的繁荣,这一时期的意大利奢侈品牌实现了快速发展,它们主要集中在服饰、眼镜和汽车业,其中尤以服饰

① 戎殿新,罗红波. 意大利工业化之路[M]. 北京:经济日报出版社,1991:116-162.

② 戎殿新,罗红波. 意大利工业化之路[M]. 北京:经济日报出版社,1991:214-162.

业的品牌居多。至此，在国际奢侈品业第三次鼎盛期来临前，意大利奢侈品业的发展和规模已趋成熟并在国际市场上占据了重要地位。意大利部分奢侈品牌（1960—1990年）如表2-4所示。

表2-4　意大利部分奢侈品牌（1960—1990年）

行业类别	品牌名称	创立年份	官方网址
眼镜	马克林（Marcolin）	1961年	https://www.marcolin.com/zh
	陆逊梯卡（Luxottica）	1961年	http://www.luxottica.com/en
	德礼高（De Rigo）	1978年	http://www.derigo.com/ita/corporate/storia
汽车	法拉利（Ferrari）	1947年	https://www.ferrari.com/zh-CN
	兰博基尼（Lamborghini）	1963年	https://www.lamborghini.com/cn-en/
服饰	米索尼（Missoni）	1951年	https://www.missoni.com
	麦丝玛拉（Max Mara）	1951年	https://us.maxmara.com
	朱塞佩·萨诺第（Giuseppe Zanotti）	1957年	https://www.giuseppezanotti.com
	华伦天奴（Valentino）	1960年	https://www.valentino.com.cn
	托德斯（Tod's）	1970年	https://www.tods.cn/cn-zh/home.html
	阿玛尼（Giorgio Armani）	1975年	https://www.armani.com/countries/index
	范思哲（Versace）	1978年	https://www.versace.cn/zh-cn/主页/
	莫斯奇诺（Moschino）	1983年	https://www.moschino.com/us_en/
	布鲁奈罗·库奇内利（Brunello Cucinelli）	1985年	https://shop.brunellocucinelli.cn/zh-cn/
	卡索多丽娅（Calzedonia）	1986年	https://www.calzedonia-china.cn

资料来源：根据各品牌的官方网站信息统计整理。

在世界奢侈品业第三次鼎盛期内，意大利的传统奢侈品牌和新兴奢侈品牌积极参与了国际市场份额的角逐。对于意大利传统奢侈品牌而言，世界奢侈品业高科技、高便利和高个性化的发展趋势不仅是挑战,还是机遇。意大利传统奢侈品牌应市场需要更新品牌营销理念,实施高消费的平民化战略,开发了低奢侈系列产品或附属品牌。此外,这些品牌还纷纷调整世界布局策略,既坚守传统的欧美市场又着力开发新兴的东亚市场,特别是中国市场。因此,意大利传统奢侈品牌得以继续稳守它们在世界奢侈品行业内的地位。而意大利新兴奢侈品牌也同样抓住了这一难得的发展契机,它们纷纷在世界奢侈品业内登台亮相,有的甚至一炮而红。例如2010年成立的服饰品牌马科·德·文森佐(Marco de Vincenzo),尽管品牌历史不长,却迅速赢得业界认可,不但获得法国酩悦·轩尼诗-路易·威登集团(Louis Vuitton Moët Hennessy,LVMH)注资,而且受到欧美影视巨星以及欧洲皇室贵族的青睐。意大利奢侈品业正处于蓬勃发展的时期。

二、意大利奢侈品业发展现状

德勤咨询公司发布的《2019全球奢侈品力量报告》[①]显示,全球奢侈品百强企业在2017财务年度[②]的奢侈品销售总额高达2470亿美元,比2016年的2170亿美元增加了300亿美元。在百强企业中,服装和鞋类企业的数量占比最高,其次是珠宝和手表类企业。全球奢侈品百强企业分类情况如表2-5所示。

表2-5 全球奢侈品百强企业分类情况

奢侈品类别	企业数量/家	企业平均销售额/百万美元	2017年销售额增长率/%	占比/%
服装和鞋类	38	1112	3.20	17.10
珠宝和钟表类	32	2281	9.70	29.60
化妆品和香水类	11	3680	16.10	16.40
混合品类	10	7586	15.90	30.80

① Deloitte. Global powers of luxury goods 2019[EB/OL]. [2021-05-10]. https://www2.deloitte.com/content/dam/Deloitte/global/Documents/Consumer-Business/gx-consumer-business-gplg2019-report.pdf.

② 该报告中的2017财务年度是指自2017年7月至2018年6月这12个月,统计的依据是各公司公开发布的相关数据。

续表

奢侈品类别	企业数量/家	企业平均销售额/百万美元	2017年销售额增长率/%	占比/%
箱包及配件类	9	1674	1.50	6.10
共计	100	2467	10.80	100.00

资料来源：Deloitte. Global powers of luxury goods 2019[EB/OL]. [2021-05-10]. https://www2.deloitte.com/content/dam/Deloitte/global/Documents/Consumer-Business/gx-consumer-business-gplg2019-report.pdf.

在世界奢侈品百强企业中，意大利企业数量继续稳居第一位，遥遥领先于其他国家，共有24家，占了总数的近1/4。排名第二位和第三位的是美国和英国，分别有14家和10家企业上榜，瑞士和中国各有9家，奢侈品业强国法国则只有7家。在上榜的24家意大利企业中，超过2/3都属于服饰业，主要是服装和鞋类。由此可见，意大利是世界奢侈品时尚业的领军者。全球奢侈品百强企业中的意大利公司如表2-6所示。

表2-6 全球奢侈品百强企业中的意大利公司

序号	2017年世界百强名次	与2016年名次比较	公司名称	2017年奢侈品销售额/百万美元	2017年销售增长率/%
1	5	−1	Luxottica Group SpA	10322	0.80
2	21	−2	Prada Group	3445	−3.60
3	26	−2	Giorgio Armani SpA	2637	−7.30
4	31	2	Max Mara Fashion Group Srl	1784	8.80
5	33	−2	OTB SpA	1713	−3.70
6	36	−2	Salvatore Ferragamo SpA	1556	−3.10
7	39	−3	Dolce & Gabbana	1515	−8.10
8	41	1	Valentino SpA	1380	4.70
9	43	1	Ermenegildo Zegna Holditalia SpA	1369	6.60
10	44	2	Moncler SpA	1345	14.70
11	46	−7	Safilo Group SpA	1180	−16.40
12	48	−1	Tod's SpA	1108	−5.50
13	55	−1	Gianni Versace SpA	760	−0.10

续表

序号	2017 年世界百强名次	与 2016 年名次比较	公司名称	2017 年奢侈品销售额/百万美元	2017 年销售增长率/%
14	61	7	Furla SpA	574	18.70
15	62	1	Brunello Cucinelli SpA	570	10.60
16	68	−1	Marcolin Group Italy	529	6.20
17	70	−1	De Rigo SpA	483	1.40
18	77	5	Euroitalia S.r.l.	402	—
19	81	−3	Liu.Jo SpA	388	8.50
20	82	−1	Aeffe SpA	357	10.10
21	83	−4	Gefin SpA	338	−2.30
22	86	−1	TWINSET-Simona Barbieri SpA	287	3.70
23	91	1	Fashion Box SpA	262	4.40
24	96	—	Giuseppe Zanotti SpA	232	16.40

资料来源:Deloitte. Global powers of luxury goods 2019[EB/OL]. [2021-05-10]. https://www2.deloitte.com/content/dam/Deloitte/global/Documents/Consumer-Business/gx-consumer-business-gplg2019-report.pdf.

表 2-6 的数据显示,虽然意大利上榜的企业数量多,但 24 家企业在 2017 年财务年度的奢侈品总销售额共计 345.36 亿美元,仅占世界百强奢侈品企业收入总额的 14%。[①] 此外,广受消费者青睐的意大利服装品牌古驰(Gucci)和葆蝶家(Bottega Veneta)并没有上榜,是因为《2019 年全球奢侈品力量报告》是根据奢侈品企业的股权关系进行统计的,而不是根据品牌的注册地统计。所以上述两个意大利传统奢侈品牌都归入了法国的开云集团(Kering SA)。但古驰和葆蝶家仍被视为意大利品牌,因为两个品牌的总部在意大利境内且以独立法人形式运作。而表 2-6 中的法国奢华羽绒服品牌盟可睐(Moncler)在 1992 年被意大利企业收购后,企业将总部迁至意大利米兰并登记更名为意大利股份公司。总体而言,与其他国家的奢侈品企业相比较,意大利奢侈品企业在营业规模上稍显劣势。

但是,贝恩公司(Bain & Company)和意大利奢侈品行业协会

① 根据德勤咨询公司《2019 年全球奢侈品力量报告》相关数据整理计算而成。

(Altagamma Foundation)的研究报告《2017年全球奢侈品行业消费者洞察结果》指出意大利奢侈品牌比法国奢侈品牌更具吸引力。通过对10个国家1.2万名奢侈品消费者的调查分析，研究人员发现在受访者中29%的人表示更加青睐意大利的奢侈品，23%的受访者则偏爱法国奢侈品。受访者最喜欢的是意大利服装、鞋和包类的奢侈品。[①]

意大利时尚、纺织和配件工业联合会(Confindustria Moda，简称意大利时尚工业联合会)2019年的数据显示，2018年意大利时尚行业共有65755家企业，从业人员超过58万人。2018年该行业的销售总额为955亿欧元，比2017年增长了0.7%，其中70%的商品出口，总额为634亿欧元，较2017年增长了2.7%。[②] 意大利时尚咨询公司班比昂科(Pambianco)的数据显示，2018年营业额超过1亿欧元的意大利时尚企业有173家。这些企业2018年的营业总额共计727亿欧元，比2017年和2014年分别增长了3.7%和22.5%。2018年意大利时尚业的销售额在意大利国内生产总值中的占比为1.2%，较2014年增长了9%。2018年意大利时尚业的净利润为37亿欧元，较2014年增长了25.2%。班比昂科公司的数据还显示，173家意大利企业的559个品牌在互联网上的月搜次数约3亿次，其中57个品牌的搜索量超过100万次。[③] 意大利时尚业保持强劲的发展势头，同时也持续获得全球消费者的喜爱。

根据班比昂科公司的统计，2018年意大利时尚业排名前25位的奢侈品集团或公司的总营业额是436亿美元，比2017年增长了4.8%，其中毛利润[④]为82亿欧元，占总收入的22.4%。销售额排名前十位的企业分别是陆逊梯卡(Luxottica)、古驰(Gucci)、普拉达(Prada)、阿玛尼(Armani)、卡索多丽娅(Calzedonia)、麦丝玛拉(Max Mara)、奥特布(OTB)、盟可睐

---

① D'ARPIZIO C. Altagamma 2017 worldwide luxury market monitor[EB/OL]. (2017-10-25) [2021-02-20]. https://altagamma.it/media/source/Altagamma%20Bain%20WW%20Markets%20Monitor%202017.pdf.

② La Stampa. Confindustria Moda, nel 2018 cresce il fatturato delle aziende di settore [EB/OL]. (2019-01-29) [2021-09-10]. https://finanza.lastampa.it/News/2019/01/29/confindustria-moda-nel-2018-cresce-il-fatturato-delle-aziende-di-settore/OTlfMjAxOS0wMS0yOV9UTEI.

③ Pambianco. La moda italiana verso gli 80 mld nel 2021[EB/OL]. (2020-02-14) [2021-05-10]. https://www.pambianconews.com/2020/02/14/la-moda-italiana-verso-gli-80-mld-nel-2021-286225/.

④ 这里的毛利润是指尚未扣减利息、税项、折旧及摊销前的利润。

(Moncler)、奥夫斯(OVS)和菲拉格慕(Ferragamo)。销售排名前三位的陆逊梯卡、古驰和普拉达的营业额分别是89亿欧元、82亿欧元和31亿欧元,而增速排名前三位的品牌分别是古驰、盟可睐和布鲁奈罗·库奇内利(Brunello Cucinelli),它们的营业额增长率分别是33.4%、19%和8.1%。[①]意大利奢侈品牌在保持稳定增长中持续发展。

各项研究报告的数据显示,意大利奢侈品企业不论是在意大利经济体系还是在世界范围内都占据着重要地位,拥有强劲的国际市场竞争能力。此外,不论是从营业总额还是从增长率分析,意大利奢侈品企业在持续发展。与此同时,意大利的奢侈品行业也仍然面对经营模式调整、企业规模扩大和营销数字化革命等挑战[②],行业还需要进一步优化调整。

三、中国消费者对意大利奢侈品的消费现状

中国奢侈品市场是全球奢侈品业的增长引擎。2019年,中国内地奢侈品市场的销售总额比2018年增长了26%,继续保持强劲的增长势头。此外,中国消费者的奢侈品消费总额占全球奢侈品消费的35%,对全球奢侈品市场增长的贡献率高达90%。[③]

波士顿咨询公司(BCG)和腾讯公司合作发布的《2019年中国奢侈品消费者数字行为报告》显示,2018年中国奢侈品市场的销售额突破了1100亿欧元,占全球奢侈品市场的33%。中国奢侈品消费人群以“90后”为主,18~30岁人群的奢侈品消费占总额的42%。中国消费者对奢侈品品类的偏好比较多元化,各品类之间的消费占比差别不是特别大,各类别按占比高低排序分别是服装(24%)、手表和珠宝(23%)、箱包(22%)、配件(16%)和鞋(15%)。此外,该报告还预测中国奢侈品市场在2018年至2025年的

---

① Pambianco. I top brand del Made in Italy crescono del 4,8% nel 2018[EB/OL]. (2019-07-01) [2021-5-10]. https://www.pambianconews.com/2019/07/01/i-top-brand-del-made-in-italy-crescono-del-48-nel-2018-265891/.

② Pambianco. I top brand del Made in Italy crescono del 4,8% nel 2018[EB/OL]. (2019-07-01) [2021-5-10]. https://www.pambianconews.com/2019/07/01/i-top-brand-del-made-in-italy-crescono-del-48-nel-2018-265891/.

③ Bain & Company, Altagamma. Altagamma monitor conference 2019 [EB/OL]. (2017-10-25) [2021-05-10]. https://altagamma.it/media/source/01.%20PRESS%20RELEASE%20CONFERENCE%20OSSERVATORIO%20ALTAGAMMA%202019.pdf.

年增长率将保持在5%～6%，2025年中国的奢侈品消费将占世界奢侈品市场的41%，共计4050亿欧元。① 中国奢侈品市场已经成为各国际奢侈品牌需要抢占的主要市场。

分析在华意大利品牌的发展，可以发现意大利奢侈品牌直接进驻中国内地市场的历史并不长。1991年，杰尼亚（Ermenegildo Zegna）集团在北京半岛酒店开设了该企业在中国内地的第一家专卖店。② 随后，古驰和阿玛尼分别在1996年和1998年陆续进入中国内地市场。中国市场已经成为意大利各奢侈品牌主要的海外市场之一。意大利时尚工业联合会的数据显示，意大利时尚业对中国市场的出口连续多年保持增长，2018年比2017年增长了13.6%，增速在意大利所有出口地中排名第二。③

随着出境游变得越来越便利，中国消费者不仅可以在境内购买意大利的奢侈品，还可以在境外旅游时直接消费。中国旅游研究院和携程旅游大数据联合实验室的研究数据显示，2018年中国公民出境游人数近1.5亿人次，比2017年增长了14.7%。此外，中国游客的境外消费约1200亿美元，人均单次的境外旅游消费约800美元。④ 在《中国奢侈品报告2019》的受访者中，近70%的人选择了在境外购买奢侈品，他们偏爱购买的是意大利和法国的奢侈品牌产品。⑤

根据意大利议会旅游观察委员会（Osservatorio Parlamentare sul Turismo）“环球蓝联和旅游产业联合会”（Global Blue e Federturismo Confindustria）项目的研究统计，2019年上半年，在所有到访意大利的外国游客中中国游客的人数最多，占总数的29%，与2018年同期相比增长了

---

① BCG，Tencent. 2019 China true-luxury palybook[EB/OL]. (2019-06-24) [2021-05-04]. https://max.book118.com/html/2019/0624/8034033126002031.shtm.

② 腾讯娱乐. Ermenegildo Zegna 庆祝进驻中国20年[EB/OL]. (2011-09-19) [2021-05-04]. https://ent.qq.com/a/20110919/000558.htm.

③ La Stampa. Confindustria Moda, nel 2018 cresce il fatturato delle aziende di settore [EB/OL]. (2019-01-29) [2021-09-10]. https://finanza.lastampa.it/News/2019/01/29/confindustria-moda-nel-2018-cresce-il-fatturato-delle-aziende-di-settore/OTlfMjAxOS0wMS0yOV9UTEI.

④ 2018年中国游客出境游大数据报告[R/OL]. (2019-04-11) [2021-05-04]. https://www.sohu.com/a/307444345_100011688.

⑤ 麦肯锡中国区服装、时尚与奢侈品咨询团队. 中国奢侈品报告2019[R/OL]. (2019-04-01) [2021-05-04]. https://www.mckinsey.com.cn/wp-content/uploads/2019/04/McKinsey-China-Luxury-Report-2019-Chinese.pdf.

6%。在人均消费额方面，中国游客在意大利境内的人均消费额是1167欧元，比全部游客人均950欧元的消费额高了约23%。分析2018年中国游客在意大利的消费数据，可以发现威尼斯市、米兰市、罗马市和佛罗伦萨市是中国游客消费最多的城市，中国游客在这四个城市的人均消费额分别是1577欧元、1466欧元、1256欧元和1236欧元。[①] 分析意大利各大城市的奢侈品销售对中国游客的依赖度，“时尚之都”米兰市对中国游客的依赖度最高，中国游客的奢侈品消费占所有外国游客在该城消费的36%，紧随其后的分别是罗马市、佛罗伦萨市和威尼斯市，中国游客的消费占比分别是21%、10%和6%。[②]

意大利是传统的奢侈品强国。意大利奢侈品业发展势头良好，在意大利经济体系与国际奢侈品业中占据重要地位。在奢侈品类别方面，意大利奢侈品企业在服装、鞋和箱包类占据优势地位。虽然意大利奢侈品牌直接进入中国内地市场的时间不长，但是中国消费者对意大利奢侈品偏爱度高，不管是在中国市场还是在意大利市场，中国消费者对意大利奢侈品的消费占比高且持续增长。

第三节　本章小结

分析中国“90后”女性成长过程中的社会环境和成长环境，我们可以发现，她们生活在消费环境已发生快速变化的中国消费革命时代。随着中国经济的快速增长，中国消费环境正向多元化发展，消费内容和消费形式也发生了巨大变化。在全球一体化市场的发展背景下，外来多元文化进入中国。尽管中国“90后”女性受传统中国文化的影响，保留着东方消费文化的特质，但是在学习和了解这些外国生活方式和消费观念的同时，也会不自

① Federturismo Confindustria. Nasce l'osservatorio sul turismo di Global Blue e Federturismo Confindustria[EB/OL]. (2019-07-30)[2021-05-04]. http://federturismo.it/it/area-stampa/comunicati-stampa/570-comunicati-stampa/comunicati-2019/16386-nasce-l-osservatorio-sul-turismo-di-global-blue-e-federturismo-confindustria.html.

② BARTOLONI M. Lo shopping parla sempre più cinese: lo scontrino medio a 1.167 euro, Milano al top [EB/OL]. (2019-07-30) [2021-05-04]. https://www.ilsole24ore.com/art/lo-shopping-parla-sempre-piu-cinese-scontrino-medio-1167-euro-milano-top-ACT277b.

觉地被它们影响。此外，中国"90后"女性因为成长过程中经历的家庭环境、教育环境和信息环境与"70后""80后"所经历的有所不同，所以她们拥有自己这个世代的消费文化，在消费购物渠道、消费结构、消费观念等方面都呈现出与"70后""80后"女性不同的消费特征。

意大利是传统的奢侈品强国，拥有多个历史悠久的世界级奢侈品牌。意大利奢侈品业的发展势头良好，意大利的世界奢侈品百强企业数量具有绝对优势，而且奢侈品业在意大利国内经济中一直占有重要比重。此外，从世界范围看，意大利奢侈品企业在服装、鞋和箱包类方面的优势地位明显。随着国际市场一体化进程的推进以及中国奢侈品消费市场的快速崛起，尽管意大利奢侈品牌直接进入中国内地市场的时间不长，但是迅速赢得了中国消费者的喜爱，特别是中国女性消费者的青睐。近年来，不管是在中国市场还是在意大利市场，中国消费者对意大利奢侈品的消费保持稳定增长。

第三章　形象、消费者行为与身份认同理论

本章主要对国内外学者关于形象、消费者行为和身份认同的相关研究进行梳理和评述。本章首先回顾关于国家形象和品牌形象的研究；其次梳理关于形象与消费者行为的研究；最后厘清消费与身份认同的关系，确立研究的理论视角。

第一节　形象研究

长岛辉(Akira Nagashima)认为形象(image)是“与这一概念相关的想法、情感背景和内涵”①，道林(Grahame Dowling)则认为形象是某一事物的意义集合，人们通过它去感知、描述、记忆和关联该事物，是人们对一个物体的信仰、想法、感觉和印象相互作用的最终结果。② 科特勒(Philippe Kolter)对形象的定义是“主体所持有的对某一客体的信念、观念和印象”，即形象是人们对事物的主观感知。③ 对形象的研究成果，除了应用在产品来源国形象效应外，也被广泛应用在产品的品牌形象管理、公司的企业形象管理等方面。

---

① NAGASHIMA A. A comparison of Japanese and U. S. attitudes toward foreign products [J]. Journal of marketing research, 1970, 34(1): 68.

② DOWLING G R. Managing your corporate images[J]. Industrial marketing management, 1986, 15(2):110.

③ KOLTER P. Marketing management: analysis, planning, implementation and control [M]. 7th ed. New Jersey: Prentic-hall, 1991.

一、国家形象研究

20 世纪 30 年代，国家形象这一概念在西方理论界逐渐凸现。到了 20 世纪 60 年代，国际营销学界对产品原产地国家形象的影响研究进入了蓬勃发展期。而中国内地对国家形象的研究直到 21 世纪初才开始起步。1965 年，斯科勒(Robert Schooler)从消费者行为学角度对国家形象进行定义。自此，关于国家形象效应的研究取得了丰硕成果，研究的内容从最初只是论证国家形象效应的存在发展到探讨效应产生的原因、影响模型等，研究的角度也从消费者选择产品时的决策因素发展到品牌选择因素等。

(一)国家形象的定义

斯科勒 1965 年的定义是从宏观视角出发的，他认为国家形象是“在历史和环境因素中产生的对某个国家或某个社会的一个或多个部门或体制结构的态度”[①]。1970 年，长岛辉从宏观和微观视角分析，指出国家形象“是企业和消费者对特定的国家或地区的产品所赋予的想象、声誉和刻板印象。这个形象是由代表性产品、国家特征、经济和政治背景、历史和传统等变量构成的”[②]。2003 年，内本扎尔(Israel D. Nebenzahl)从微观视角分析国家形象是“消费者对某个国家制造的产品的属性、对这个国家的情感以及对拥有这个国家产品的社会需求的看法”[③]。2000 年，中国学者吴坚和符国群也从宏观和微观角度对国家形象进行定义，认为国家形象是“消费者对一个国家的一般化的感知，这种感知会影响人们对该国产品和品牌的评价”[④]。尽管上述学者对国家形象分析的角度有所不同，但是他们的研究表明国家形象对消费者行为具有重要影响。特别是当消费者面对信息比较复杂的产品或产品信息不容易获取时，产品来源国的国家形象信息是消费者决策的重要依据。

---

① SCHOOLER R D. Product bias in the central american common market[J]. Journal of marketing research, 1965, 2 (4): 394.

② NAGASHIMA A. A comparison of Japanese and U. S. attitudes toward foreign products [J]. Journal of marketing research, 1970, 34(1): 68.

③ NEBENZAHL I D, JAFFE E D, USUNIER J C. Personifying country of origin research [J]. Management international review, 2003, 43(4): 388.

④ 吴坚，符国群. 原产地形象：市场上影响消费者选择的重要因素[J]. 商业研究，2000(1): 78.

上述学者对国家形象的定义都是从营销学角度进行阐释的。而范红和胡钰从传播学角度对消费过程中的国家形象进行了补充，他们认为国家形象是消费者对一个国家的综合测评和总体印象，即该国的政治、经济、文化等客观存在状态，通过多种传播手段在消费者中形成对该国的整体感受。他们在定义中强调了传播手段在国家形象构成中的作用，并进一步提出国家形象构成六维度论，即政府维度、企业维度、文化维度、景观维度、国民维度和舆论维度。[①] 建构主义学者认为，营销学和传播学对国家形象的这些定义都只是强调国家形象的客观性，认为国家形象通过自我设定、向外传播即可，假设国家形象是固定不变的，这不但忽视了消费者的主观能动性，也否定了国家形象的可建构性。建构主义的国家形象是指国家在国际社会中通过交往互动而被对方赋予的一种身份表达和折射。[②]

消费中的国家形象强调的是在消费过程中产品来源国形象对消费者消费行为的影响。本书综合营销学、传播学和建构主义等理论分析中国“90后”女性心目中的意大利国家形象。本书的国家形象是指意大利通过传播手段与中国“90后”女性消费者在消费中交往互动而被后者赋予的身份定位。鉴于信息传播在网络时代和消费主义时代的重要作用，本书主要参考范红和胡钰的六维度论对意大利国家形象进行分析。

（二）国家形象效应的影响因素

目前，学术界对国家形象效应没有统一的定义。知念健一郎(Kenichiro Chinen)、榎本(Carl E. Enomoto)和卡斯特利(Dan L. Costley)认为“原产国(country of origin, COD)效应是指消费者根据原产国的信息对不同国家的产品的质量进行评估并做出购买决策”。[③] 贾菲(Eugene D. Jaffe)和内本扎尔将国家形象的影响(country image effect, CIE)归纳为消费者对某一特定国家商品的总体认知与评价。[④] 尽管以上表

---

① 范红，胡钰．论国家形象建设的概念、要素与维度[J]．人民论坛·学术前沿，2016(2下)：56.

② 李智．中国国家形象：全球传播时代建构主义的解读[M]．北京：新华出版社，2011：25.

③ CHINEN K, ENOMOTO C E, COSTLEY D L. The country of origin effect on Toyotas made in Japan, USA and Mexico[J]. Journal of brand management, 2000 (8): 139.

④ JAFFE E D, NEBENZAHL I D. National image & competitive advantage: The theory and practice of place branding[M]. 2nd ed. Copenhagen: Copenhagen Business School Press, 2006:31.

述不尽相同，但学者们都肯定来源国形象效应是影响消费者对产品的评价和态度以及购买意愿的重要信息提示。

在对国家形象效应的早期研究中，学者们大多是将国家形象作为单一线索来探讨国家形象对消费者行为的影响。但是，国家形象并不是产品评价的唯一影响因素，国家形象自身还受到其他因素的影响。因此，自20世纪80年代以来，学者们选择多重线索探讨国家形象效应。最初，研究者们仅满足于对国家经济发展水平和人口统计变量等表面属性的探讨。后来，随着研究的深入，消费者民族中心主义、产品认知风险、文化价值观等深层因素也被纳入研究范畴。

在刻板印象与偏见层级方面，李普曼（Walter Lippmann）认为，人们对周围世界的认知是通过刻板印象得到的。① 消费者对某一国家的产品普遍存在刻板印象，而消费者对该国产品的刻板印象会影响其对该国国家形象的态度。1971年，斯科勒提出了偏见层级这个概念，是指消费者根据刻板印象，对不同来源国的产品的偏见程度。② 长岛辉认为，偏见层级的来源可能是这个国家某个代表性的产品，也可能与该国的政治、经济背景以及历史、传统有关。③

在文化差异方面，长岛辉在关于国家形象效应的跨文化比较研究中指出，消费者对不同国家的产品的态度差异较大，如日本消费者和美国消费者在面对外国产品时态度存在明显的差异。④ 王志刚和兰伯（Charles W. Lamb）2004年的研究也发现，在质量相同的条件下，中国消费者对日本品牌的评价高于对欧美品牌的评价。这种差异的存在可能是因为各国经济环境不同，是由文化或政治的特征决定的。⑤ 而克莱因（Jill Gabrielle Klein）、埃滕森（Richard Ettenson）和莫里斯（Marlene D. Morris）1998年

① 李普曼. 公众舆论[M]. 阎克文，江红，译. 上海：上海人民出版社，2002：65-70.

② SCHOOLER R. Bias phenomena attendant to the marketing of foreign goods in the U. S. [J]. Journal of international business studies, 1971, 2(1): 74.

③ NAGASHIMA A. A comparison of Japanese and U. S. attitudes toward foreign products [J]. Journal of marketing research, 1970, 34(1): 74.

④ NAGASHIMA A. A comparison of Japanese and U. S. attitudes toward foreign products [J]. Journal of marketing research, 1970, 34(1): 74.

⑤ WANG C K, LAMB C W. Foreign environmental factors influencing American consumers' predisposition toward European products[J]. Journal of the academy of marketing science, 1980, 8(4): 345-346.

的研究表明，文化因素会影响消费者对那些以来源国形象为基础的产品评估结果以及对外国产品的态度。[①]

在消费者民族中心主义方面，韩忠珉(C. Min Han)在1988年指出同等条件下消费者会更倾向于购买本国产品，这种现象被称为“消费者民族中心主义”。这一现象会直接影响消费者对来自不同国家的产品或品牌的评价。[②] 这一现象在具体消费行为中的体现是，民族中心主义倾向较高的消费者会通过偏爱购买国产商品来体现他的文化导向、信念和国家主义。[③]此外，沃尔(Marjorie Wall)、利菲尔德(John Liefeld)和赫斯洛普(Louise A. Heslop)指出如果消费者对外国的产品、品牌不熟悉或消费者本国的经济、产业受到外国产品冲击时，消费者也会倾向于选择本国产品。[④]

在人口统计变量方面，斯科勒的研究发现，与男性相比，女性对外国产品的评价较高；与受过有限教育的人相比，受过高等教育的人对外国产品的评价较高。[⑤] 因此，人口统计因素，包括消费者的年龄、性别、文化程度等因素会直接影响产品来源国的形象效应。

在产品认知风险方面，消费者对产品风险的认知影响其对该产品的评价，而消费者对不同来源国的产品风险的感知是不同的。1977年，汉普顿(Gerald M. Hampton)研究测试消费者对美国公司分别在国内和国外生产的同一产品的风险认知，发现国外产品的风险认知普遍比国内产品的高。[⑥]此外，比基(Warren J. Bilkey)和内斯(Erik Nes)认为产品风险的认知等级

---

① KLEIN J G, ETTENSON R, MORRIS M D. The animosity model of foreign product purchase: an empirical test in the People's Republic of China[J]. Journal of marketing, 1998, 62(1): 89-100.

② HAN C M. The role of consumer patriotism in the choice of domestic versus foreign products[J]. Journal of advertising research, 1988, 28(3): 25-32.

③ KAYNAK E, KARA A. An examination of the relationship among consumer lifestyles, ethnocentrism, knowledge structures, attitudes and behavioral tendencies: a comparative study in two CIS states[J]. International journal of advertising, 2001, 20(4): 455-482.

④ WALL M, LIEFELD J, HESLOP L A. Impact of country-of-origin cues on consumer judgments in multi-cue situations: a covariance analysis[J]. Journal of the academy of marketing science, 1991, 19(2): 105-113.

⑤ SCHOOLER R. Bias phenomena attendant to the marketing of foreign goods in the U. S. [J]. Journal of international business studies, 1971, 2(1): 71-80.

⑥ HAMPTON G M. Perceived risk in buying products made abroad by American firms[J]. Journal of the academy of marketing science, 1977, 5(1): 45-48.

可能与产品来源国的经济发展程度成反比关系，即在高风险国家或地区生产的低风险产品可能会被视为高风险产品。[①] 而科德尔（Victor V. Cordell）1992 年的研究发现，当产品风险上升时，对欠发达国家的形象及产品的贬低评价会随之增加。[②]

在产品属性和产品类别方面，产品在品牌、价格、外形、功能等方面存在差异，而产品在种类或属性等方面的不同也会影响来源国形象效应。泽塔姆（Valarie A. Zeithaml）在 1998 年指出，如果购买前可以进行检查，产品的内在属性会对产品评价有重要影响；但如果在评价产品时，产品的内在属性无法获得或者需要消耗过多的时间或精力才能获得，产品的外在属性如产品来源国的形象就发挥重要作用。[③] 韩忠珉在 1989 年指出，产品来源国形象对不同类别产品的影响是不一样的。[④] 彼得森（Robert A. Peterson）和乔利伯特（Alain J. P. Jolibert）在研究中也发现，产品类别会制约产品来源国国家效应对产品评价的影响。

在产品知识方面，产品知识是指消费者对产品的熟悉度、关于产品的专业知识和产品的购买经验。[⑤] 1992 年，史密斯（Daniel C. Smith）和帕克（C. Whan Park）指出，当消费者对某类产品所掌握的信息较少时，购买的感知风险高，此时消费者会依赖品牌，由此可以推断出消费者拥有的产品知识会影响品牌及来源国线索的使用。[⑥] 而马赫斯瓦兰（Durairaj Maheswaran）研究发现，当产品的信息模糊不清时，消费者会利用来源国信息来评价产品；当消费者熟悉产品时，一般不会利用来源国信息进行产品

---

① BILKEY W J, NES E. Country-of-origin effects on product evaluations[J]. Journal of international business studies, 1982, 13(1): 92.

② CORDELL V V. Effects of consumer preferences for foreign sourced products[J]. Journal of international business studies, 1992, 23(2): 251-269.

③ ZEITHAML V. Consumer perceptions of price, quality and value: a means-end model and synthesis of evidence[J]. Journal of marketing, 1988, 52(3): 2-22.

④ PAPPU R, QUESTER P G, COOKSEY R W. Country image and consumer-based brand equity: relationships and implications for international marketing[J]. Journal of international business studies, 2007, 38(5): 726-745.

⑤ MAHESWARAN D. Country of origin as a stereotype: Effects of consumer expertise and attribute strength on product evaluations[J]. Journal of consumer research, 1994, 21(2): 354-365.

⑥ SMITH D C, PARK C W. The effects of brand extensions on market share and advertising efficiency[J]. Journal of marketing research, 1992, 29(3): 296-313.

评价。[①] 因沙(Gary S. Inscha)和麦克布莱德(J. Brad McBrid)2004年的研究结果也显示，在消费者决策过程中，引入的产品知识越多，产品来源国形象对消费者行为的影响就越低。[②]

由此可见，影响国家形象效应的因素众多，而国家形象效应影响因素研究更是一个跨学科研究：刻板印象与偏见层级、消费者民族中心主义倾向和产品风险感知等因素分析属于消费者心理分析角度，文化差异和人口统计变量属于消费者社会属性角度，而产品属性、产品知识和产品类别则属于经济学产品角度。这也反映了国家形象的构成体系复杂，对它的研究可以继续拓展和完善。

(三)国家形象效应模型

目前，学者们已经建立多个国家形象效应模型，其中影响较广的有韩忠珉在1989年深入阐释的晕轮效应模型和概括效应模型，内本扎尔、贾菲和兰波特(Shlomo I. Lampert)1997年的动态效应模型，以及奈特(Gary A. Knight)和卡兰顿(Roger J. Calanton)2000年建立的弹性效应模型。

1. 晕轮效应模型

贝克威斯(Neil E. Beckwith)和雷曼(Donald R. Lehmann)认为晕轮效应是消费者“通过总体态度来表现他们对产品属性的信念。偏爱替代品的消费者会对替代品的所有属性都给予较高评价，不喜欢替代品的消费者则会对替代品的所有属性都给予较低评价”。[③]

韩忠珉对晕轮效应的解释是如果在购买前无法确认产品的真实质量，那么消费者会使用产品来源国的国家形象对产品进行评估。在晕轮效应模型中，产品来源国的国家形象会影响消费者对产品属性的信念，进而影响消费者对品牌或产品的评价。因此，晕轮效应有两个理论含义：首先，消费者从国家形象推论产品质量；其次，国家形象会影响消费者对产品属性

① MAHESWARAN D. Country of origin as a stereotype: effects of consumer expertise and attribute strength on product evaluations[J]. Journal of consumer research, 1994, 21(2): 354-365.

② INSCHA G S, MCBRID J B. The impact of country-of-origin cues on consumer perceptions of product quality: a binational test of the decomposed country-of-origin construct[J]. Journal of business research, 2004, 57(3): 256-265.

③ BECKWITH N E, LEHMANN D R. The importance of halo effects in multi-attribute attitude models[J]. Journal of marketing research, 1975, 12(3): 265.

的评价。[①] 所以晕轮效应模型主要强调的是国家形象通过产品属性间接影响消费者的评价。晕轮效应模型如图 3-1 所示。

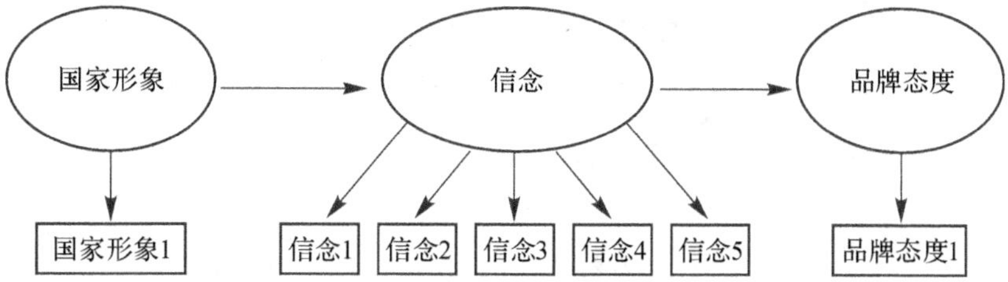

图 3-1 晕轮效应模型[②]

2. 概括效应模型

概括效应模型的理论基础是米勒(George A. Miller)关于认知能力的研究成果。他的研究表明人对信息的接收、处理和记忆受人的判断范围和即时记忆范围限制,通过对多维度刺激性信息的组织,成功形成一个信息块。[③]

韩忠珉认为,虽然产品来源国的国家形象是一个光环,但是当消费者对来自该国的产品非常熟悉时,国家形象对产品评估不会有重大影响。此时的国家形象是一个概括结构,即消费者对某国的品牌或产品非常熟悉,进而才能从产品属性中抽象出这个国家的形象,并影响其对该国其他不熟悉的产品的态度。因此,与晕轮效应相反,在概括效应模型中,消费者将产品信息抽象为国家形象。而且,国家形象直接影响消费者对产品的态度。[④] 与晕轮效应不同的是,概括效应模型强调的是国家形象可以直接影响消费者对产品的评价,不需要通过产品属性去间接影响。概括效应模型如图3-2所示。

---

① HAN C M. Country image: halo or summary construct? [J]. Journal of marketing research, 1989, 26(2): 223.

② HAN C M. Country image: halo or summary construct? [J]. Journal of marketing research, 1989, 26(2): 224.

③ Miller G A. The magical number seven, plus or minus two some limits on our capacity for processing information[J]. Psychological review, 1956, 63(2): 343-352.

④ HAN C M. Country image: halo or summary construct? [J]. Journal of marketing research, 1989, 26(2): 223.

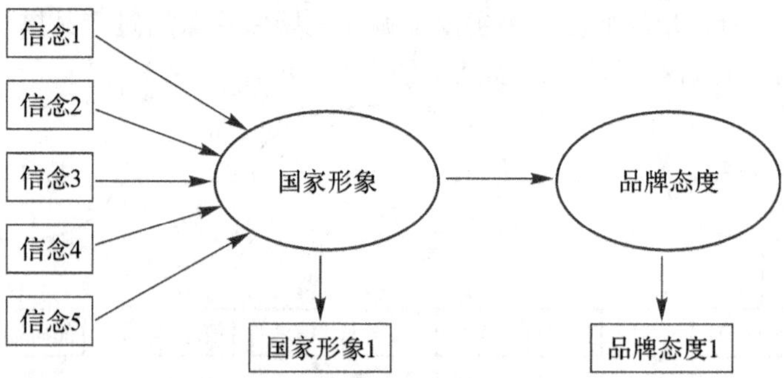

图 3-2 概括效应模型①

3.动态效应模型

1997年，内本扎尔、贾菲和兰波特提出了国家形象效应的动态效应模型。他们认为，在此前的相关研究中，关于国家形象变化的趋势和持续时间的纵向研究并不充分，未能解释发生变化的原因。在动态模型中，国家形象在产品评估中的作用以可预测的方式变化。如果消费者对给定产品没有消费者体验，则该产品的国家形象的认知会对产品的认知起决定性作用。在将一个国家的某个产品投放到国外市场时，如果该产品属性的可变性较低，国家形象的晕轮效应将逐渐被概括效应所取代，这时发挥影响的是该国产品的真实属性。如果一个国家的产品间的差异性较大，国家形象效应较小，不会对产品的感知产生强烈影响。此外，产品来源国形象的变化是必须经过长期持续的、前后一致的体验才能改变的，例如第二次世界大战后日本和其他东亚国家形象的变化就是一个历时数十年的漫长过程。②

在这个模型中，我们可以看到品牌和原产国被放在同一个方框内，它们被归类为影响消费者购买决策的同一类别因素。这是国家形象效应的四个主要模型中唯一一个同时对品牌形象和产品来源国形象进行专门研究的效应模型。此外，在这个模型中，不仅国家形象和品牌形象影响消费者的购买决策，消费体验和消费信息还会反作用于国家形象和品牌形象。

① HAN C M. Country image: halo or summary construct? [J]. Journal of marketing research, 1989, 26(2): 224.

② NEBENZAHL I D, JAFFE E D, LAMPERT S I. Towards a theory of country image effect on product evaluation[J]. Management international review, 1997, 37(1): 27-49.

动态效应模型如图 3-3 所示。

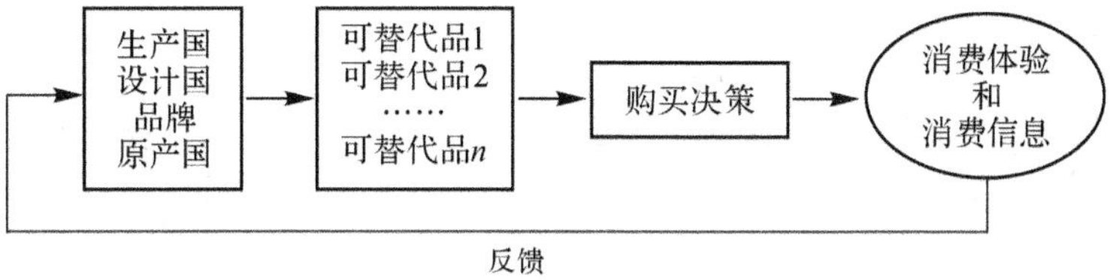

图 3-3　动态效应模型[①]

注：原产国在这里指被消费者认定为产品原产地的国家或地区，消费者不考虑产品实际在何处生产。

4. 弹性效应模型

在研究分析了韩忠珉的晕轮效应和概括效应模型后，奈特和卡兰顿认为，韩忠珉的两个模型存在缺陷，两个模型都强调国家形象和信念由消费者对产品来源国的知识状态决定，两者间的互动独立于产品态度之外。奈特和卡兰顿的研究表明，不管消费者对产品来源国知识的掌握程度高低，产品来源国形象和信念会同时影响品牌态度。两人的研究结果虽然证明了韩忠珉的两个模型存在缺陷，但并未能证明两个模型无效。

在弹性效应模型中：首先，产品来源国形象是影响产品态度的重要因素；其次，产品来源国形象是影响产品信念的重要因素；最后，产品信念也是影响产品态度的重要因素。[②] 所以，弹性效应模型强调国家形象和产品属性影响消费者产品评价，同时国家形象也影响产品属性。弹性效应模型如图3-4所示。

国家形象对消费者行为具有重要影响，而它对消费者的影响效应模型有晕轮效应模型、概括效应模型、动态效应模型和弹性效应模型。国家形象的构成是一个复杂的系统，而影响国家形象效应的因素众多，可以从消费者心理、消费者社会属性、经济学产品等多个学科的多个角度研究消费中的国家形象效应影响因素。鉴于本书讨论的形象问题是国家形象和品牌形象问题，在形象效应研究中将主要借鉴动态效应模型进行分析。

---

① NEBENZAHL I D, JAFFE E D, LAMPERT S I. Towards a theory of country image effect on product evaluation[J]. Management international review, 1997, 37(1): 36.

② KNIGHT G A, CALANTON R J. A flexible model of consumer country-of-origin perceptions: a cross-cultural investigation[J]. International marketing review, 2000, 17(2): 131-139.

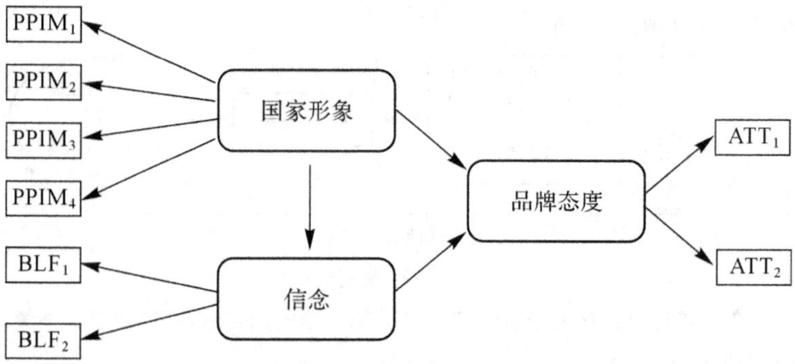

PPIM—产品和人的形象测量；BLF—信念测量；ATT—态度测量

图 3-4　弹性效应模型①

二、品牌形象研究

品牌这一概念已经存在多个世纪，它是用于区分一个生产者的商品与另一个生产者的商品的一种手段。品牌（brand）这个词源于古斯堪的纳维亚语“brandr”，本意指“燃烧”，最初是牧畜所有者用其来标识对动物的所有权②，后来随着商贸的发展，其才被逐渐用来区分不同制造者的产品。

1960 年，美国市场营销协会（American Marketing Association）在定义“品牌”时指出，品牌是“一个名称、术语、标记、符号或设计，或者是它们的结合体，用以辨别某个或某群销售商的产品或服务，并使其与竞争者的产品或服务区分开”③。肖克（Allan D. Shocker）和斯里尼瓦桑（V. Srinivasan）认为消费者在每个阶段采用不同的决策标准，在消费者复杂的决策过程中，品牌形象的明确能帮助消费者将其与竞争对手进行区分，从而能提高品牌的营销绩效。④ 1989 年，麦克威廉（Gil McWilliam）和切纳托尼（William, Leslie de Chernatony）对此前学者们关于品牌的定义进行了

---

① KNIGHT G A, CALANTON R J. A flexible model of consumer country-of-origin perceptions: a cross-cultural investigation[J]. International marketing review, 2000, 17(2): 131.

② KELLER K. Strategic brand management Edition)[M]. 4th ed. Upper Saddle River: Pearson Education, Inc., 2013: 31.

③ KOLTER P, KELLER K L. Marketing management[M]. 14th ed. Upper Saddle River: Prentice Hall, 2012: 241.

④ SHOCKER A D, SRINIVASAN V. Multiattribute approaches for product concept evaluation and generation: a critical review[J]. Journal of marketing research, 1979, 16(2): 176.

梳理，认为各位学者对品牌的定义主要包括四个角度，分别是辨识工具、产品质量承诺、表达自我形象和购买决策的辅助工具等。[①] 而科特勒和凯勒(Kevin Lane Keller)则强调"品牌用于标识产品的来源或制造商，并允许消费者个人或群体将产品的性能与其制造商或分销商相联系"[②]。随着营销学的发展，品牌的作用愈加引起重视，而对品牌形象的研究也随之产生。

（一）品牌形象的定义

在营销学中，品牌形象这个概念的使用可追溯到 20 世纪 50 年代。1955 年，加德纳(Burleigh B. Gardner)和利维(Sidney J. Levy)在关于产品与品牌的研究中提出了品牌形象(brand image)这个概念，他们认为"品牌不仅是用来区分产品制造商的标签，还是一个复杂的符号"[③]，影响消费者决策的因素不仅是产品的属性和功能，还应包括品牌蕴含的象征意义，即品牌形象。1990 年，多布尼(Dawn Dobni)和辛克汉(George M. Zinkhan)的研究表明，20 世纪 90 年代以前关于品牌形象的定义主要分为四类：第一类强调品牌形象是符号；第二类强调品牌形象的价值和信息功能；第三类强调品牌形象的人格表现功能；第四类强调品牌形象的心理因素。[④]

此后，学者们也主要从品牌形象的联想性、象征性、个体性和感知性等角度对其进行解释。艾克(David A. Aaker)认为品牌形象是消费者对于品牌联想的组合。[⑤] 理查森(Paul S. Richardson)、迪克(Alan S. Dick)和贾恩(Arun K. Jain)在分析外在线索和内在线索对品牌质量感知影响的研究中指出，品牌形象是产品评价的外部线索，被消费者用以推断产品的感知质量。[⑥] 科特勒对品牌形象的定义是"它反映在消费者记忆中的联想中，反

---

① MCWILLIAM G, DE CHERNATONY L. Branding terminology: the real debate[J]. Marketing intelligence & planning, 1989, 7(7/8): 29-32.

② KOLTER P, KELLER K L. Marketing management[M]. 14th ed. Upper Saddle River: Prentice Hall, 2012: 242.

③ GARDNER B B, LEVY S J. The product and the brand[J]. Harvard business review, March-April, 1955: 33-39.

④ DOBNI D, ZINKHAN G M. In search of brand image: a foundation analysis[J]. Advances in consumer research, 1990, 17: 110-119.

⑤ AAKER D A. Managing brand equity[M]. New York: The Free Press, 1991: 2.

⑥ RICHARDSON P S, DICK A S, JAIN A K. Extrinsic and intrinsic cue effects on perceptions of store brand quality[J]. Journal of marketing, 1994, 58(4): 28-36.

映了消费者持有的感知和信念”[①]。此外，“品牌形象描述了产品或服务的外在属性，包括品牌满足客户的心理需求或社会需求的方式”[②]。

学者们的研究表明，品牌形象对消费者行为具有重要影响，是消费者进行产品评价时的外部线索。品牌形象不仅反映了产品的外在属性，还能反映产品满足消费者需求的方式。

（二）品牌形象的构成

1985年，普勒默（Joseph T. Plummer）提出品牌形象由产品的物理属性、品牌的功能特征（或消费者利益）、品牌特征（或个性）这三个部分组成。[③] 艾克将品牌形象构成的三要素描述为产品属性、消费者利益以及品牌个性特质。[④] 比尔（Alexander L. Biel）在他的研究中指出，品牌形象可被描述为三个子形象的共同作用，这三个子形象分别是提供产品或服务的企业形象、产品或服务使用者的形象、产品或服务自身的形象。三个子形象又分别拥有各自的功能性属性和柔性属性，这些属性会因产品类型和品牌的不同而各不相同。[⑤] 凯勒认为，品牌形象主要是由品牌联想形成的，可以通过分析品牌联想的类型、偏好、强度和独特性来衡量品牌的形象。[⑥] 学者们对品牌形象的构成主要从企业、产品和消费者三个角度进行分析。

按照对品牌形象组成要素的研究，学者们对品牌形象的分类也多使用三要素法。帕克（C. Whan Park）、贾沃斯基（Bernard J. Jaworski）和麦金尼斯（Deborah J. Maclnnis）从消费者需求角度，将品牌形象分为功能性、象征性和体验性三类：功能性是指能促使消费者寻求解决与消费相关问题的产品需求，而功能性品牌是指旨在解决外部产生的消费需求的品牌；象征性是指消费者对产品的直接需求，而象征性品牌是指能满足消费者自我提

① KOLTER P, KELLER K L. Marketing management[M]. 14th ed. Upper Saddle River: Prentice Hall, 2012: G1.

② KOLTER P, KELLER K L. Marketing management[M]. 14th ed. Upper Saddle River: Prentice Hall, 2012: 248.

③ PLUMMER J T. How personality makes a difference[J]. Journal of advertising research, 40(6): 79-84.

④ AAKER D A. Managing brand equity[M]. New York: The Free Press, 1991.

⑤ BIEL A L. How brand image drives brand equity[J]. Journal of advertising research, 1992, 32(6): 6-12.

⑥ KELLER K L. Conceptualizing, measuring, and managing customer-based brand equity[J]. Journal of marketing, 1993, 57(1): 1-22.

升、角色定位、群体认同或自我认同的需求，旨在将个人与群体、角色或自我形象联系起来的品牌；体验性是指消费者对所购产品能提供感官愉悦、多样性或认知刺激的产品需求，而体验性品牌是指旨在满足这些内部产生的刺激或多样化需求的品牌。[①] 1991 年，帕克、米尔伯格(Sandra Milberg)和劳森(Robert Lawson)按功能性、象征性以及特殊用途对品牌形象进行分类。此外，他们的研究显示，基于象征性的品牌形象，品牌向消费者传递的信息侧重在抽象概念上，包括地位、财富等；而基于功能性或特殊用途的品牌形象，则主要强调产品的特征和属性。[②] 学者们对品牌形象的分类主要从品牌与消费者的关系角度进行分析。在分类中，他们都突出强调了品牌具有象征性功能，能向消费者传递信息，满足消费者的身份认同需要。

在品牌形象构成和分类研究的基础上，学者们进一步提出了品牌形象的识别模型。艾克(David Aaker)在品牌形象识别系统模型中指出，品牌形象的识别系统应该分为产品的品牌识别系统、企业的品牌识别系统、人的品牌识别系统和符号的品牌识别系统。[③] 国内学者范秀成在西方学者研究的基础上，提出了品牌形象识别的四维度论，他认为品牌形象可以分为产品维度、企业维度、拟人化维度和符号维度等四个识别维度。在品牌形象的识别维度模型中，学者们突出强调了品牌的符号和象征意义，在品牌构成三要素，即企业、产品和消费者的基础之上，增加了符号维度。

品牌形象主要由企业形象、产品形象和消费者形象构成。品牌形象还具有象征性和符号功能，能传递信息，满足消费者的身份认同需要。鉴于本书旨在探讨形象、消费和身份认同的关系，所以本书对意大利品牌形象的分析主要借鉴范秀成的品牌形象四维度论。

（三）品牌形象与国家形象的相互影响

目前，直接或单独探讨品牌形象与来源国形象间关系的研究较少，对两者之间的关系研究主要是在品牌来源国形象效应研究中阐述或提及。品牌形象作为重要的外部线索，它不仅能调节来源国形象效应，还与来源

---

① PARK C W, JAWORSKI B J, MACLNNIS D J. Strategic brand concept-image management[J]. Journal of marketing, 1986, 50(4): 136-137.

② PARK C W, MILBERG S, LAWSON R. Evaluation of brand extensions: the role of product feature similarity and brand concept consistency[J]. Journal of consumer research, 1991, 18(2): 185-193.

③ AAKER D A. Managing brand equity[M]. New York: The Free Press, 1991.

国形象相互作用，相互影响。

1986年，约翰逊(Johny K. Johansson)和内本扎尔选取了不同品牌的汽车进行研究，他们在研究中指出，如果品牌处于发达国家，消费者的偏好程度会提升。[①] 1992年，达斯托(Alain d'Astous)和艾哈迈德(Sadrudin A. Ahmed)在分析产品来源国形象效应时选择了三种不同的消费品，并将品牌线索纳入影响因素。他们在研究中发现，品牌是重要的影响线索，但是在三种产品类别中，影响的效果并不相同，只是在汽车类别里，品牌与产品来源国形象发生交互作用。[②]

1997年，塔可(M. V. Thakor)和卡萨尼丝(Lea Prevel Katsanis)指出，虽然关于产品来源国形象作为单一线索影响消费者产品评价的相关研究成果众多，但是品牌可替代性等方面的研究仍存在不足。他们在研究中对关于质量维度的相关文献进行梳理，并分析了品牌和国家形象如何影响这些维度。最后，两位学者根据研究结果建立了国家形象和品牌对产品质量维度的影响模型，如图3-5所示。在这个模型中，来源国形象不但直接影响产品的感知质量，而且对品牌也有较强的影响，并通过品牌间接影响产品的感知质量。[③]

佩科蒂奇(Anthony Pecotich)和罗森塔尔(Melissa J. Rosenthal)2001年的研究是在多线索实验环境下分析消费者民族中心主义、品牌形象、产品质量和产品来源国形象对消费者产品评价的影响。研究结果显示，产品质量的影响效应最明显，而消费者民族中心主义、品牌形象和来源国形象的影响效应不明显。但是，如果民族品牌形象强烈且受访者高度爱国时，来源国形象效应就发挥明显作用。他们的研究表明，来源国形象需要与其他外部线索，如品牌形象、消费者民族中心主义等结合，才会影响消费者的产品评价。[④]

---

① JOHANSSON J K, NEBENZAHL I D. Multinational production: effect on brand value [J]. Journal of international business studies, 1986, 17(3): 101-126.

② D'ASTOUS A, AHMED S A. Multi-cue evaluation of made-in concept[J]. Journal of euromarketing, 1992, 2(1): 9.

③ THAKOR M V, KATSANIS L P. A model of brand and country effects on quality dimensions[J]. Journal of international consumer marketing, 1997, 9(3): 79-100.

④ PECOTICH A, ROSENTHAL J. Country of origin, quality, brand and consumer ethnocentrism[J]. Journal of global marketing, 2001, 15(2): 31-60.

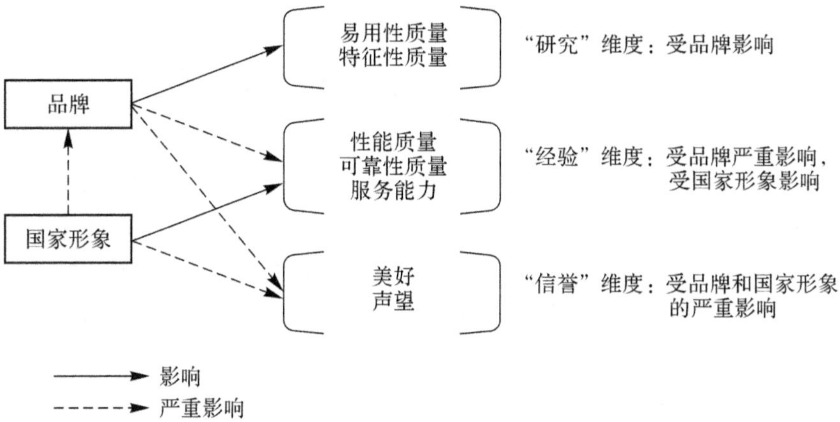

图 3-5　国家形象和品牌对产品质量维度的影响模型①

由此可见，学者们关于来源国形象和品牌形象的研究主要集中在三个方面：第一是验证国家形象对产品评价或品牌形象的重要影响；第二是探讨品牌形象作为一个外部线索对国家形象效应的影响；第三是分析品牌形象与国家形象作为产品评价的外部线索时的相互作用。本书对形象的研究主要从国家形象和品牌形象两个角度进行，所以国家形象和品牌形象之间的关系以及它们各自与消费和身份认同的关系都是主要的研究内容。

国家形象是一个多学科研究问题，具有重要的研究意义。在消费中，国家形象对消费者行为具有重要影响，而它对消费者的影响效应模型有晕轮效应模型、概括效应模型、动态效应模型和弹性效应模型。国家形象的构成是一个复杂的系统，而影响国家形象效应的因素众多，可以从消费者心理、消费者社会属性、经济学等多个学科的多个角度去研究国家形象效应影响因素。品牌形象也影响消费者行为。品牌形象主要由企业形象、产品形象和消费者形象构成，它具有象征性和符号功能，能反映产品的外在属性以及产品满足消费者需求的方式。国家形象和品牌形象是影响消费者对产品评价的外部线索，它们之间是相互影响的。

---

① THAKOR M V, KATSANIS L P. A model of brand and country effects on quality dimensions[J]. Journal of international consumer marketing, 1997, 9(3): 88.

第二节 形象与消费者行为研究

早在19世纪末，关于消费者行为（consumer behavior）和心理研究的理论就已经出现。1899年，美国社会学家凡勃伦（Thorstein B. Veblen）在《有闲阶级论：关于制度的紧急研究》中指出过度消费是在一种希望炫耀的心理下被激发的。[①] 而学界内普遍认为，消费者行为作为独立的学科开展研究仅发生在20世纪60年代，而消费者行为研究的兴起，是因为公司需要正确了解消费者的态度和购买行为以制定有效的营销策略。

一、消费者行为的定义

消费者行为可以根据不同的理论基础进行定义，如消费决策过程论、消费体验论、消费刺激反应论、消费平衡协调论等。而依据的理论基础不同，消费者行为的定义也有所不同。

1968年，恩格尔（James F. Engel）、克拉特（David T. Kollat）和布莱克韦尔（Roger D. Blackwell）合作出版了研究消费主义行为学的第一部教材。在该书中，恩格尔指出消费者行为是人们在获取、消费及处置产品和服务时所采取的行动。[②] 由此，消费者决策成为研究的中心问题。2001年起，布莱克韦尔成为这本教材的第一作者，他沿用了恩格尔对消费者行为的定义，强调消费行为主要涉及“获取、消费和处理”这三个活动[③]。希夫曼（Leon G. Schiffman）在1978年对消费者行为的定义和恩格尔以及布莱克韦尔的相似，强调的是消费决策过程。他认为消费者行为是“消费者在搜索、购买、使用、评估和处置那些期望能满足他们需求的产品和服务时采取的行为”[④]。

---

① 凡勃伦．有闲阶级论：关于制度的紧急研究[M]．李华夏，译．北京：中央编译出版社，2012.

② ENGEL J F, KOLLAT D T, BLACKWELL R D. Consumer behavior[M] New York: Holt, Rinehart and Winston, Inc., 1968: 2.

③ BLACKWELL R D, MINARD P W, ENGEL J F. Consumer behavior[M] 9th ed. Fort Worth: Harcourt College Publishers, 2001: 2-3.

④ 希夫曼，卡努克．消费者行为学：第9版[M]．北京：清华大学出版社，2009: 3.

1980 年，霍金斯(Delbert Hawkins)对消费者行为定义时，特别强调了消费者的体验，他认为消费者行为是“个体、群体或组织为满足自身的需要选择、获取、使用和处置产品或服务的体验和想法”①。与霍金斯的观点相似，莫文(John C. Mowen)和米诺(Michael Minor)在强调消费决策的同时，也强调了消费体验的重要性，他们认为消费者行为是采购、使用和处置货物、服务、经验和交易理念所涉及的采购单位和流程②。

所罗门(Michael R. Solomon)在对消费者行为定义时，除了强调消费决策和消费体验，还突出了消费者与营销者的互动过程。他认为，消费者行为是“个人或团体选择、购买、使用或处置产品、服务、想法或经验以满足需求和期望的过程”③。中国学者对消费者行为的理解主要受所罗门的影响，如卢宏泰在他的《消费者行为学》中直接引用了所罗门的定义对消费者行为进行解释④。

科特勒在营销管理研究中对消费者行为的定义是“个人、团体和组织选择、购买、使用和处置产品，以满足需求和愿望的过程”。虽然他在定义中没有对外界刺激作用进行描述，但是他在分析中强调消费者的决策是经外界刺激后才最终产生的。⑤

学者们从不同的理论角度出发对消费者行为进行定义。恩格尔等、布莱克韦尔和希夫曼主要从消费决策过程论出发，强调的是购买、消费和处置的决策过程。霍金斯和莫文等从消费体验论出发，强调消费者的体验过程。所罗门从消费平衡协调论出发，主要强调消费者与营销者之间的交换互动行为。而科特勒则从消费刺激反应论出发，强调消费者对刺激的反应。本书探讨的是消费过程中的形象、消费和身份认同关系，所以主要借鉴科特勒关于消费者行为的定义，关注消费过程中的决策、体验、消费者与

---

① HAWKINS D L, MOTHERSBAUGH D L. Consumer behavior: building marketing strategy[M]. 13th ed. New York: McGraw-Hill Education, 2015: 6.

② MOWEN J C, MINOR M. Consumer behavior[M]. Upper Saddle River: Prentice Hall, 1998:1-22.

③ SOLOMON M R. Consumer behavior: buying, having, and being[M]. 10th ed. Upper Saddle River: Pearson Education, Inc., 2013: 7.

④ 卢泰宏，周懿瑾. 消费者行为学：洞察中国消费者[M]. 3 版. 北京：中国人民大学出版社，2018:3.

⑤ KOTLER P, KELLER K L. Marketing management [M]. 14th ed. Upper Saddle River: Prentice Hall, 2012:151-153.

营销者互动以及消费刺激等。

二、消费者行为的影响要素

国内外关于消费者行为影响要素理论的成果十分丰硕,其中影响比较深远的有霍金斯的二因素论以及科特勒的三因素论。2015年由卢泰宏和周懿瑾提出的四因素论是在移动互联网时代背景下中国学者的一大创新。

霍金斯认为,影响消费者行为的因素可以分为内部因素和外部因素,即存在于消费者内部和消费者外部的因素。影响消费者的内部因素始于感知,即个体接受和赋予刺激意义的过程,包括知觉、记忆、动机、个性、情绪、态度等因素。而外部因素包括文化、亚文化、人口统计、社会地位、参照群体、家庭、市场营销活动等。内外部因素不仅分别对消费者行为产生影响,而且两者之间也相互影响和相互作用。[①]

科特勒对消费者行为的影响因素进一步细分,分为文化因素、社会因素和个人因素三个方面。其中,文化因素的影响最广,是一个人的需求和行为的根本决定因素。文化因素主要包括文化、亚文化和社会阶层因素。除了文化因素外,参考群体、家庭、社会角色和地位等社会因素也会影响消费者的购买行为。而影响消费者行为的个人因素主要包括生命周期中的年龄和阶段、职业和经济状况、个性和自我概念以及生活方式和价值观等。[②]

卢泰宏和周懿瑾的“四因素论”是在科特勒的“三因素论”之外,增加了一个新的影响因素,即“消费者虚拟社群”。根据卢泰宏和周懿瑾的“四因素分析”法,影响消费行为的主要因素包括外部环境因素、消费者个人因素、市场营销因素和消费者虚拟社群因素。外部环境因素主要包括四个方面,分别是文化和亚文化,政治、经济、法律环境因素,社会消费基础结构,家庭。而文化和亚文化又包括价值观、文化传统、宗教、民族等,社会消费基础结构包括政策、消费基础设施、技术,家庭则包括结构、生命周期、决策模式等。消费者个人因素主要包括四大类因素:第一类是社会阶层的,包

---

① HAWKINS D L, MOTHERSBAUGH D L. Consumer behavior: building marketing strategy[M]. 13th ed. New York: McGraw-Hill Education, 2015: 24-25.

② KOTLER P,KELLER K L. Marketing management[M]. 14th ed. Upper Saddle River: Prentice Hall,2012:151-159.

括年龄、地位、收入、职业、教育；第二类是情绪、动机、认知、态度、学习和记忆；第三类是个性和自我概念；第四类是世代和生活形态。市场营销因素主要包括营销要素和营销传播。营销要素包括产品及服务、价格、渠道、品牌、顾客资产等。营销传播则包括媒体、广告、促销、公关、消费者教育、情境等。消费者虚拟社群因素主要包括三个方面，分别是对特定消费者有影响的网络或终端社群、消费者虚拟社群的偏好和价值观念、参与度与参照群体。①

随着消费环境的不断变化，学者们对消费者行为的影响因素进行了不同标准的划分。消费者行为的影响因素从二因素论发展到四因素论是学者们根据消费环境的变化对影响因素的细化分类。中国"90后"女性生活和成长在网络技术快速发展的中国信息时代，目前中国的网络消费盛行。因此，本书关于消费者行为影响因素的分析理论借用的是卢泰宏等的"四因素论"，以求在尊重中国国情和中国"90后"女性消费习惯的前提下得出更加客观的研究结果。

三、形象与消费者行为的相互影响

内本扎尔、贾菲和兰波特的动态效应模型从国家形象效应的形成角度反映了国家形象对消费者行为的影响是一个动态的过程，国家形象对消费者行为的影响方式会视情况而变：如果消费者对产品没有消费体验，则产品来源国形象的影响起重要作用；如果产品属性的可变性较低，则产品的真实属性影响较大，产品来源国形象的晕轮影响效应会逐渐被概括效应取代；如果一个国家的产品类别差异较大，则国家形象对消费者行为的影响较小。此外，经过长期持续的、前后一致的消费体验，产品来源国形象有可能发生变化，即消费对国家形象的反作用。

塔可和卡萨尼丝的国家形象和品牌对产品质量维度的影响模型从国家形象与品牌形象的共同影响角度证实了产品来源国形象和品牌形象作为外部线索可以直接影响消费者行为。同时，产品来源国形象还对品牌有较强的影响，并通过品牌间接影响消费者行为。

由此可见，形象直接和间接影响消费者行为，而后者不仅可以强化形

---

① 卢泰宏，周懿瑾．消费者行为学：洞察中国消费者[M]．3版．北京：中国人民大学出版社，2018：57-60.

象，还可以改变形象。此外，从影响国家形象效应的因素分析，形象对消费者行为的影响效应会受到刻板印象与偏见层级、文化差异、消费者民族中心主义倾向、人口统计变量、产品风险、产品属性和知识、产品类别等因素的影响。

但是，国家形象和品牌形象并不是影响消费行为的唯一因素。从宏观社会视角观察，影响消费行为的因素包括国家的宏观调控政策、社会保障制度、收入分配的状况等；从微观社会视角观察，影响消费的因素包括收入水平、物价等；而从个体微观视角观察，影响消费的因素包括消费心理、消费观念以及消费者的客观需要等。

学者们有关国家形象和品牌形象与消费者行为关系的研究成果主要体现在三个方面：第一，对其他国家文化的判断受本国文化的影响；第二，国家形象和品牌形象作为一个外部线索对消费有直接或间接影响，而消费不仅可以强化形象，还可以改变形象；第三，国家形象和品牌形象是消费的影响因素。

对消费者行为的分析可以从不同的理论基础出发，消费决策过程论强调购买、消费和处置的决策过程，消费体验论强调消费者的体验过程，消费平衡协调论强调消费者与营销者之间的交换互动行为，而消费刺激反应论则强调消费者对刺激的反应。随着消费环境的不断变化，消费者行为的影响因素划分标准会发生变化，因素的划分会被不断地细化。国家形象和品牌形象是消费的影响因素，可以直接或间接影响消费。消费不仅可以强化形象，还可以改变形象。

第三节　消费与身份认同研究

“身份认同”是社会学对英语单词 identity 的翻译。单词 identity 除了表示“认同”，还表示“身份、统一性”等。因此，不同学科对 identity 的翻译有所不同：心理学多译为“同一性”或“自我认同”；文化学和社会学一样，多译为“认同”或“身份认同”。本书按照社会学的惯例，将 identity 译作“身份认同”或“认同”。

单词 identity 早已存在，它源自拉丁语的 īdem。20 世纪 50 年代，埃里克森(Erik H. Erikson)在他的著作《童年与社会》[①]中使用了 identity 来表"认同"这一术语,而他也被现代学界认为是认同理论的创立者。[②] 在埃里克森后,"认同"逐渐成为社会学和心理学广泛使用的概念,认同问题也成为理论研究的焦点。

一、身份认同的定义

早期的身份认同研究以哲学范式为主。按哲学主体论的发展,身份认同被分为以主体为中心的启蒙身份认同、以社会为中心的社会身份认同以及后现代去中心化的身份认同这三种模式。[③] 20 世纪 60 年代以来,随着世界范围内女权主义者、少数族群等群体的争权运动的掀起,各种文化群体要求对他们的身份进行认可。至此,身份认同研究掀开了另一个序幕,学者们从心理学、社会学等层面对身份认同进行深入研究[④]。身份认同概念的研究跨越了哲学、心理学和社会学多个学科。不同的学科对身份认同的理解不同,下面我们将主要从社会学的角度分析身份认同问题。

威克斯(Jeffrey Weeks)从社会关系角度出发,指出身份认同是个人与他人的共同和差异之处,是一种存在感,它涉及个体的社会关系,是个人与他人的复杂联系;[⑤]詹金斯(Richard Jenkins)认为身份认同就是追求与他人相似或者与他人相区别的过程。[⑥] 道格拉斯(Douglas Mary)[⑦]、汤普森(Michael Thompson)[⑧]、艾尔莫斯(Naomi Ellemers)[⑨]和贝尔加米

---

① ERIKSON E H. Childhood and society[M]. London: Paladin Grafton Books, 1950:234.

② 伍庆. 消费社会与消费认同[M]. 北京:社会科学文献出版社,2009:18-19.

③ 陶家俊. 身份认同导论[J]. 外国文学,2004(2):38-39.

④ 张淑华,李海莹,刘芳. 身份认同研究综述[J]. 心理研究,2012,5(1):21.

⑤ WEEKS J. The value of difference in identity[M]//RUTHERFORD J. Identity: community, culture, difference. London: Lawrence&Ishart Press, 1990: 88-100.

⑥ JENKINS R. Social identity[M]. 3th ed. London: Routledge, 2008: 18-23.

⑦ DOUGLAS M, ISHERWOOD B. The World of goods-towards an anthropology of consumption[M]. London: Routledge, 2002:123-125.

⑧ THOMPSON M, ELLIS R, WILDAVSKY A. Cultural theory[M]. Oxford: West View, 1990:142.

⑨ ELLEMERS N, KORTEKAS P, OUWEKERK J W. Self-categorisation, commitment to the group and group self-esteem as related but distinct aspects of social identity[J]. European journal of social psychology, 1999, 29: 371-389.

(Massimo Bergami)[1]也在研究中强调，身份认同是自我身份建构展示过程的产物，其间会发生多种融入和脱离群体的关系变化，行为趋向于内部团结和内部竞争或区分。

泰弗尔(Henri Tajfel)和特纳(John Turner)从群际行为和群际关系分析，指出身份认同是“个人对所从属的特定社会群体的认知，而这个群体的成员资格对其具有情感和价值意义”[2]。斯特兰加格(Lars Strannegård)和多伯(Peter Dober)则从身份认同的互动性和主体的能动性角度，强调“身份认同是一项谈判，是在与他人的相处中习得的不同的社会角色，并且个体每天都参与身份建构的互动”[3]。曼纽尔·卡斯特认为，身份认同是人们意义和经验的来源。他根据身份认同在社会建构中的权力关系，将身份认同分为合法性认同、拒斥性认同和计划性认同。[4]

中国学者伍庆在研究消费与身份认同关系时，结合了哲学、心理学和社会学的观点，指出身份认同是“自我作为主体对于自身保持同一以及与他人类同所形成的客观身份的主观肯定态度，它是在自我与社会的互动中建构起来的”[5]。

学者们对身份认同的上述定义是在社会学的不同角度下对身份认同的阐释。从社会关系角度出发，他们主要强调个人与他人的相同和差异；从群际行为和群际关系角度出发，他们关注的是个体对群体的认同及意义；从互动性和主体能动性角度出发，他们强调的是个体在互动中参与身份认同建构；从消费与身份认同关系角度出发，他们关注的是自身同一与他人类同、客观身份与主观态度的结合以及互动建构身份认同。本书对身份认同的定义主要借鉴的是消费与身份认同关系角度的定义。

---

① BERGAMI M, BAGOZZI R. Self-categorization, affective commitment and group self-esteem as distinct aspects of social identity in the organization[J]. British journal of social psychology, 2000, 39: 555-577.

② TAJFEL H, TURNER J. An integrative theory of inter-group conflict[M]//AUSTIN W G, WORCHEL S. The social psychology of intergroup relations[M]. Monterey: Brooks/Cole, 1979: 33-47.

③ STRANNEGÅRD L, DOBER P. Unstable identities: stable unsustainability[J]. Sustainable development, 2010, 18(3): 119.

④ 卡斯特. 认同的力量[M]. 夏铸九，黄丽玲，译. 北京：社会科学文献出版社，2003：2-4.

⑤ 伍庆. 消费社会与消费认同[M]. 北京：社会科学文献出版社，2009：21.

二、身份认同的内涵

关于认同的汉译文献对 identity 有不同的译法。为了更准确地把握 identity 的内涵，明确研究界限，我们有必要对 identity 的内涵进行分析。

(一)身份认同的同一性

形而上学把“同一性看成抽象的无矛盾的绝对等同，排斥任何差别和变化”[①]，这种排斥差异性存在的同一强调的是绝对的同一，而这种绝对的同一造成的是绝对的差异。但是同一性应是同一与差异的辩证，应是“对立面相互依存、相互制约、相互贯通、相互渗透和相互转化的关系”[②]。因此，没有差异的绝对同一性是不存在的。同一是差异中的同一，差异也是同一中的差异。同一与差异并不是等量并存的。同一性的辨析要求厘清本质的同一与偶性的差异。本质的同一指的是种类上的相同，而偶性的差异指的是属性的相异。因此，同一性的关键不在于相同数量的多寡，而在于性质的相同。例如古驰，它的公司法律形式曾由有限责任公司变更为股份公司，这并不影响它作为“古驰”这个品牌的同一性，也不影响它作为“品牌”时与普拉达、菲拉格慕的同一性。消费者身份认同的同一性也是辩证存在的，是包含差异的相对同一和包含偶性差异的本质同一。

霍布豪斯(Leonard Trelawny Hobhouse)强调，身份认同的同一性也是历时的实在同一性与共时的逻辑同一性。消费者不仅在自身变化中仍保持着“人”这一种类上的连续同一性，还保持着不同的消费者间差异中的同一性。他指出，“个别的整个存在具有连续性。一个人的一生是连续不断的，任何时候他都会在某个地方，绝不会中断他的短暂存在的连续性……在同一阶级的两个人之间，就没有这种必然的连续性。两个人可能互有联系，也可能没有。然而他们属于同一个一般，具有一种与任何实体的连续性都没有关系的共同属性”[③]。

(二)身份认同的社会性

消费者是身处一定社会历史条件下的具体的人，是由社会关系塑造

---

① 辞海编辑委员会. 辞海[M]. 上海：上海辞书出版社，2009：2275.

② 辞海编辑委员会. 辞海[M]. 上海：上海辞书出版社，2009：2275.

③ 霍布豪斯. 形而上学的国家论[M]. 汪淑钧，译. 北京：商务印书馆，2000：61-62.

的。而社会关系包括物质的社会关系和思想的社会关系，两者相互交错和影响。人在这些复杂而又具体的社会关系中的活动，自然被打上了社会关系的烙印。埃里克森强调："在讨论认同时，我们不能把个人的生长和社会的变化分割开来。"①消费者的身份认同是在消费者个体与社会环境的互动中形成的，身份认同也会受社会关系的影响。

此外，社会关系还是个历史范畴，是不断发展变化的。因此，身份认同不仅存在于消费者的个人历史中，还是人类历史中的问题。个人的身份认同受其过去的经历和体验影响，会随着时代的变化而变化。但是，身份认同的这种变化与同一性中所强调的连续性并不矛盾，是社会中的"人"的真实处境。正是因为身份认同是在一定社会历史条件下才产生的问题，所以个人的身份认同也是受整个人类社会的发展历史影响的。埃里克森特别指出："我们也不能把个人生命中的认同危机和历史发展的现代危机分裂开来，因为这两方面是相互制约的，而且是真正彼此联系着的。"②

（三）身份认同的能动性

身份认同是人对自己身份的认知和态度，是人主观参与的结果，所以人被看作身份认同的主体。而身份认同是在人这个主体与其他客体之间的互动中建构起来的，所以身份认同不仅是一个结果，还是一个行为和过程，即人采取"身份认同"行为，然后通过"身份认同"这一过程，最后得出"身份认同"的结果。这些都是围绕人这个主体发生的，所以主体的态度具有决定性意义。

人作为身份认同的主体，具有主观能动性。在身份认同的过程中，人对自己身份的接受并不是被动的，而是起到主观能动作用。正是因为能动作用，人会对自然决定或者社会所赋予的身份表达不满和反抗，出现人的认同与其客观身份相反的状况。而人的社会身份的客观属性与其主观身份认同之间的不一致或冲突，会导致认同危机的产生。

综上所述，身份认同的同一性是辩证的同一性，是包含差异的相对同一和包含偶性差异的本质同一。身份认同的社会性是指它是在一定社会历史条件下产生的，个人身份认同受人类社会发展历史的影响。身份认同的能动性则强调的是个人主体通过与其他客体的互动去建构身份认同，身

---

① 埃里克森. 同一性:青少年与危机[M]. 孙名之，译. 杭州:浙江教育出版社，2000:10.

② 埃里克森. 同一性:青少年与危机[M]. 孙名之，译. 杭州:浙江教育出版社，2000:10.

份认同是结果与行为、过程的结合。

三、消费与身份认同的相互影响

消费与身份认同研究是身份认同研究在消费领域的发展，是社会学与消费者行为的结合。学者们的研究成果指出，消费在身份认同建构中起关键作用，广泛的商品和消费实践为个人身份认同的建构、群体身份和地位的表达提供了工具。

鲍德里亚(Jean Baudrillard)指出"消费者通过不同模式'游戏'(消费)的选择来定义自己，换句话说消费者通过参与消费来定义自己"①。王宁也在他的研究中强调"人们消费什么和不消费什么，并不仅仅是对自己可支配货币拥有情况的反映，更是反映了人们对某种有价值的东西的认同活动"②。因此，人们的消费活动是围绕身份认同进行的。

同时，王宁也指出消费与身份认同是相辅相成、相互依存的，因为消费者借助消费来建构和表达认同，而身份认同又决定消费，消费者对自我的定义决定其消费的类型和消费的方式。身份认同与消费的这种内在联系，使得它成为连接和沟通消费行为与消费文化的框架性概念。③ 消费建构认同理论不仅正式开启了消费与身份认同研究的序幕，也为后续研究打下了坚实的理论基础。在这一阶段，学者们的研究成果中还包括个性消费与自我认同的关系、认同危机等。余翠娥指出，个性消费的出现反映了消费模式和消费认同形式的变化，其他消费形式注重的是社会认同，而个性消费更注重的是消费者自我个性的展现。④

此外，姚建平通过理论和实证分析研究，论证了消费与身份认同是双向建构、相互制约的。⑤ 他的研究进一步厘清了消费与身份认同之间的关系，强调宏观社会结构、社会文化的变迁对消费行为的影响，同时启发从经

---

① BAUDRILLARD J. The consumer society: myths and structures[M]. London: SAGE Publications, 1998:193.

② 王宁. 消费社会学[M]. 北京:社会科学文献出版社, 2011: 50.

③ 王宁. 消费与认同:对消费社会学的一个分析框架的探索[J]. 社会学研究, 2001(1): 8-13.

④ 余翠娥. 个性消费与自我认同[J]. 社会, 2003(10):47-49.

⑤ 姚建平. 消费认同[M]. 北京:社会科学文献出版社, 2006: 1.

验研究的角度分析消费活动[①]。伍庆肯定了消费与身份认同的相互建构，强调主动意识的积极作用，"在消费认同中强调的重点是消费行为如何有意识地建构认同，而不是简单地被客观身份所决定"[②]。同时，他也关注到消费引起的身份认同危机。他指出在消费认同的多元建构中，能否保证差异与同一的辩证，超越狭隘的统一和差异的对立，实现容忍、包容和赞赏差异的认同，这些是身份认同面临的根本性挑战。[③]

学者们关于消费与身份认同关系的研究成果可以概括为三个方面：第一，消费是阶层的归属，是身份认同建构的社会和文化活动；第二，消费与身份认同是相辅相成、相互依存的，因为消费者借助消费来建构和表达认同，而身份认同又决定消费；第三，消费与身份认同是双向建构、相互制约的，消费行为有意识地建构认同。

综上所述，从社会学不同角度对身份认同进行研究，我们可以观察到身份认同的不同特点：从社会关系角度是个人与他人的相同和差异；从群际行为和群际关系角度是个体对群体的认同及意义；从互动性和主体能动性角度是个体在互动中参与身份认同建构；从消费与身份认同关系角度则是自身同一与他人类同、客观身份与主观态度的结合以及互动建构身份认同。身份认同具有同一性、社会性和能动性：身份认同的同一性表现在同一与差异的辩证统一，是包含差异的相对同一和包含偶性差异的本质同一；身份认同的社会性是指个人身份认同受人类社会发展历史的影响；身份认同的能动性是参与身份认同建构的个体的主观能动性。在消费与身份认同关系方面，消费是身份认同建构的社会和文化活动，两者既是相互依存、相互影响的关系，又是双向建构、相互制约的关系。

第四节 本章小结

消费中的国家形象强调的是在消费过程中产品来源国形象对消费者

---

① 付林芮. 发展与启示：近15年来国内消费与认同研究综述[J]. 浙江树人大学学报，2016，16(4)：57.

② 伍庆. 消费社会与消费认同[M]. 北京：社会科学文献出版社，2009：110.

③ 伍庆. 消费社会与消费认同[M]. 北京：社会科学文献出版社，2009：202-206.

行为的影响。本书的意大利形象是指意大利通过传播手段与中国“90后”女性消费者在消费中交往互动而被后者赋予的身份定位。鉴于信息传播在网络时代和消费主义时代的重要作用，我们对意大利国家形象的分析主要参考范红和胡钰的六维度论。国家形象的构成体系复杂，影响国家形象效应的因素众多，对它的研究可以继续拓展和完善，可以对其开展跨学科多角度研究，如消费者心理角度、消费者社会属性角度、经济学产品角度等。国家形象对消费者行为具有重要影响，特别是当产品信息比较复杂或者不易获取时，产品来源国的国家形象信息是消费者决策的重要依据。国家形象对消费者行为的影响效应模型有晕轮效应模型、概括效应模型、动态效应模型和弹性效应模型。在对意大利国家形象及其品牌形象效应的研究中，我们主要借鉴动态效应模型进行分析。

品牌形象对消费者行为具有重要影响，是消费者进行产品评价时的外部线索。品牌形象不仅反映产品的外在属性，还能反映产品满足消费者需求的方式。一般认为，品牌形象主要包括企业、产品和消费者三个方面。但是，品牌形象具有象征性和符号功能，能传递信息并满足消费者的身份认同需要，所以又可以在品牌形象中增加第四个维度——符号维度。本书借鉴品牌形象的四维度论对意大利品牌形象进行分析。在国家形象和品牌形象关系方面，国家形象对产品评价或品牌形象具有重要影响，品牌形象作为一个外部线索影响国家形象效应，品牌形象与国家形象作为产品评价的外部线索时相互作用。本书研究的是形象问题中的意大利国家形象及其品牌形象问题，分析意大利国家形象和品牌形象两者间以及它们与消费、身份认同的关系。

因为依据的理论不同，学者们对消费者行为的定义存在差异：从消费决策过程论出发，他们强调购买、消费和处置的决策过程；从消费体验论出发，他们强调消费者的体验过程；从消费平衡协调论出发，他们强调消费者与营销者之间的交换互动行为；从消费刺激反应论出发，他们强调消费者对刺激的反应。我们对中国“90后”女性消费者的行为分析主要借鉴科特勒的定义，关注中国“90后”女性在消费过程中的决策、体验及其与营销者的互动等。对消费者行为的影响因素划分有霍金斯的二因素论、科特勒的三因素论、卢泰宏和周懿瑾的四因素论。鉴于中国“90后”女性成长和生活在网络消费盛行的信息时代，对中国“90后”女性消费者行为的影响因素分析借鉴四因素论，并将“消费者虚拟社群”的影响因素考虑在内。国家形象和品牌形象与消费者行为关系的现有研究成果表明,消费者对其他文化的判断受其自身文化的影响,国家形象和品牌形象作为一个外部线索直接或间接影响消费,而消费可以强化和改变形象。

社会学不同角度的研究对身份认同的关注点不尽相同:从社会关系角度出发,主要强调个人与他人的相同和差异;从群际行为和群际关系角度出发,关注的是个体对群体的认同及意义;从互动性和主体能动性角度出发,强调个体在互动中参与身份认同建构;从消费与身份认同关系角度出发,强调自身同一与他人类同、客观身份与主观态度的结合以及互动建构身份认同。本书从消费与身份认同关系角度出发,对中国“90后”女性消费者的身份认同进行定义。身份认同既具有同一性,又具有社会性和能动性。身份认同的同一性是辩证的同一性,是同一与差异的辩证统一,它的社会性是指个人身份认同受人类社会发展历史的影响,而能动性则强调个人主体通过与其他客体的互动去建构身份认同。消费是阶层的归属,是身份认同建构的社会和文化活动。消费与身份认同是相辅相成、相互依存的,因为消费者借助消费来建构和表达认同,而身份认同又决定消费。

第四章　研究方法

研究方法是指研究者建构资料和探寻资料来源时所使用的不同研究技巧。对研究方法的选择反映了研究者接近研究对象和认识世界的方法。[①] 研究方法是一个有不同层次和方面的综合体系。体系中包括的内容众多，各部分间有紧密的内在联系，具体包括方法论、研究方式、具体分析方法和技术等层次。[②] 下面将从研究方式、资料收集和资料分析三个方面详细介绍本书采用的研究方法。

第一节　研究方式

研究方式是指研究者在研究中所采取的具体形式或研究的具体类型。因为社会学研究问题的复杂性以及问题在逻辑特性上的差异化，所以社会学研究的方法比经济学或心理学的研究方法更为多样化。[③] 实证研究是使用经验证据进行的，是通过直接和间接的观察或经验获得知识的研究方式。实证研究中，研究者可以对直接观察或经验的记录数据进行定量或定性分析，即研究者可以量化数据或以定性的方式理解数据。

---

① GRAY A. Research practice for cultural studies: ethnographic methods and lived cultures [M]. London: SAGE Publications, 2003: 5.

② 风笑天. 社会研究方法[M]. 北京：中国人民大学出版社，2013：7.

③ 布东. 社会学方法[M]. 上海：上海人民出版社，1987：1-3.

一、质性研究

质性研究（qualitative research）又被称为质化研究或定性研究，是人文主义方法论主张的实证研究方式。质性研究并不是一个新型的研究方法，社会学家巴比（Earl Babbie）指出质性研究已经被使用了多个世纪，到了19世纪，人类学家对文盲社会的观察将这种研究方法推到了前沿。[①]

（一）质性研究的特点

从质性研究的研究范式和理论基础分析，质性研究的研究范式是解释范式，而这种范式的发展部分源于文化人类学的研究方法，主要受西方现象学、诠释学、批判理论、民俗方法论、符号互动理论等的影响。质性研究强调人的行为是一种有意义的活动，这种活动是社会取向的。人不是封闭的自我系统，是走向社会的存在，是以“相互主体性”来构建世界。所以，人们要从互为主体的立场交换观点并用以诠释行为的意义，建立日常生活中公示的规则或知识。[②]

从质性研究的研究对象与目的分析，质性研究是收集非数值数据的实证观察研究，它是指对事物的含义、概念、定义、特征、隐喻和符号的描述，不是对其进行计算或度量。质性研究的目的在于回答某种现象为什么可能发生以及如何发生，而不是这种现象发生的频率。[③]

从质性研究的手段与方向分析，质性研究者不喜欢使用真理性的自然科学模型，喜欢归纳和推理的研究过程和程序。质性研究者倾向于对行为意义的研究而不是行为本身的研究，喜欢收集的是在自然环境中收集到的文字或者图像数据。[④]

总体而言，陈向明认为“质的研究是以研究者本人作为研究工具，在自然情境下采用多种资料收集方法对社会现象进行整体性探索，使用归纳法分析资料和形成理论，通过与研究对象互动对其行为和意义建构获得解释

---

① BABBIE E. The basics of social research[M]. 6th ed. Belmont: Wadsworth Cengage Learning,2014:303-304.

② 风笑天. 社会研究方法[M]. 北京:中国人民大学出版社,2013:11.

③ BERG B L, LUNE H. Qualitative research methods for the social sciences[M]. 8th ed. Boston: Allyn & Bacon, 2012: 3.

④ SILVERMAN D. Interpreting qualitative data[M]. 5th ed. London: SAGE Publications, 2011:3-5.

性理解的一种活动”[①]。潘淑满则认为质性研究视角下的社会是由不断变化的社会现象组成的，这些现象会因不同的时空、文化和社会背景而具有不同的意义，所以质性研究者在研究过程中可以对社会现象进行多种解读。此外，研究者必须在自然的情境中，通过与研究对象的密切互动，运用一种或多种资料收集方法，对所研究的社会现象或行为进行全面深入的理解。因此，潘淑满认为质性研究是基于整体观点之上对社会现象或行为进行全方位图像构建和深度了解的过程，质性研究反对将研究现象或行为切割为单个或多重变项并将数字作为数据统计的依据。[②]

通过分析学者们关于质性研究的定义和解释，我们可以发现，质性研究具有微观性、整体性、互动性、双重性和主观性等特点。微观性是指质性研究适合从微观层面对个别事物进行细致、动态的描述和分析，通过对特殊现象进行分析，发现问题或提出看问题的新角度。整体性是指质性研究强调从整体角度深入探索事物的内涵及实质，要全面地理解社会现象，而不是仅截取现象中的片段。互动性主要表现为研究者要深入研究情景并在情景中生活或工作比较长的时间，与研究对象建立信任关系并获得研究对象的真实经历或体验。双重性主要是指研究者在质性研究中扮演双重角色，研究者不仅担任研究人员的身份，还扮演研究工具的角色。主观性是指质性研究的资料收集和分析具有一定的主观性。在研究中，为了提高结果的可信度和真实性以及研究对象的代表性，研究者需要有目的地选取有代表性的、典型的研究对象。

（二）质性研究的信度和效度

质性研究的一个核心问题是信度和效度问题。质性研究和定量研究为我们提供的是观察事物的不同视角，但由于质性研究倾向于使用文字、图像和描述来评估事物，而大多数定量研究则依赖计算机统计，所以许多人错误地认为定量研究比质性研究的分析方法更为科学。这种评断的错误在于将对主题不明确的研究与主题的不明确研究相混淆。

质性研究学者们认为应该使用质性研究的标准衡量研究的信度和效度，而不应使用定量研究的标准。顾巴（Egon G. Guba）和林肯（Yvonna S. Lincoln）认为社会科学研究的信度和效度应从研究测量和结果的真实性、

① 陈向明．质的研究方法与社会科学研究［M］．北京：教育科学出版社，2000：12.

② 范明林，吴军．质性研究［M］．上海：格致出版社，2009：4.

应用性、一致性和中立性这四个指标评价，因此对质性研究的信度和效度，即可信度(trustworthiness)的评估依据是可信性、可转换性、可靠性和可确认性。可信性是指研究者收集的资料的真实程度，而提高可信性的方法有延长沉浸、持续观察、合众法、回访受访者、反例分析、同行评议等。可转换性是指研究资料的可推广性以及研究结果可转换到其他类似地点或群体的程度。提高可转换性的方法有深度描写、使用相同或类似的理论等。可靠性是指研究者运用有效的策略收集到可靠的研究资料，即资料在不同时间、不同地点的稳定性。提高可靠性的方法有逐步重复、调查审核、逐字解释、低推论描述等。可确认性是指在进行研究伦理重建时所使用到的资料是值得信赖的，相互独立的人对资料的关系或意义的意见一致，提高可确认性的方法主要有审查踪迹等。①

二、定量研究

定量研究(quantitative research)又被称为量化研究或量性研究，是实证主义方法论主张的实证研究方式。尽管从人们开始记录被统计的事件或物体以来，世界就一直存在定量调查，但现代定量研究思想起源于孔德(Auguste Comte)的实证主义框架②。长期以来，随着科学技术的发展，实证研究一直在社会科学研究中占据主流地位。

(一)定量研究的特点

从定量研究的方式和理论基础看，定量研究的范式是实证范式。定量研究以经验主义或实证主义为基础，通过逻辑原理和推理认识事物。受自然科学量化研究范式的影响，定量研究者认为客观、实证和量化的研究才符合科学要求，研究成果才具有价值。③ 因此，定量研究强调研究过程的严谨性、客观性和可控性，现象是客观的、可测量的，研究结果不受个人价值观、感受和观点的影响。

---

① GUBA E G, LINCOLN Y S. Paradigmatic controversies, contradictions, and emerging influences[M]//DENZIN N K, LINCOLN Y S. The SAGE handbook of qualitative research. 3th ed. Thousand Oaks: SAGE Publications. 2005:191-200.

② GIDDENS A. Positivism and sociology[M]. London: Heinemann Educational Books, 1974.

③ 风笑天. 社会研究方法[M]. 北京：中国人民大学出版社，2013：10.

从研究的对象和目的看，定量研究是收集数值数据的实证研究。定量研究强调现象之间的相关关系以及变量之间的因果联系，主要研究影响现象的各变量之间的关系以及相互影响的因果关系。[①] 因此，定量研究的目的主要是开发和运用与现象有关的数学模型、理论和假设，提供实证观察与量化数值表达之间的关系。

从研究的手段和方向看，定量研究是通过统计、数学或计算手段对观察到的现象进行系统的实证研究。定量研究者强调使用科学的方法，只有使用科学的方法而不是对人类行为进行精神解释，科学研究才能进步。[②]

阿利亚加（Martha Aliaga）和贡德森（Brenda Gunderson）认为，在定量研究活动中，研究者"基于数学的方法特别是统计的方法进行分析，得出数值数据，并通过收集这些数据解释现象"。[③] 梅斯（Daniel Muijs）认为，定量研究实质上是收集数值数据来解释特定现象的科学研究，用数量来表示、分析、考验和解释问题与现象的研究过程。[④]

分析定量研究的定义和解释，我们可以看到定量研究具有量化性、理论性、科学性和客观性等特点。量化性是指定量研究收集的研究数据都是数值数据，因为定量研究要使用数学方法对数据进行分析，为了能够使用基于数学的分析方法，所收集的数据必须为数字形式，而质性研究收集的研究数据一般不是数字形式，因此不会使用统计分析方法。理论性是指定量研究的开展一般以理论为基础，定量研究由于具有演绎特性而多被用于进行理论检验，因此定量研究在开始的时候倾向于以理论为基础。科学性是指定量研究过程的标准化、系统化和操作化，定量研究使用的统计法在资料的收集、整理和分析方面具有完整的标准化体系。客观性是指定量研究强调资料收集和分析过程的客观性，强调事实的客观存在。

（二）定量研究的信度和效度

按照顾巴和林肯关于社会研究信度和效度的四个测量标准，定量研究

---

① 风笑天. 社会研究方法[M]. 北京：中国人民大学出版社，2013：12.

② GIDDENS A. Positivism and sociology[M]. London: Heinemann Educational Books, 1974.

③ ALIAGA M, GUNDERSON B. Interactive statistics[M]. 3th ed. Upper Saddle River: Pearson Prentice Hall, 2006: 2.

④ MUIJS D. Doing quantitative research in education with SPSS[M]. 2nd ed. London: SAGE Publications, 2011: 1-3.

的信度、效度评判依据分别是它的内在效度、外在效度、信度和客观性。内在效度是指定量研究过程中对因果关系推论的正确性。外在效度是指定量研究结果的可推广程度,即针对研究对象得出的研究结论能适用于其他群体的程度。信度是指定量研究所使用的研究工具测量出来的结果在重复测量过程中能获得相同结果的程度。客观性是指在定量研究过程中收集的资料不受研究者的个人评判影响。①

定量研究备受推崇的主要原因是信度和效度可检验的标准化程度以及检验手段的科学化程度。根据定量研究信度和效度的研究成果,多个可进行信度和效度检验的统计软件已被成功开发,例如统计产品与服务解决方案软件(statistical product and service solutions,SPSS)等。但是,逻辑复杂的统计原理仍是导致许多人无法进行定量研究的主要因素。为了提高定量研究的信度和效度,不仅要正确使用数据分析工具,最为关键的是要有正确的研究设计和数据收集工具。②

质性研究与定量研究是实证研究的重要研究方式。它们在哲学基础、研究范式、逻辑基础、理论模式、研究目标、分析方法、主要方式、资料收集方面的区别具体如表4-1所示。

表4-1 质性研究与定量研究的区别③

方面	质性研究	定量研究
哲学基础	人文主义	实证主义
研究范式	自然范式	科学范式
逻辑基础	归纳推理	演绎推理
理论模式	理论建构	理论检验
研究目标	深入理解社会现象	确定相关关系和因果联系
分析方法	文字描述和阐释	统计分析
主要方式	实地研究	实验、调查
资料收集	深度访问、参与观察	量表、问卷、结构观察等

① GUBA E G, LINCOLN Y S. Paradigmatic controversies, contradictions, and emerging influences[M]//DENZIN N K, LINCOLN Y S. The SAGE handbook of qualitative research. 3rd ed. Thousand Oaks: SAGE Publications. 2005:191-200.

② MUIJS D. Doing quantitative research in education with SPSS [M]. 2nd ed. London: SAGE Publications,2011: 1-3.

③ 风笑天. 社会研究方法[M]. 北京:中国人民大学出版社,2013:13.

质性研究和定量研究是社会研究过程中可以采取的两个途径,能为研究结果提供两种不同性质的画面。两种研究方式只是反映了研究者认识社会现象过程的不同,回答研究问题的不同以及回答方式的不同而已,它们在研究过程中发挥不同的作用,但不存在优劣的差异。质性研究可用于理解定量研究结论的含义,而定量研究可以精确地、测试性地表达质性研究思想。[①] 因此,质性研究是定量研究的依据,定量研究是质性研究的具体化,在科研实践中两者结合使用可以达到更好的研究效果。本书采用以质性研究为主、定量研究为辅的实证研究方式,通过质性研究分析证明形象、消费与身份认同三者互动现象的存在,同时通过定量研究从量化角度分析三者具体的互动关系。

第二节　资料收集

根据质性研究和定量研究相结合的研究方式,本书主要采取半结构式访谈法和网络自填式问卷调查法以完成资料的收集。下面将详细介绍我们采用上述两种方法收集资料的过程。

一、半结构式访谈法

这里的半结构式访谈是指半结构式深度访谈。深度访谈是质性研究中常用的资料收集方法之一,“是专业访谈人员和被调查者之间进行时间较长(通常是30～60min),针对某一论题一对一的谈话,用以采集被调查者对某事物的看法或做出某项决定的原因等,在被调查者家中或一个集中的访问地点进行”[②]。根据研究者对访谈结构的控制程度,访谈可以分为结构式访谈(structured interview)、非结构式访谈(unstructured interview)和半结构式访谈(semi-structured interview)三种类型。半结构式访谈又称“半定式访谈”或“半标准化访谈”,指访谈者在访谈中联合使用开放性和封闭性的问题并交替进行访谈的一种方式。在访谈前,访谈者需要确定问题的

① MESLY O. Creating models in psychological research[M]. Berlin:Springer,2015:53-61.

② 陆雄文.管理学大辞典[M].上海:上海辞书出版社,2013:16.

内容,但不需要确定访谈问题的措辞。[①] 半结构式访谈能同时发挥结构式访谈和非结构式访谈的优点,弥补两者独立实施时存在的缺陷。半结构式深度访谈采用部分封闭性的问题,便于统计和对比分析不同受访对象及其回答。同时,设定开放性的问题可以保障访谈方法的弹性,发挥访谈者和受访者的主动性和创造性,拓展和加深对访谈问题的研究。

在研究初期,我们编写了访谈提纲的初稿,一共有87个问题,内容涉及受访者在学习、工作和生活中与意大利和意大利产品接触以及消费的各方面细节。在完成第一阶段的11个访谈后,我们确定了本书的主题是分析意大利及其品牌形象、意大利奢侈品消费和中国“90后”女性身份认同之间的关系,并对访谈提纲做了进一步的调整,以求在与受访者的访谈中围绕主题进行更加深入和全面的探讨。在全部开展的56个访谈中,访谈提纲仅是访谈者开展访谈活动的参考文本,访谈者需要根据访谈过程中的情况对访谈问题进行选择,对访谈问题的表述和顺序进行灵活调整,务求在受访者描述和回答与研究主题相关内容时进行最大限度的深入挖掘。只有这样,才能了解事情发生的全过程以及受访者的真实想法,才能准确地研判表面现象与深度现实之间的关系。[②]

本书共对56位受访者进行了半结构式深度访谈。其中,研究对象即中国“90后”女性消费者共计46人和参考对象即非“90后”中国消费者10人。半结构式深度访谈受访者具体情况见附录,他们的基本情况如表4-2所示。

表4-2 半结构式深度访谈受访者基本信息

类别	性别		受访时年龄			身份		学历			籍贯	
	男	女	20岁以下	20～29岁	30岁及以上	工作者	学生	大专	本科	研究生	广东	非广东
研究对象	0	46	0	46	0	31	15	5	27	14	29	17
参考对象	1	9	1	1	8	9	1	1	8	1	6	4

分析56位受访者的籍贯,我们可以发现,35位广东籍受访者分别来自

① 袁世全.公共关系辞典[M].上海:汉语大词典出版社,2003:258-259.

② WENGRAF T. Qualitative research interviewing: biographic narrative and semi-structured methods[M]. Thousand Oaks: SAGE Publications, 2001: 6.

广东省的 15 个地级市，非广东籍的 21 位受访者来自广东省外的 15 个省、自治区和直辖市。

分析 56 位受访者的身份，其中 40 位工作者分别来自教育、广告、律师、设计、翻译、政府机关等行业，16 位学生则分别是语言、翻译、声乐、数学、材料科学和比较文化等专业的本科生、硕士和博士研究生。半结构式深度访谈受访者身份信息如表 4-3 所示。

表 4-3　半结构式深度访谈受访者身份信息

工作者(40 人)			学生(16 人)		
行业	研究对象	参考对象	专业	研究对象	参考对象
	31	9		15	1
教育	11	1	外国语言(本科)	8	1
私企	3	0	翻译(本科)	2	0
广告	2	1	声乐(本科)	1	0
保险	2	1	比较文化(硕士)	1	0
设计	2	0	材料学(博士)	1	0
政府机关	2	0	数学(博士)	2	0
国企	2	0			
外企	2	4			
会计	1	0			
翻译	1	1			
银行	1	0			
律师	1	0			
自由职业	1	0			
医疗服务	0	1			

本书的抽样方式是目的性抽样，因此我们主要利用自己的学生、同学、同事、朋友等社交关系与受访者建立联系，然后通过“滚雪球”抽样的方式来寻找更多的目标受访者，这种方法适用于难以找到合适受访者的情况[①]。

① SAUNDERS M N K, THORNHILL A, LEWIS P. Research methods for business students[M]. 7th ed. Harlow, Essex: Pearson, 2016: 232.

在与受访者建立联系的过程中，我们首先向受访者介绍研究的基本情况和目的，并告诉对方访谈遵循自愿原则，受访者可以拒绝回答他们不想回答的任何问题。同时，为了完全打消受访者担心个人信息会被泄露的顾虑，我们还向受访者承诺访谈收集的所有资料都会匿名使用，不会透露受访者的身份。在本书的撰写过程中，我们严格遵守了上述承诺，没有泄露与受访者个人隐私相关的信息。

56个访谈都在广州开展，因此受访者都有在广州长期或者短期生活的经历。除了2位受访者因有工作任务和私人原因要求缩短访谈时间外，其余的访谈时长都是80～120min。应受访者的要求，访谈主要在餐馆、咖啡厅、工作地点和宿舍等场所进行。在访谈过程中，受访者都使用普通话回答问题。此外，除了2位访谈者拒绝录音外，我们对54位受访者的访谈进行了全程现场录音。在个别访谈中，经受访者同意，我们还对受访者提及的部分物品进行了拍照。在访谈结束后，我们除了整理2个未录音的现场访谈笔记，还对54个现场录音进行了誊写和校对，共获得数百页的原始数据文稿。

二、网络自填式问卷调查法

问卷调查法(questionnaire method)是将所要调查的内容具体化为一系列有机联系的可测指标，以便进行定量测量的一种研究方法。[①] 问卷调查法是以书面提出问题的方式收集研究资料。研究者将所要研究的问题编制成问题表格，以邮寄、当面回答或者追踪访问等方式让受访者填答，从而了解受访者对某一现象或问题的看法和意见，因此又称问题表格法。[②] 根据研究者与受访者在填写过程的互动关系，我们可把问卷调查法分为自填式问卷调查法和访问式问卷调查法。自填式问卷调查法(self-administered questionnaire，SAQ)是指研究者将调查问卷设计为无须研究者干预，仅由受访者独立填写完成的数据收集方法。[③] 自填式问卷调查的

① 刘蔚华，陈远. 方法大辞典[M]. 济南：山东人民出版社，1991：372.

② 刘永中，金才兵. 英汉人力资源管理核心词汇手册[M]. 广州：广东经济出版社，2005：651.

③ LAVRAKAS P J. Encyclopedia of survey research methods[M]. Thousand Oaks: SAGE Publications, 2008: 804.

优点在于，因为受访者是独立答卷，受访者在答卷过程中不受其他因素的干扰，可以真实表达自己的想法，保证收集资料的真实性。此外，问卷设计使用的是标准化表达，保证所有受访者回答的方式都是统一的，避免研究者在解释中出现的主观随意性和诱导性，保证受访者理解以及回答问题的客观性和准确性，从而提高所收集资料的准确性。根据问卷发放的方式，自填式问卷可分为邮寄问卷、报刊问卷、发送问卷和网络问卷四种形式。网络自填式问卷调查除了具备自填式问卷调查的基本优点，还具有完全匿名填写、在线即时回收的优势。网络自填式问卷在线全开放式向公众发放填写，受访者在完全匿名的情况下填写，可以将匿名答卷的优势发挥到最大，极大地降低受访者在回答一些涉及个人隐私或者敏感性问题时的心理压力。网络自填式问卷调查的即时回收优势，在大范围收集数据的同时能极大限度地缩短数据收集的时间，节约研究的时间成本。

本书的问卷设计包括四个步骤。第一步是文献回顾和整理。通过对文献进行回顾和整理，确定问卷主要测量的变量为意大利国家形象、意大利品牌形象、奢侈品的购买、身份认同等。第二步是确定问卷的初稿。根据此前对 56 份深度访谈资料的分析，我们确定问卷包含以下几个部分：第一部分是受访者的个人基本信息，这些信息是为了分析受访者是否具有代表性；第二部分和第三部分是对受访者关于意大利国家形象以及意大利品牌形象进行测量；第四部分是对受访者关于意大利奢侈品消费的测量。第三步是开展问卷预测试。为了保证问卷的准确性和有效性，我们邀请 5 位中国“90 后”女大学生进行预测试，了解她们对问卷中各题项的理解以及填写的依据。这样不仅能检测题项的表达是否准确、易懂，还能检验题项的提出是否简洁、科学。第四步，形成正式网络自填式问卷，问卷共 30 道大题、151 个小项。

在完成问卷设计后，我们通过微信平台进行问卷在线发布，并通过微信平台的毕业生、校友、朋友和同事的微信群以及他们的朋友圈，还有研究者的朋友圈进行扩散，最后在线回收了 518 份问卷。如图 4-1 所示，问卷调查受访者中，43.05%的受访者在广东填表，56.95%的受访者在其他地区填表。这充分证明了网络自填式问卷调查具有突破地域限制的优势，提高了样本的可代表性。关于调查问卷的受访者以及数据的具体分析，我们将在第七章的问卷分析中进行详细说明，此处不再赘述。

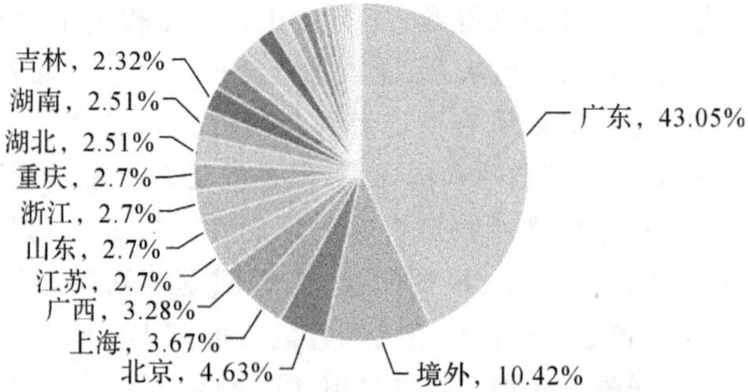

图 4-1　网络问卷受访者填表地理位置情况分析

第三节　资料分析

本书采用质性研究与定量研究相结合的研究方式。因此，我们在资料分析过程中将质性分析法和定量分析法结合运用。我们在质性分析中主要选取的是常用的扎根理论法，而在定量分析中使用的是统计分析法。

一、扎根理论法

扎根理论法(grounded theory method，GTM)是指运用系统的、归纳的和比较的方法进行询问以构建理论的方法。该方法鼓励研究者对收集到的资料持续进行对比分析，实现与资料的持续互动。扎根理论法将经验检验纳入资料分析过程，这样研究者可以对过程中所有可能的理论解释进行检验并得出结论，而经验数据与新分析之间的迭代过程使得收集数据逐渐集中，同时数据分析逐渐趋向理论性①。

扎根理论法是一种循环性的对资料收集和分析研究的过程。扎根理论法强调收集数据和确定研究领域要以理论假设为先。不能对研究的主题直接运用理论，应该在研究的领域里通过对数据进行分析从而发现并建构理论。因此，对研究对象以及研究数据的选择是根据他们与研究主题的

① BRYANT A，CHARMAZ K. The SAGE handbook of grounded theory[M]. Thousand Oaks：SAGE Publications，2011：1

相关程度决定，不会因为从统计角度能构成代表性样本而选取。扎根理论法对研究对象和数据的选择原则是提高研究变量的复杂程度，而不是通过降低变量的复杂性降低研究的复杂程度。[①]

扎根理论法的资料收集和资料分析是同时进行的。研究者首先要对收集到的第一个数据进行分析，该分析及由此提出的问题是为了进行第二个数据（群体、地点、情况等）的收集。研究者立即分析新的数据，并将其与第一个数据进行比较。以此类推，研究者不断地以循环对比的方式收集、分析和采样，最终建构理论。[②]

二、统计分析法

统计分析法（statistical analysis method）是对研究对象的相关资料进行统计学分析与处理，形成定量结论的方法。统计分析法在系统整理统计资料的基础上，根据统计任务要求，运用各种统计指标和分析方法，对被研究对象进行综合分析，把握事物或现象在具体时空条件下的数量特征及其变化的数量界限，从而全面深刻地了解所研究的对象[③]。

与扎根理论法的循环性研究相反，统计分析法的资料收集和分析是线性研究的过程。统计分析法对资料的收集和分析主要遵循以下三个程序：首先，研究者要制定或假设一种关系，并阐明研究问题的意义；其次，研究者通过对样本的测量获得相关信息、资料或数据，然后对数据或资料进行描述和概括，解释研究结果；最后，还要对第一步中假设的关系进行检验[④]。线性研究和循环研究的资料收集分析过程如图 4-2 所示。

---

① FLICK U. Doing grounded theory[M]. Thousand Oaks: SAGE Publications, 2019: 20-21.

② FLICK U. Doing grounded theory[M]. Thousand Oaks: SAGE Publications, 2019: 20-21.

③ 车文博. 当代西方心理学新词典[M]. 长春：吉林人民出版社，2001：368.

④ 谢新观. 远距离开放教育词典[M]. 北京：中央广播电视大学出版社，1999：529.

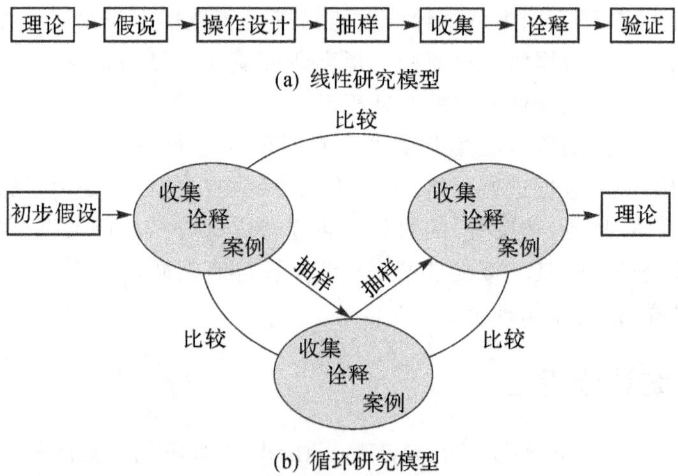

图 4-2　线性研究和循环研究的资料收集分析过程①

我们从图 4-2 可以清楚地看到，扎根理论法与统计分析法对资料的分析过程是有所不同的，前者采用的是循环性分析过程，后者采用的则是线性过程。扎根理论法对资料的循环性收集和分析，是为了尽可能地提高研究变量的复杂性，最终实现研究理论的建构，这完全符合质性研究进行归纳推理的解释性研究范式的要求。而统计分析法遵循从理论出发，提出假设，然后收集，最后分析和验证的线性过程，是用定量研究进行演绎推理的科学性研究范式的直接表现。因此，本书选择上述两种方法进行资料分析，既符合研究的需要，又能保证研究结果的准确性。

三、软件支持

我们在资料收集和资料分析过程中分别使用了不同的软件技术，以便在合理降低资料收集和分析所需时间的同时，提高研究结果的准确性和客观性。我们在质性研究环节利用的是 MAXQDA 软件的服务，在定量研究环节主要借助的是问卷星调查平台提供的技术服务。

（一）MAXQDA 软件

MAX 质性数据分析（MAX qualitative data analysis，MAXQDA）软件

① FLICK U. An introduction to qualitative research［M］. 5th ed. London：SAGE Publications，2014：9.

始创于 1989 年,是一个质性研究数据分析的专业软件。因为在深度访谈中收集的原始数据数量庞大,所以在对这些资料进行编码的过程中通过使用 MAXQDA 10 软件,节约了资料分析归类的时间。MAXQDA 10 软件中文版的基础工作界面如图 4-3 所示,共分四个主窗口。其中,窗口 1 是文本列表窗口,窗口 2 是代码列表窗口,窗口 3 为文本浏览器,窗口 4 为已编码文本段列表窗口。

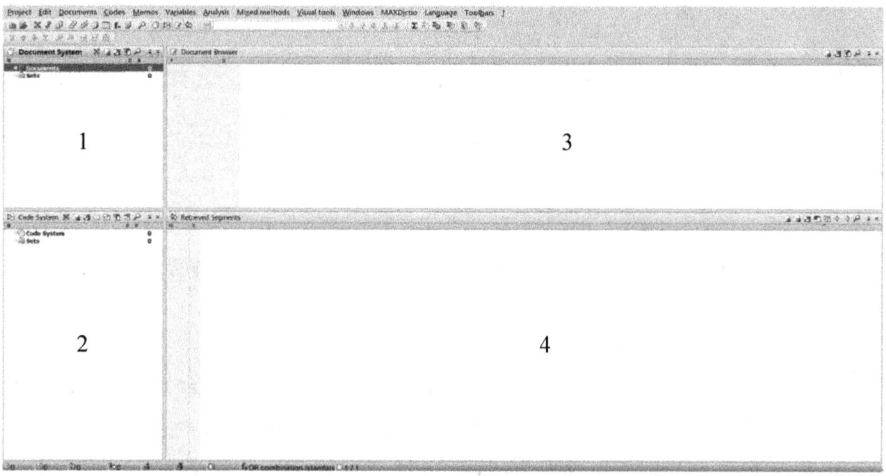

图 4-3　MAXQDA 10 软件中文版的基础工作界面

我们利用 MAXQDA 10 软件进行资料分析可细分为四个步骤。第一步,建立一个独立的 MAXQDA 分析文件,将已经誊写好的 56 个访谈记录文本导入软件的窗口 1。第二步,在窗口 2 的文本浏览器内阅读文本,并对每一个文本进行编码处理。在对 56 个访谈文本进行编码的过程中,我们一共使用了 1072 个一级代码,这些代码都在窗口 3 中集中陈列。同时,已编码的文本段落也可以在窗口 4 中启用陈列。第三步,对 1072 个一级代码进行归类,向上形成二级编码,然后通过对二级编码进行归类形成三级编码,以此类推。第四步,找出各代码概念之间的关系,确定最后的代码系统,构建研究命题。在 1072 个一级代码的基础上,最终形成了由 1103 个代码构成的四级代码系统。MAXQDA 10 软件中文版完成最终编码的工作界面如图 4-4 所示。

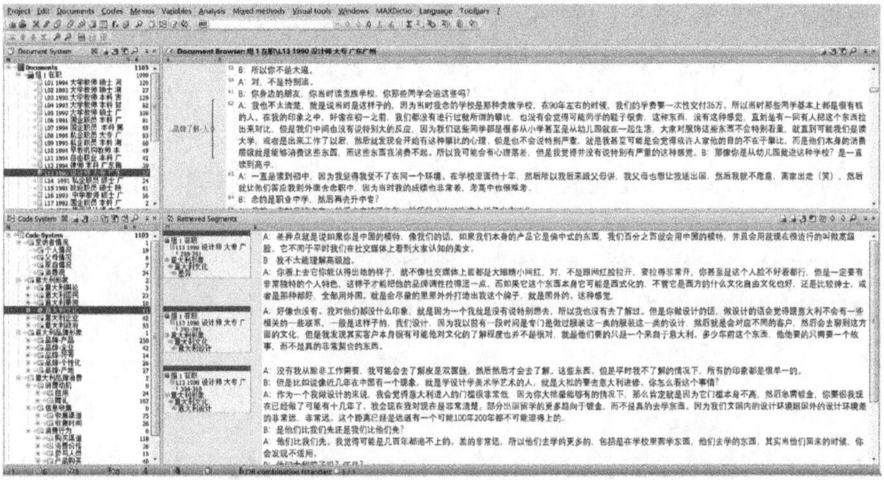

图 4-4　MAXQDA 10 软件中文版完成最终编码的工作界面

（二）问卷星平台

问卷星是一个专业的在线问卷调查平台，用户通过平台可以在线设计问卷、采集数据和进行调查结果分析。问卷星不仅允许用户和受访者通过电脑登录和使用，它还与微信等即时通信平台合作，用户和受访者可以直接从手机端打开链接使用。因此，与传统的问卷调查方式以及其他调查网站或调查系统相比，问卷星快捷、易用、低成本的优势十分明显。

我们利用问卷星平台进行资料收集和分析可细分为设计问卷、问卷测试、修改问卷、正式发放和分析问卷五个步骤。第一步，在线设计问卷，我们根据此前质性研究的分析结果，针对我们希望进行量化测量的问题进行问卷设计。第二步，问卷设计完成后，发送给五位学生进行测试，检验问卷内的语言表达、顺序编排是否合理，询问参与学生在填写过程中的想法、意见，填写的原因等。第三步，根据学生反馈的意见和建议，对问卷进行合理化调整和修改。第四步，考虑到中国“90后”女性偏爱用手机微信平台交际的习惯，我们通过微信群和微信朋友圈向学生、校友、朋友和同事发放问卷，邀请符合条件的“90后”女性匿名填写问卷，并请求微信群和朋友圈内学生、同事和亲友转发问卷给符合条件的“90后”女性。在确认已填问卷数超过预期的500份（最后为518份）后，我们停止问卷收集，并利用问卷星平台提供的统计分析技术和服务，下载平台提供的综合统计分析报告和各类子项统计分析报告。

第四节　本章小结

质性研究和定量研究是社会研究经常采取的两个途径，两种研究方式在研究过程中发挥不同的作用。质性研究是定量研究的依据，通过质性研究可以更好地理解定量研究结论的含义；而定量研究是质性研究的具体化，定量研究在准确表达质性研究思想的同时还对其进行检验。在研究中，质性研究和定量研究结合使用能获得更好的研究效果。因此，本书通过两种研究方式结合运用的形式开展研究，其中以质性研究为主，定量研究为辅。

在资料收集过程中，我们要根据质性研究和定量研究的特性以及需要收集的数据的特点选择相应的数据收集方法。在首先开展的质性研究中，我们选用了半结构式访谈法，然后在定量研究中我们运用了网络自填式问卷调查法，为后面的资料分析研究工作收集了丰富的第一手研究资料和数据。

我们使用扎根理论法对质性研究资料进行分析，并借助了质性分析软件 MAXQDA 10 的技术支持。在软件中，我们通过对已收集的访谈资料的循环性对比分析，形成数据的代码系统，并由此归纳建构本土化理论。在定量研究资料的分析中，我们主要借助问卷星平台提供的数据统计分析功能。根据此前质性研究中推导出的本土化理论，我们提出假设并设计问卷。通过对调查问卷收集到的数据进行统计分析，我们在得出定量分析结果的同时，对质性研究的结果进行检验。

第五章　中国“90后”女性心目中的意大利形象及其品牌形象

本章通过分析半结构式访谈收集的材料，对中国“90后”女性心目中的意大利形象和意大利品牌形象进行描述。在访谈中，我们主要了解了中国“90后”女性受访者对意大利政府、企业、文化、景观、国民和舆论等方面的认识以及她们对意大利品牌在产品、企业、与顾客关系、符号和产地等方面的意见。通过对访谈资料的分析与整理，本章从上述维度对意大利形象及其品牌形象进行详细的分析描述。

第一节　中国“90后”女性心目中的意大利形象

意大利是一个在世界历史和文化中占据重要地位的南欧国家。在历史长河中，它曾是西方文明的中心，也是欧洲文艺复兴的发源地。如今，意大利凭借高度发达的经济实力成为欧洲四大经济体之一，并跻身世界七大工业国。此外，意大利是全球拥有世界文化遗产最多的国家之一，它的艺术和时尚业也处于世界领先地位。虽然在我国中小学生的历史、地理、语文课本中都曾出现过与它相关的介绍，但中国“90后”女性对意大利的了解是参差不齐的。按范红和胡钰对国家形象的六维度认知论，下面将主要从政府、企业、文化、景观、国民和舆论这六个维度观察意大利在中国“90后”女性心目中的形象。

一、政府维度

在国际交往中，政府代表国家，因此政府的形象在很大程度上成为国家形象的主要代表。[①] 下面从国家领导人形象和政府形象两个方面分析意大利的国家形象。其中，政府形象包括行政体系、国际政策、国际地位等方面。

（一）领导人形象

意大利的政治体系是议会共和制，意大利议会是国家的权力中心，政府由议会产生并对议会负责。意大利总统是国家元首，他的地位是象征性的，没有实权。意大利总理是政府元首，他领导意大利政府并拥有管理实权。因此，意大利对外元首级交流主要围绕的是意大利总统和总理的交流活动，其中又以总理为主。

在访谈中，我们发现中国"90后"女性对意大利的政治体制并不太了解，也不甚清楚意大利国家元首与政府元首的差异。她们对意大利领导人的关注比较少，比较有印象的是意大利前总理贝卢斯科尼（Silvio Berlusconi）[②]。贝卢斯科尼曾在意大利国内竞选和欧洲议会等多个重要场合发表不当言论，造成了多起外交风波，被中外媒体严厉抨击。他口无遮拦的表现令部分中国"90后"女性质疑意大利整个国家的未来发展。

> 这么夸张的一个总理上台……他到底能干什么事情，不会真的把这个国家带入死胡同里了？（L03，女，29岁，大学教师，本科，吉林）

（二）政府形象

根据个人或朋友在意大利旅游和学习的经历，中国"90后"女性对意大利政府的工作效率多是给予负面评价。她们认为意大利工作人员的办事效率低。

> 我有同学在意大利读书，他说那边的人办事效率很低，你跟他们

① 范红，胡钰．论国家形象建设的概念、要素与维度[J]．人民论坛·学术前沿，2016(2下)：57-58.

② 贝卢斯科尼是意大利中右翼政党意大利力量党的创始人，曾四度担任意大利总理，他和他的家族在2019年福布斯全球亿万富豪榜中排名第257位。

沟通时,他们给人的感觉好像不是很靠谱。(L04,女,26岁,大学教师,本科,甘肃)

对于意大利政府在世界大战中摇摆不定的立场,中国“90后”消费者从正面角度解读,认为意大利政府更倾向和平。但她们也会因此负面评价意大利政府,认为意大利政府在做国际决策时不谨慎。由此可见,意大利政府在国际事件中的立场会导致中国“90后”女性对意大利产生负面印象。

意大利这个国家给我的感觉是哪边对它好,它就往哪边靠,在第二次世界大战和现在,它都是这样,让人感觉它更倾向于和平。对,它是这样一个国家,就很随性,很随意。(L18,女,24岁,插画设计师,大专,广东阳江)

因为受欧洲债务危机的影响,意大利、葡萄牙、希腊和西班牙四国的国内经济发展疲软,四国因此被国际舆论戏称为欧洲的“金猪四国”。因此,受媒体报道的影响,中国“90后”女性对意大利有负面的刻板印象。尽管意大利位列世界第七大工业强国[①],却被中国有些“90后”女性误以为是经济发展落后的国家。

当时不是经济危机吗,意大利、希腊、西班牙和葡萄牙都在闹债务危机。它们当时拖了欧盟的后腿,大家就把它们叫作“四猪”,“四猪”不干活,还老惹事。所以我一直以为意大利和希腊、西班牙、葡萄牙一样,经济是不行的,后来我才知道,原来意大利真的是强国之一,我一直误会了意大利。(L03,女,29岁,大学教师,本科,吉林)

在意大利的基础设施建设方面,中国“90后”女性心目中的意大利的形象既有积极的一面,又有消极的一面。在意大利有求学经历的中国“90后”女性会认为意大利在基础设施建设方面的经验值得中国政府借鉴,但她们也发现意大利的城市交通同样存在拥堵问题,公共服务体系的效率问题也有待解决。

我感觉(意大利的)基建设施很人性化,是我们值得学习的地方。博洛尼亚那个城市的经济水平比较高,道路都有盲道,而且人行道划

① 中华人民共和国驻米兰总领馆经商室. 意大利仍为世界第七大工业强国[EB/OL]. (2017-11-09) [2021-05-05]. http://milan.mofcom.gov.cn/article/jmxw/201711/20171102668324.shtml.

分得很合理，残障人士可以无障碍上公交车。但是，博洛尼亚的生活节奏不算慢，早晚还是有上下班高峰，很容易堵车或者出车祸。像缴费之类也比较麻烦，因为不仅要预约，还会受到罢工和较多的假期的影响。（L11，女，25岁，自由职业，本科，广东河源）

从政府维度分析，我们可以发现中国“90后”女性对意大利政府的了解并不深。她们不会主动去了解意大利政府，只是被动地通过媒体的报道去了解。在不了解意大利实际情况下，她们会被媒体误导，对意大利产生刻板印象，认为意大利的政局形势复杂，经济不发达。但是通过实际接触，中国“90后”女性会发现意大利的经济发展的实际状况以及值得中国政府借鉴之处。

二、企业维度

企业通过自己的产品和服务参与国家形象的塑造和传播，并成为国家形象传播的重要载体。[①] 下面从企业家形象和企业形象两个方面分析意大利在中国“90后”女性心目中的形象。企业形象包括企业的标识、产品的形象、服务的形象、社会责任的形象等方面。

（一）企业家形象

中国“90后”女性对意大利企业家的了解渠道主要是个人直接接触和媒体报道。个人的直接接触包括在日常工作中与意大利企业家合作、去意大利旅游或者求学期间与企业家们的相处和交流。

在直接接触中，意大利企业家在工作中的精致服务给中国“90后”女性消费者留下深刻的印象，并让她们积极评价意大利这个国家，她们认为意大利是一个服务贴心、精致的国家。意大利企业家的积极形象有助于在中国“90后”女性心目中塑造意大利的正面形象。

意大利是一个很讲究、服务很精致的国家，因为像我住过的一家（酒店），它的老板是一位男士。有一天早上我要赶火车，他给我准备三明治，给了我三个袋子。袋子里面是包好的三明治，三明治有好几层肉，还有番茄等东西，另外还有一块蛋糕、一瓶巧克力饮料、一瓶果

① 范红，胡钰．论国家形象建设的概念、要素与维度[J]．人民论坛·学术前沿，2016(2下)：58．

汁、一杯酸奶、一个苹果,我有点被吓到了,比他平时做的早餐还多,很夸张。(L19,女,29岁,培训机构教师,硕士,广东广州)

对意大利企业人员的评价会影响中国“90后”女性对意大利的印象。她们在肯定这些意大利企业管理人员的工作能力和工作经验的同时,又会认为他们比较圆滑。

我工作中接触到的意大利人项目经理多一点。他们大概是20世纪六七十年代出生的人,年纪比较大,能力非常强,精力非常旺盛,经验也非常丰富。但是你要跟他协商的时候,他又很油滑,给人非常老道的那种感觉。(L17,女,27岁,国企职员,本科,广东广州)

在调查中,有一些意大利年轻企业家给中国“90后”女性留下的是负面的印象。她们认为,这些子承父业的意大利年轻企业家没能继续继承父辈的发展能力。中国“90后”女性会因此质疑意大利企业未来的发展。

我的了解比较负面。这个品牌的企业其实是一个家族企业,公司的名字也是创始人的名字。这个创始人已经70多岁了,他现在已经不工作了。他的儿子继承父业,但是企业已经远远不及他那时候的光辉,现在已经比较落魄。(L24,女,27岁,外企职员,本科,广东广州)

(二)企业形象

中国“90后”女性通过与意大利企业合作以及消费意大利企业的产品,对意大利企业的产品、服务和社会责任等方面都有自己的判断。这些都反映了她们对意大利企业的印象。

从产品角度看,中国“90后”女性会因为意大利品牌的历史悠久而对意大利企业进行积极评价。中国“90后”女性认同意大利企业的发展历史以及发展积淀。她们认为中国企业需要向意大利企业学习。

因为毕竟意大利品牌的发展比较久远,他们的沉淀比较多,所以他们的发展比我们先进。我觉得中国品牌需要向意大利品牌学习。(L24,女,27岁,外企职员,本科,广东广州)

从企业的知名度看,中国“90后”女性会根据企业知名度评价意大利的企业。虽然意大利的部分企业以奢侈品牌闻名世界,但是从整体而言,中国“90后”女性认为意大利非奢侈品企业在中国的知名度较低,远不如日本、美国以及欧洲其他国家的企业。

> 意大利的企业两极分化吧。如果是刚刚讲的奢侈品，在中国的知名度还是可以的。但是其他东西就一般般，当大家拿到一个东西，猜它的产地时，很多人可能会猜美国、法国、德国、西班牙，而不会猜意大利。（L17，女，27岁，国企职员，本科，广东广州）

企业的市场定位以及产品种类的多元化程度影响意大利品牌在华的知名度，从而影响意大利品牌在华的形象塑造。中国“90后”女性消费者认为意大利非奢侈品企业之所以在中国的知名度低，主要原因是进入中国市场的意大利品牌多是奢侈品牌，这些品牌的市场定位都是高消费人群，而高消费人群在中国总消费人群中所占的绝对比例有限。此外，意大利的奢侈品类产品多限于服装、包和跑车，从产品的种类来看多元化程度不够高。

> 意大利品牌肯定有断层啊。它不像日本的品牌，便宜的像电饭锅，贵的像汽车、钢琴，整个体系很明确。你让我随意讲一个东西，我都能够讲出来，而且它的价格什么层次都有，便宜的有，贵的也有。而意大利的产品我想不出来几个，只有像古驰(Gucci)这些，但这些我暂时还消费不起。它在我的脑海里面只是一个品牌概念，没有那种很亲民的，就是我平时生活能用到的，说得出来的。（L16，女，26岁，中学教师，硕士，广东茂名）

虽然意大利产品的知名度总体偏低，但是从社会责任角度看，中国“90后”女性对意大利食品行业的质量持肯定态度，觉得与国内食品的质量相比，意大利食品的质量更令人放心。中国“90后”女性认为意大利企业是富有社会责任感的。

> 我对意大利的印象还是挺好的。意大利的食品吃起来感觉挺好的，就像肉、蛋、奶之类的产品，感觉令人放心。（L11，女，25岁，自由职业，本科，广东河源）

此外，中国“90后”女性因为喜爱意大利某一企业品牌，在获知它是意大利品牌后，直接提升了她们对意大利这个国家的好感度。此时，对品牌的印象会直接影响中国“90后”女性对意大利国家形象的评价。

> 我从小就开始看世界一级方程式锦标赛(F1)，但是我之前没有注意到法拉利是意大利的。我一直是法拉利的车迷，后来知道法拉利是意大利的牌子时，就对意大利有非常大的好感。（S12，女，26岁，比较

文化，硕士生，山西）

从企业维度观察，中国“90后”女性对意大利企业家以及意大利企业的印象既有积极的一面，又有消极的一面。从积极角度看，她们认同意大利企业家对服务品质的追求，肯定意大利企业发展的历史和经验，建议中国企业借鉴他们在奢侈品领域的成功经验。从消极的角度看，她们认为意大利新一代企业家的发展潜力不足，意大利行业的多元化程度不高，国际知名度偏低。此外，中国“90后”女性消费者对意大利某一品牌的喜爱有助于提高她们对意大利这个国家的好感。

三、文化维度

文化形象是国家形象中至关重要的一环，而文化的历史积淀又是国家形象差异化的根本原因。国家的文化形象是多元的，包括文学艺术、历史文物、民族风情、宗教传承、电影电视等。[①] 对中国“90后”女性关于意大利文化形象的调查，我们主要从她们对意大利的历史、歌剧、电影、语言、饮食、设计等方面的评价进行分析。

（一）意大利历史

意大利是历史古国，经历了伊特鲁里亚文明、罗马帝国以及文艺复兴等多个辉煌时期。在我国中小学的世界历史课本以及日常生活中，对意大利的历史也有片段式的描述，所以中国“90后”女性对意大利的历史会有模糊的印象。

> 我喜欢文化气息浓一点的国家，就是那些文化比较深厚、历史比较悠久的国家，像意大利、印度这些就会更加吸引我一点。意大利的一些文化，特别是文艺复兴那时候的，其实挺吸引人的。（L18，女，24岁，插画设计师，大专，广东阳江）

虽然中国“90后”女性对意大利的历史有印象，但是她们对意大利历史的了解并不深刻，对意大利现状的发展更是知之甚少。她们甚至会因为并不了解意大利的情况，而对意大利产生负面印象，认为意大利的辉煌已

① 范红，胡钰．论国家形象建设的概念、要素与维度[J]．人民论坛·学术前沿，2016(2下)：58.

不再。

> 我个人觉得它已经不那么辉煌了，也没有什么太突出的方面，足球方面可能还比较好，但我本身不了解足球。（意大利）其他方面就不是很突出吧。可能其他方面也很突出，我只是不知道而已。（S15，女，27岁，基础数学，博士生，河南）

（二）意大利歌剧

歌剧于17世纪诞生于意大利的佛罗伦萨。作为歌剧的摇篮，意大利至今仍在世界范围内占据重要地位。但是中国“90后”女性对意大利歌剧了解不深，她们主要通过观看中国国内的一些音乐类比赛节目接触意大利歌剧。而学习过意大利歌剧表演的中国“90后”女性会肯定意大利在世界歌剧领域的地位，并指出中国民众对意大利歌剧了解不够，对意大利歌剧表演的概念不清晰。

> 中国不像意大利有那么多的国际性比赛，都是民族和美声一起考、一起比赛。那个《声入人心》本来说是美声的节目，但是又变成音乐剧的。国内对美声的概念不太清楚。意大利人基本上都知道美声，会唱的人也特别多。意大利是音乐的殿堂，是歌剧发源地。我特别想过去看看，学习声乐到底应该怎么唱。（S11，女，22岁，声乐，本科生，湖南）

对意大利歌剧文化的了解有助于提高意大利在中国“90后”心目中的形象。尽管没有音乐专业知识背景、不懂意大利语，中国“90后”女性在意大利旅游时会选择亲身体验意大利歌剧的魅力。意大利的经典歌剧不仅能感染中国“90后”女性，与中国文化产生共鸣，还提升了她们对意大利文化的好感度。

> 我们第一年去时就没赶上意大利歌剧季表演，觉得有点遗憾。后来去意大利，都会提前查信息。我看的不是一般的剧院表演，是那种只有在七八月，天气热的时候，在斗兽场里面的表演。我看的是《阿依达》，他们表演的时候需要用马，结果他们是拉了真马上场。整个场景就很厉害，而且载歌载舞，是我喜欢的那种。我觉得歌剧跟京剧、粤剧有点像，很热闹。（L19，女，29岁，培训机构教师，硕士，广东广州）

(三)意大利电影

意大利电影在世界范围内享有盛誉,特别是20世纪50年代的新现实主义风格影片曾经引领了世界影坛的潮流。中国“90后”女性观看的意大利电影大多是20世纪80年代末以来获得国际大奖的意大利著名影片,例如朱塞佩·托纳多雷(Giuseppe Tornatore)导演的三部曲《天堂电影院》(1988年)、《海上钢琴师》(1998年)和《西西里的美丽传说》(2000年)。中国的部分“90后”女性通过观看这些电影初步建立了对意大利的印象。

> 我高中的时候看过一个意大利导演的三部曲——《天堂电影院》《海上钢琴师》《西西里的美丽传说》。我是看了这三部电影,才了解意大利。我在那之前听说过意大利,但是并不太了解。(L12,女,25岁,律师,本科,广东梅州)

除了意大利导演执导的电影,其他一些西方国家的导演拍摄的经典影片也会选择在意大利取景。在影片中,导演们通过镜头向世界观众传递了他们对意大利这个浪漫的国家的理解。中国“90后”女性也会被这些影片所感染,认同意大利是一个浪漫、文艺气息浓厚的国家。

> 因为看那些在意大利拍摄的电影,像《罗马假日》,就觉得意大利这个国家很浪漫。还有那些跟威尼斯有关的景物,也让人感觉很浪漫,还有一些文艺气息。(L01,女,25岁,大学教师,硕士,河南)

此外,在中国导演拍摄的一些商业电视剧和商业电影中也会经常出现一些在意大利实地取景的画面。因为经常能观看到这些和意大利相关的画面,中国“90后”女性会不自觉地收集到关于意大利的信息,加深了对意大利这个国家的了解。

> 意大利的那些城市,我在电视、电影里都看到过。威尼斯是意大利的吧?有一些电影是在意大利取景的。(L09,女,24岁,私企职员,本科,湖南)

(四)意大利语言

近年来,因为小语种专业毕业生的就业前景好,中国国内对意大利语等小语种的了解有所加深。但是,由于英语在世界范围内的通用性,至今英语仍是中国义务教育阶段的主要必修外语。所以很多中国人以为意大利是一个讲英语的国家。

> 一些朋友听说我去意大利留学，就会问一些问题，比如说他们平常都吃什么，或者他们讲什么语言。基本上没有人说得对，她们不知道意大利人是讲意大利语的，她们甚至会说意大利人是讲英语的。(S12，女，26岁，比较文化，硕士生，山西)

正是因为意大利语的使用范围不广，它被教育部定义为“非通用语”[①]。而与意大利文化没有直接接触的中国“90后”女性对意大利使用的语言并不了解，这也反映了意大利这个国家的存在感不强，国家形象不突出。

> 比如我说我是学小语种的，我那些朋友第一反应都会问法语吗？德语吗？他们都猜了一轮之后，不会猜意大利语。意大利这个国家存在感不强，不是说完全没有存在感，而是它的存在感是弱于德国、法国、英国这些国家的。(L16，女，26岁，中学教师，硕士，广东茂名)

(五)意大利饮食

意大利餐拥有“西餐之母”的神圣地位，而且意大利被誉为“欧洲大陆烹饪的始祖”。随着大量意大利餐厅进驻中国市场，中国“90后”女性消费者不仅可以在意大利旅游时感受意大利的餐饮魅力，而且在中国也可以享用意大利的美食。中国“90后”女性在国内和国外对意大利饮食的体验感受并不相同。

在国内，中国“90后”女性品尝到的意大利美食已经根据中国消费者的饮食习惯做了调整。所以当她们到意大利享用当地地道的意大利食物时，会发现其中的差异，但是她们不会因此对意大利产生负面印象，她们对意大利当地食物的品质给予了积极评价。

> 我在意大利随便进了一家店去吃饭，当时吃的是margherita(西红柿芝士)比萨，还点了一个意大利面。食物很简单，其实没有像国内做的那么花哨，但是我觉得品质和材质是好的。(L04，女，26岁，大学教师，本科，甘肃)

---

① “非通用语”是我国外语教学界为加强教学的组织和管理采用的一个概念，其基本含义是指那些在国际交往中使用范围不很广泛的外国语言，其特定含义是指英语、俄语、德语、法语、西班牙语、日语和阿拉伯语之外的其他所有语种。

因为中意饮食习惯的不同，中国“90后”女性对传统意大利餐饮的接受程度存在差异。有的消费者对有嚼头的“夹生”意大利面食并不能完全接受，同时她们对意大利的传统美食比萨的期待也没能得到满足。

> 因为我们不是特别喜欢吃夹生的意大利面，所以就很难接受。一般如果老板正好煮过火，我们就会觉得还蛮好吃的。那些海鲜饭也有点夹生，我们吃得都不舒服。我们又不是很能吃比萨，不是特别喜欢，不算难吃，但是也没有让我们觉得很好吃。（L19，女，29岁，培训机构教师，硕士，广东广州）

对意大利饮食文化的了解有助于在中国“90后”女性心目中塑造意大利的积极形象。中国“90后”女性关注意大利的餐饮文化，她们通过媒体了解意大利正在积极宣传的慢食文化。通过对意大利慢食文化的了解，她们认同意大利对传统餐饮文化的尊重，并赞赏他们追求生活品质、健康饮食的态度。

> 这个我也是看纪录片知道的。意大利人反对快餐文化，提倡慢生活、慢饮食。他们很反对美国提倡的快餐文化，像肯德基、麦当劳、汉堡王这些。他们觉得应该享受，质量要好，不要这种不健康的生活。这挺好的。（L10，女，25岁，早教机构教师，本科，广东梅州）

此外，通过与意大利人以及意大利文化的直接接触，中国“90后”女性还会对意大利的饮食文化有更深入的了解。她们对意大利的食品有进一步的认识，正确了解它们在国际上的地位。

> 我之前不知道意大利是一个产葡萄酒的很古老的国家。因为后来做过翻译，我才对葡萄酒有一定的了解，知道意大利是一个非常适合葡萄种植的国家。而且听说喝红酒有分入门级、初级、高级、“骨灰级”。他们说一般“骨灰级”的人就是喝意大利的红酒。其实意大利的红酒价格不贵，但是好喝的挺多。（L24，女，27岁，外企职员，本科，广东广州）

（六）意大利设计

意大利的设计以精致、艺术、优雅著称，被誉为“杰出设计”的同义词，在全球的家具、汽车、服装等领域占据主导地位。有设计行业知识背景的中国“90后”女性非常肯定意大利的设计水平和国际地位，并认识到中国与意大利在这方面存在的差距。

> 意大利的设计太超前，太梦幻。他们的设计比我们领先，所以我们要学的很多。在国外，设计师是一个很令人尊重的职业，人家会觉得他在创造东西，并且市场认可他。但是我们就不会认为设计师很棒，觉得就是一个画画的而已。（L13，女，29岁，设计师，大专，广东广州）

对意大利设计文化的了解，不仅有助于在中国“90后”女性心目中塑造积极的意大利国家形象，还有助于意大利品牌形象的建立。没有设计行业背景知识的中国“90后”女性多是通过意大利奢侈品牌接触意大利的设计文化。她们欣赏意大利的设计，并看好意大利品牌的发展前景。

> 从意大利设计的这些品牌来看，我觉得意大利的包和鞋很有品位，它们会不停地发展。意大利的奢侈品有自身品牌的内涵。（L24，女，27岁，外企职员，本科，广东广州）

从文化维度的各个角度观察，中国“90后”女性对意大利文化中的历史、歌剧、电影、语言、饮食和设计等方面都有不同程度的了解。她们肯定意大利在各个方面取得的成就，也会对意大利在某些方面的发展前景有所忧虑。与此同时，通过对意大利文化的接触，她们加深了对这个国家的了解，也有助于意大利在她们心目中树立积极的国家形象。

四、景观维度

景观是国家形象的重要因素之一，这里是指一国地域内由地形、地貌、水体、植物、建筑等共同构成并有一定审美特征的综合体。景观形象的构成包括城市公共空间、特色街区、建筑、园林、雕塑、自然景观等。[①] 意大利是一个旅游资源丰富的国家，以世界文化遗产为例，2019年以前意大利拥有的世界文化遗产数量一直高居世界第一位。[②] 而意大利也一直备受国际游客的青睐。意大利统计局发布的数据显示，2018年，意大利全年接待外

① 范红，胡钰. 论国家形象建设的概念、要素与维度[J]. 人民论坛·学术前沿，2016(2下)：58-59.

② 世界上文化遗产最多的国家排行　意大利文化遗产最多[EB/OL].（2019-03-20）[2021-05-05]. https://www.souid.com/archives/142751.html.

国游客的数量超过4.29亿人次,其中中国游客超过530万人次①。中国“90后”女性不管是否曾到过意大利旅游,她们对意大利旅游都有所了解,并对意大利的地理形状有一定的印象。

> 我经常听说意大利,去欧洲十国旅游肯定会去意大利。但是对它具体的位置好像不太了解,我只知道它在地图上的形状好像是比较长、比较窄的。(L25,女,28岁,教育机构主管,本科,广东广州)

即使没有前往意大利旅游的计划,中国“90后”女性也会因为对意大利的某一城市景观感到好奇,专门去查询相关的资料。在研究了这些城市景观信息后,她们会因此喜欢上意大利的城市。

> 有一段时间,我觉得意大利那里好美。因为有师姐说她要去意大利的波西塔诺(Positano)玩,我没听说过那里,就专门到网上搜索,看到那里全部是彩色的房子,有阳光刚好照下来,有水有山,颜色像童话里的那样,我特别喜欢。(S08,女,21岁,俄语,本科生,广东汕头)

在意大利旅游后,中国“90后”女性对意大利在古建筑保护方面取得的成果给予了高度的评价。她们从这些建筑中感受到意大利浑厚的历史和文化积淀。中国“90后”女性会因为对意大利旅游资源和文化的了解而喜欢上意大利这个国家。

> 我们就特别喜欢罗马。我们五个人去了之后,发现好像看到了希腊古建筑的复原图。我们在希腊看到的全是废墟,在罗马看到整个建筑都保存得很好。罗马的建筑都很宏伟,随随便便到一个地方就是遗址、古建筑。米兰大教堂建得很好,给我留下很深印象的是它的建筑图画,我觉得设计的风格非常独特。(L01,女,25岁,大学教师,硕士,河南)

虽然有一些中国“90后”女性并没有到意大利游玩的体验,但是她们也能在日常生活中收集到与意大利相关的信息。她们对意大利的一些标志性建筑拥有深刻的印象。中国“90后”女性通过对意大利一些地标性建筑的了解,加深了对意大利的印象。

---

① Istituto nazionale di statistica. Turismo in Italia nel 2018[EB/OL]. (2019-07-15)[2021-05-05]. https://www.istat.it/it/archivio/232137.

> 我忘了是在哪里看到的，印象好模糊，反正就是说到了意大利那些地标性的建筑，像意大利的比萨斜塔、罗马斗兽场。每个国家都有自己的地标、著名的东西，大家都会知道。（S07，女，20岁，高级翻译，本科生，广东清远）

有一些中国"90后"女性拥有多次在意大利旅游的经历。她们通过旅游深入了解意大利的文化。在将意大利与其他欧洲国家进行对比时，她们充分肯定了意大利的旅游资源与地位。从景观维度分析，中国"90后"女性对意大利给予了高度评价。

> 意大利的景点丰富，历史很深厚，博物馆里有很多东西可以看，意大利还有海景、雪山。相比起来，有些欧洲小国会大同小异，蛮无聊的。有的国家可能就几个城市值得专门跑过去，但意大利不是，我觉得大部分地方都要再去一次，因为东西太多，看不过来。所以我第二次去意大利，走了一模一样的线路，我依然觉得蛮有意思的。（L19，女，29岁，培训机构教师，硕士，广东广州）

2010年以来，欧洲的难民危机愈演愈烈，意大利的社会治安管理也面临数额庞大的非洲难民带来的挑战。中国"90后"女性在意大利逗留期间曾有不愉快的经历。

> 我去罗马和米兰的时候感觉不是很好，因为遇到很多小偷，不是我被偷就是同伴被偷……在米兰大教堂前还有人故意坑我们。（L12，女，25岁，律师，本科，广东梅州）

尽管欧洲难民危机问题给意大利当地的治安管理带来了不小的挑战，但是中国"90后"女性对意大利的印象是积极的。通过到意大利旅游，她们亲身感受和了解意大利的历史与文化，进一步提升了意大利在她们心目中的积极形象。

五、国民维度

国民交往是国家交往的直接体现，而国民间的接触所形成的印象不仅针对的是交往中的个人，还针对这个人所属的国家。国民形象的构成包括文明礼仪、道德规范、行为习惯等。[①] 中国“90后”女性因为学习、工作或旅游，会在国内或者在意大利直接与不同年龄、不同行业、不同性别的意大利人有所接触。

总体而言，中国“90后”女性觉得意大利人比较好相处，特别是意大利的男人，他们幽默而且绅士，而意大利的女人相对没有那么好相处。

> 我感觉意大利的男人很好相处，他们比较有幽默感，又比较能够包容，也有点专业性，很绅士而且很有礼貌。意大利的女人比较难相处，特别是那种事业有成的、比较厉害的女人，她们有一点傲。总体来说，和意大利人相处是挺容易的，因为他们都比较随性，不会很严肃。(L24，女，27岁，外企职员，本科，广东广州)

对于意大利的青少年，中国“90后”女性则觉得他们的思想比较闭塞，对非欧洲国家，例如对中国的了解比较少。她们认为意大利的青少年以欧洲或者意大利为中心，仍然活在意大利是文艺复兴发源地的自豪感中。

> 在我与他们接触的那两个月，我觉得意大利的青少年很闭塞，他们对中国的了解很少。他们还是以欧洲或意大利为中心，还活在“我们是文艺复兴发源地”的那种自豪中。他们在工作和学习中其实没有我们这么拼，还蛮休闲的。(L16，女，26岁，中学教师，硕士，广东茂名)

中国“90后”女性学生在与意大利学生接触时发现，由于受社会和家庭成长环境的影响，意大利学生的思想负担不像中国学生的那么大。她们认为意大利学生以个人享受为先，对个人未来的发展没有什么规划。

> 中国学生的思想负担大在于家长和老师给我们灌输的都是让我们觉得自己能够成就怎样的事业，能够改变一些东西。在意大利可能也会有那样一些学生，但是我接触到的学生以吃喝玩乐为主，对自己的未来也没有很多具体的想法。我觉得意大利的家庭对他们的影响比较大，我接触到的意大利学生的家庭大多是二婚，对孩子们的成长没有特别在意。(L12，女，25岁，律师，本科，广东梅州)

① 范红，胡钰．论国家形象建设的概念、要素与维度[J]．人民论坛・学术前沿，2016(2下)：59．

（一）意大利人的性格

中国“90后”女性觉得意大利人很热情，很有创意。通过与意大利人的直接接触，中国“90后”女性发现意大利人做事认真细致，颠覆了她们之前以为“意大利人不严谨”的刻板印象。

> 我对意大利人的印象就是他们很热情，非常健谈。他们很有想法，很有创意，包括在聊天的时候也会天马行空。还有他们做事情不像我们认为的那么不严谨或者粗心大意，其实他们很细致。（S12，女，26岁，比较文化，硕士生，山西）

中国“90后”女性认为并不是所有的意大利人都不严谨或不专业。但是，她们对意大利学生的印象不太好，觉得他们比较玩世不恭，而且不尊重自己国家的历史。

> 我觉得意大利也有比较严谨或者说比较专业的人，但是我在意大利的那个学校所接触到的学生就比较玩世不恭，或者说对自己国家的历史并没有我想象中的那么尊重。（L12，女，25岁，律师，本科，广东梅州）

在与意大利人的接触中，中国“90后”女性发现意大利年轻人的生活方式比较时尚。同时，她们也发现意大利年轻人不抱团，个性比较独立，在人际关系中比较理智。

> 我们（希腊语班上）几个意大利同学都是很认真的好学生，就是一直做作业，其他乱七八糟的事情他们也不参与，而且私生活讲得很少。他们跟我们私底下也没有什么接触，而且我发现他们三个人不喜欢抱团，就自己过自己的。这点让我挺吃惊的，因为中国人在国外喜欢聚在一起，他们就不会。我们的课程结业之后，老师做了一个联系表，但是后面完全也没有联系。他们非常时尚，感情上也不拖泥带水。大家好聚好散，在这一段时间相逢就是客，过了就不联系了。（L03，女，29岁，大学教师，本科，吉林）

（二）意大利人的着装

意大利以时尚闻名，特别是米兰市被誉为世界“时尚之都”。中国“90后”女性对意大利人的着装印象深刻，认为意大利无愧于世界的赞誉。

我觉得米兰的“时尚之都”是实至名归的。不是说街上会有模特走来走去,就是一般路人的那种时尚的感觉也不一样。他们知道怎样打扮自己,什么样的装饰风格适合自己!不论男女!给我印象最深的就是意大利男人,很高很帅,就随便穿一件简单的T恤或者卫衣,然后穿一双板鞋,挎一个那种小包。意大利女人就更是(会打扮),我记得我当时是在阿玛尼的一个商店,女性的套装不是像我们在国内的那种一板一眼。(她们穿的)是真的有设计感的西装。(L04,女,26岁,大学教师,本科,甘肃)

意大利男人的着装打扮令中国“90后”女性的印象特别深刻。她们发现和中国人不一样的是,意大利人即使上了年纪,也依然非常注重个人的装扮。

意大利人穿衣打扮比较讲究。其他欧洲国家的人穿得很日常,衣服比较休闲。在意大利,你会看到满街的人穿得像马上就要去晚宴那样,尤其是在中心城区。就连大叔跟阿姨都穿得这么好看。你不会想象一个中国大叔会穿成那样,比如上面是宝蓝色T恤,下面是亮橙色裤子,再穿尖头皮鞋,我真的印象很深刻。(L19,女,29岁,培训机构教师,硕士,广东广州)

(三)意大利人的行为

中国“90后”女性喜欢意大利人的热情以及他们善于与人沟通的能力。因为意大利人讲话的语速快,音量大,而且聊天的时候喜欢使用大量的手势语,所以中国“90后”女性认为意大利人讲话手舞足蹈,甚至像吵架。

意大利人说话真的好大声,而且手舞足蹈的,每次听到他们(讲话),好像在吵架。他们很愿意与人沟通,性格比较奔放。(L04,女,26岁,大学教师,本科,甘肃)

此外,意大利人比较热情,在交际中喜欢鼓励和夸奖对方。对此,有的中国“90后”女性反而会觉得他们讲话不够真诚,而且与人保持适度的距离。

意大利人爱夸人,很会说好话,可以把你从360度角任意夸,一个句子可以拓展成五个句子,他们比较擅长夸人这种事。但是那种人际关系的距离感还是挺明显的。(L05,女,29岁,大学教师,硕士,广东

茂名）

中国“90 后”女性认为意大利人的素质总体比较高。此外，她们发现，意大利人在日常生活中非常有礼貌，比较务实，并不虚荣，而且喜欢亲近大自然。

> 意大利人的素质总体比较高。我看到他们一些好的习惯，比如他们的车会让行人。我觉得他们并不攀比，不会盯着说你穿什么牌子。他们比较亲近自然，而且喜欢旅游。（S15，女，27 岁，基础数学，博士生，河南）

由于欧洲难民危机，意大利境内的难民数量激增。中国“90 后”女性表示在意大利逗留期间经常能碰到很多举止怪异或者态度恶劣的难民。但是，总体而言，她们认为意大利人性格好、热心、乐于助人。

> 有时候你问路什么的，意大利人就会特别热心地告诉你，脾气很好，很有耐心。比如我去超市买个东西，因为我不知道东西在哪儿，问意大利人，他就会转大半个超市，把我带过去。我感觉意大利人还挺好的。（S14，女，28 岁，基础数学，博士生，湖北）

（四）意大利人的外语

鉴于英语在国际交流中的重要作用，意大利教育部在 2003 年将英语纳入意大利公立学校的必修课程体系内。但是在此之前，意大利人学习的外语主要是邻近国家的语言，例如法语、西班牙语、德语等。

意大利前总理伦齐的一段蹩脚的英语演讲被各国的媒体剪辑和转载，中国“90 后”女性在观看视频以及与一些意大利人交际后，对意大利人讲英语时浓重的意大利口音留下特别深刻的印象。

> 和视频里面的那个意大利人（意大利前总理伦齐）一样，意大利人的英文有很重的口音，尤其是那个大舌音。（S05，女，21 岁，德语，本科生，广东广州）

因为欧洲的语言比较相近，有很多的共通之处，中国“90 后”女性发现意大利年轻人经常能掌握多门欧洲国家的语言。

> 这个同学非常聪明。我觉得欧洲人有一种学语言的天赋，因为他们的语言都很相近，有共通之处。她懂好多语言，比如英语、西班牙

语、德语、希腊语、法语。(L03,女,29岁,大学教师,本科,吉林)

从意大利国民维度分析,中国“90后”女性对不同年龄和性别的意大利人的评价都是积极的。虽然她们对意大利年轻人以欧洲为中心的心态以及意大利人性格中的随性持保留态度,但是中国“90后”女性对意大利人在人际交往中的积极主动的态度、在个人装扮中的品位以及在学习中的能力给予了积极评价。

六、舆论维度

舆论是反映国家形象的主要载体,也是支撑国家形象的强大力量。在信息化时代,舆论场的国家形象极大地影响公众心目中的国家形象。舆论形象的构成包括新闻媒体报道、自媒体讨论、广告传播等。[①]

中国“90后”女性从官方媒体获得的信息主要是关于中国和意大利交往的,所以她们对意大利的印象主要是关于中国和意大利交往的。

> 每天早上我会看一些外交的新闻,会知道中国跟意大利有哪些交往。(L25,女,28岁,教育机构主管,本科,广东广州)

除了关于中国和意大利交往的新闻,在中国的各类媒体报道中还经常出现关于意大利黑手党的信息。这不可避免地会令中国“90后”女性对意大利产生一定的负面刻板印象,认为意大利公共治安不好等。

> 我看很多新闻是关于意大利黑手党的。像西西里一直被认为是黑手党的发源地,所以很多人包括意大利人都觉得西西里很危险,但其实不是这样子的。去过西西里之后,我觉得那边很好玩,挺安全的,那边的人也挺好的。(L24,女,27岁,外企职员,本科,广东广州)

此外,在关于国际政治形势的报道中,中国媒体也曾多次介绍了意大利的政治乱象。这无疑也让中国“90后”女性对意大利的政治现状产生负面印象,觉得意大利的政局比较混乱,国内形势不稳定等。

> 我就是看新闻,好像现在民粹在意大利的活动挺多的,我真的不是很了解。我个人感觉意大利现在的政党、政治很乱,就是一盘散沙

① 范红,胡钰.论国家形象建设的概念、要素与维度[J].人民论坛·学术前沿,2016(2下):59.

的这种感觉。(L03,女,29岁,大学教师,本科,吉林)

中国媒体除了从国际政治角度对中国和意大利交往、意大利政治以及意大利治安等问题进行报道,还关注意大利的文化,这是中国非官方媒体报道的焦点。在关于意大利文化报道中尤以意大利时尚报道的频率最高。

> 我经常能看到那些新闻,比如关于国际电影节红毯的,在下面就会写穿的是意大利哪个牌子之类的。还有米兰时装周,今年会流行什么款之类的。(S10,女,18,印地语,本科生,安徽)

中国“90后”女性在日常生活中能接触到的关于意大利的信息不是特别多,因此意大利在中国的存在感相对是比较弱的。

> 在学习、工作还有生活中,除非你专门学习意大利语,不然你很少能够直接接触到意大利相关的信息。我觉得整个意大利在中国的存在感是比较弱的。(L12,女,25岁,律师,本科,广东梅州)

从舆论角度观察,中国官方媒体关于意大利的报道多集中于中国和意大利的关系、意大利政局和意大利社会。中国“90后”女性受媒体负面报道的影响,会对意大利的治安和政局等产生一定的负面刻板印象。

综上所述,从政府维度观察,中国“90后”女性对意大利政府的了解不足。她们不会主动去了解意大利政府,而只是被动地通过媒体的报道去了解,容易被媒体误导,对意大利产生刻板印象。但是,在与意大利人和意大利文化开展实际交流后,中国“90后”女性会认为意大利在基础建设等方面有值得中国政府借鉴之处。从企业维度观察,中国“90后”女性对意大利企业家以及意大利企业的印象既有积极的一面,又有消极的一面。她们对意大利企业家追求服务品质的态度、意大利企业发展的历史和经验给予积极评价,同时她们认为意大利新一代企业家的发展潜力不足,意大利行业的多元化程度不高,国际知名度偏低。她们对意大利品牌的喜爱会提高她们对意大利的好感度。从文化维度观察,中国“90后”女性对意大利文化中的历史、歌剧、电影、语言、饮食和设计等方面都有所了解。她们对意大利文化的了解,会加深她们对意大利的印象。从景观维度观察,中国“90后”女性对意大利给予了高度评价。通过到意大利旅游,她们亲身感受和了解意大利的历史与文化,提升了意大利在她们心目中的形象。从意大利国民维度观察,中国“90后”女性对不同年龄和性别的意大利人都是以积极评价为主。她们肯定意大利人在人际交往中积极主动的态度、在个人装扮中的品位以及在学习中的能力。从舆论维度观察,中国媒体关于意大利的报道多集中于中国和意大利的关系、意大利政局和意大利社会。中国“90后”女性受媒体负面报道的影响,会对意大利的治安和政局等产生一定的负面刻板印象。

第二节　中国“90后”女性心目中的意大利品牌形象

鉴于本书分析的是意大利国家以及品牌形象对中国“90后”女性消费的影响,产地维度是品牌形象分析中的重点之一,因此在借鉴范秀成的品牌形象识别四维度的基础上,我们将产地维度从产品维度中专门分离出来,作为独立的分析维度。本书通过对意大利品牌形象在产品、企业、拟人化、符号和产地五个维度的分析,更全面地观察在中国“90后”女性心目中的意大利品牌形象。

一、产品维度

产品维度是指产品作为品牌的实物载体,而消费者通过品牌对产品特性及属性产生相关联想。产品维度构成了品牌形象的重要内容。[①] 产品维度包括产品的类别、属性、质量、使用者等内容。

(一)产品类别

品牌一般与它所代表的产品类别密切相关,对于品牌而言,重要的不是让消费者知道自己的品牌属于哪种产品类别,而是当消费者决定购买某种类别的产品时会联想到这个品牌,并选择它。从产品类别角度,意大利品牌的形象对于中国“90后”女性来说是比较成功的。当说到汽车、服装类产品的时候,她们马上会联想到意大利在这些领域的知名品牌。

> 说到汽车、时装,我第一时间就会想到意大利的品牌,这就证明意大利在这方面做得很好。在网络时代大家都知道的东西,一般是有实

① 范秀成,陈洁. 品牌形象综合测评模型及其应用[J]. 南开学报(哲学社会科学版),2002(3):67.

力的。(L18,女,24岁,插画设计师,大专,广东阳江)

同时,意大利的奢侈品牌都是多元化发展的。它的这种多元化形象也在中国“90后”女性心目中留下深刻的印象,她们强调不能把意大利的奢侈品牌单一地划分到某一品类。

> 我觉得(意大利奢侈品牌)不能按照行业划分,要看品牌的情况定。意大利奢侈品牌旗下的产品都是多元化的。(L29,女,23岁,私企职员,本科,广东广州)

(二)产品属性

产品属性对刺激消费者的购买和使用欲望有重要的作用。特别是当产品的某些属性比较突出的时候,它会有助于品牌在消费者心中形成高品质或高价值的形象。因此,这也成为企业在进行品牌形象塑造时的焦点。从产品属性看,因为早期进入中国的意大利品牌都是以奢侈品牌为主,而这些品牌在国际上拥有不容置疑的地位,所以意大利奢侈品牌在中国“90后”女性消费者心目中成功塑造了高端品牌形象。

> 我觉得意大利品牌在中国还是蛮普及的。因为中国消费者对意大利品牌的了解,大概就是像我刚刚所说的一些高端的奢侈品牌,不仅仅是时尚服装,还有一些汽车之类的,反正都是价格昂贵的品牌,所以中国消费者一开始就把意大利品牌定位于比较高的状态。(L27,女,25岁,外语译员,本科,广东佛山)

但是,意大利小众一点的品牌在中国的发展状况与奢侈品牌不同。那些小众的品牌在中国没有什么知名度,中国“90后”女性消费者大多对它们知之甚少,更谈不上所谓的品牌形象。

> 意大利也有一些比较小众的品牌,在中国基本上没有人听说过,在中国的市场感觉不会很好。(L02,女,26岁,大学教师,硕士,湖北)

(三)产品质量

产品质量不仅影响消费者对品牌的评价,还直接影响消费者的消费体验,进而影响品牌在消费者心目中的形象。产品质量包括产品的材质和产品的设计等方面的内容。

从产品材质看,意大利产品已成功在中国“90后”女性消费者心目中塑造了积极的形象。意大利手工业的发展世界闻名,中国“90后”女性消费者对意大利品牌的鞋类产品比较推崇。

> 意大利的鞋子那么贵,是因为意大利很多品牌一开始都是手工作坊,鞋子都是用手工一点一点缝出来的。意大利那边的手工比较好,包括最贵的包其实都是手工做出来的。(L22,女,29岁,小学教师,本科,广东肇庆)

从产品的设计看,中国“90后”消费者对意大利产品给予了积极的评价。她们认为虽然意大利奢侈品的销售价格与它的材质用料所需成本价格相距较大,但是凭借产品的完美设计,会让产品物有所值。

> 普拉达(Prada)的包光看材质,我觉得不值,但是它的设计就让它值了这个价格。没有办法,别的牌子都不能做到替代它,我觉得如果有能力的话,就会去买它。(S10,女,18,印地语,本科生,安徽)

(四)产品使用者

从产品使用者角度分析,意大利品牌的高端消费形象深入人心。中国“90后”女性认为,因为意大利的品牌都是以奢侈品为主,所以意大利品牌的产品价格比较高,它们都是以高端消费人群为主的,只适合收入较高的消费者。

> 我觉得意大利的品牌主攻高端消费人群,比如很多都是奢侈品,就像之前说的普拉达(Prada)、古驰(Gucci)这些。由于价格的关系,意大利品牌的消费群体偏向于薪资比较高的人士。(L27,女,25岁,外语译员,本科,广东佛山)

从产品类别、产品属性、产品质量和产品使用者角度分析,中国“90后”女性消费者对意大利品牌的了解多限于奢侈品牌,对意大利的小众品牌了解不多。此外,虽然中国“90后”女性消费者喜欢意大利品牌的质量和设计,但是受品牌价格的影响,她们会认为这些品牌是比较适合于高收入人群的消费品。

二、企业维度

消费者不仅关注产品的特性,还关注产品提供者即企业的情况。产品维度的品牌形象是指消费者对产品特性以及消费群体等的联想,而企业维度的品牌形象主要与企业的价值观和技术特色等相关,包括企业的品牌质量、创新能力、市场地位等内容。①

(一)品牌质量

消费者对产品质量的认同不仅可以通过产品产生,还可以通过企业产生,所以企业致力于塑造在行业中的最佳形象。而意大利奢侈品牌的市场定位明确,它们主要瞄准高端消费人群。中国"90后"女性消费者肯定意大利奢侈品牌的营销策略,同时也积极评价品牌质量。

> 意大利的品牌很有设计感,也很高端。意大利不会推出一些平民的品牌迎合中国消费者的要求,这反而提升了它整体的档次。所以虽然买的人很少,但是买的那些东西都很贵,我觉得这也是一种营销策略。(L01,女,25岁,大学教师,硕士,河南)

中国"90后"女性消费者对意大利奢侈品牌的评价比较高,所以国内的一些代购者在介绍一些她们并不熟悉的意大利品牌时,会利用她们对那些知名度较高的奢侈品牌的高品质印象,成功建立她们对未知品牌的产品质量的联想。

> 因为她们对基科(Kiko)并不了解,所以每次我向她们宣传Kiko的产品时,都是用阿玛尼来宣传它的,我会说Kiko这个牌子就是阿玛尼的平价品牌。这样就会有很多'90后'的学生下单购买。(D02,女,25岁,政府职员,本科,河北)

(二)创新能力

意大利企业的创新能力直接呈现给消费者的是它们的产品设计和生产技术。而意大利企业与众不同的设计和高水平的生产技术在成功助推品牌形象塑造的同时,也获得了中国"90后"女性消费者的充分肯定。

> 玛莎拉蒂(Maserati)的性能是世界公认的。如果他们的生产线、技术不够好的话,是造不出这么精密的跑车的。像法拉利(Ferrari)这种赛车,要求就更高了,如果他们的技术不到位,怎么可能组一个车队?(L03,女,29岁,大学教师,本科,吉林)

① 范秀成,陈洁.品牌形象综合测评模型及其应用[J].南开学报(哲学社会科学版),2002(3):67-68.

意大利品牌的创新能力不仅表现在生产技术和产品设计等方面,还表现在它们追求创新的一种工匠精神。而意大利品牌的工匠精神令中国“90后”女性消费者印象深刻,她们认为意大利在西装、皮鞋、皮包等领域的生产技术比美国高。

> 意大利的技术比美国的高。因为我感觉他们做西服,做皮鞋,做包,都有一种工匠精神,而且他们都会追求这种精神。(S11,女,22岁,声乐,本科生,湖南)

此外,中国“90后”女性消费者还认为意大利奢侈品牌能起到引领时尚潮流的作用。这说明意大利的品牌不仅通过创新拥有了品牌的个性,还在行业内起到了引领作用。

> 我觉得意大利的一部分品牌有引领时尚潮流的作用,比如在那些时尚杂志上,我们就可以看到古驰(Gucci)、普拉达(Prada)等品牌,它们都引领着当季时尚的走向。(L29,女,23岁,私企职员,本科,广东广州)

(三)市场地位

一般而言,全球化程度越高的品牌,拥有的声望越高,市场影响力也越大。意大利奢侈品牌多拥有悠久的发展历史,而且在世界范围内享有盛誉,所以中国“90后”消费者对其印象深刻。

> 意大利的奢侈品牌好像大部分都是从18世纪、19世纪就有了,都是那种比较有历史渊源的老店,而且那些品牌在国际上也是比较知名的,都是一些一线的大牌。(L29,女,23岁,私企职员,本科,广东广州)

品牌的本土化程度有助于拉近品牌与消费者之间的距离。20世纪90年代,意大利品牌开始进入中国内地市场。在进入初期,意大利各大品牌并不会在设计风格等方面刻意地迎合中国消费者,但是随着近年来中国消费者购买能力的逐渐提升,意大利品牌也出现了中国风设计,然而中国“90后”女性消费者认为它们的这种本土化尝试并不成功。

> 刚说到款式、创意,古驰(Gucci)在猪年做了一款猪年的产品迎合中国市场,产品是红色的,又有猪的图案。但是我觉得,幸好它是古驰的产品,不然没人买。因为我觉得它其实没有特别令人眼前一亮,中

国的一些设计还是国内做得更好，国外反而有点逊色。（L18，女，24岁，插画设计师，大专，广东阳江）

在进入中国市场的时候，意大利品牌在设计风格等方面较少刻意地迎合中国消费者，但它们会在产品宣传方面积极实施本土化策略。它们在努力促进中国“90后”女性消费者对品牌文化的了解，同时也积极塑造品牌自身的形象。

意大利的品牌效应比较好。我觉得他们会越做越好，他们通过口口相传，或者请一些国内的明星代言，效果会很好，带动这些产品的销量。（L02，女，26岁，大学教师，硕士，湖北）

从企业的品牌质量、创新能力、市场地位等方面观察，意大利品牌已经在中国女性消费者心目中成功塑造了积极形象。中国“90后”女性消费者认为意大利品牌的质量好，技术水平高，创新能力强，发展历史悠久，国际市场地位高。

三、拟人化维度

拟人化维度是指品牌的拟人化处理，让品牌的形象更加生动丰富。拟人化的品牌形象主要包括品牌个性以及品牌与顾客的关系等内容。[①]

（一）品牌个性

品牌个性是一个品牌与其他品牌进行区别的关键，也会直接影响品牌在消费者心目中的形象塑造。意大利品牌积极打造个性化品牌，有一些品牌从产品设计上就可以让中国“90后”女性消费者理解它对目标顾客群的定位。中国“90后”女性消费者认为意大利不同风格的豪华汽车对市场的定位清晰，有的品牌的目标客户群是性格张扬的消费者，有的品牌瞄准的是性格低调的消费者。

玛莎拉蒂（Maserati）豪华但比较低调，而法拉利（Ferrari）就是豪华且比较张扬的那种。比较低调的品牌适合那种低调的人，而比较张扬的品牌适合那些比较张扬的人，风格不同。（L23，女，26岁，银行职

① 范秀成，陈洁. 品牌形象综合测评模型及其应用[J]. 南开学报(哲学社会科学版)，2002(3)：68.

员，本科，广东佛山）

意大利品牌的设计不仅考虑目标客户群的形象需求，还向消费者传递设计师的设计理念，令中国“90 后”女性消费者产生共鸣，从而提高她们对品牌的喜爱度与忠诚度。中国“90 后”女性消费者因为认同品牌的产品设计以及传递的理念，所以每次看到这个品牌都要进店购物。

> 我觉得斐乐(Fila)做得挺好的，它设计的运动服很精致，在每个季节，特别是在春天，它设计的颜色会不太一样，充满朝气的感觉。反正我们到一个地方逛街的时候，看到斐乐的店一定会进去逛一下。(L01，女，25 岁，大学教师，硕士，河南)

(二)品牌与顾客的关系

品牌与顾客的关系是指从拟人化的角度，即从人与人的关系角度出发分析品牌与顾客之间的关系强弱。意大利品牌为定制产品提供的服务与那些量产化产品的服务完全不一样。它们会充分考虑顾客的个性化需求，并提供持续性服务，积极建立品牌与消费者之间的互动关系。中国“90 后”女性消费者认为意大利品牌的定制服务充分反映了意大利品牌的人性化之处。

> 在品牌服务方面，中国的品牌大部分都没有定制，但是意大利的品牌，比如西装、鞋子类的，都会有定制。如果你想要顶级的话，那就定制，像西装的尺寸会留好改动的空间。(S11，女，22 岁，声乐，本科生，湖南)

此外，中国“90 后”女性消费者认为意大利品牌注重产品消费群体的精确定位。这样，当她们购买这些品牌的产品时，需要考虑品牌塑造的消费者形象与自己的个人形象是否契合。如果两者不契合，她们会考虑放弃购买该品牌的产品。

> 我觉得普拉达(Prada)的款式没那么年轻化，普拉达主打的是那种职场女性，就是三四十岁特别干练的女强人的那种感觉。这种人会比较适合普拉达的品牌。像我现在这样，还是不太适合买这个牌子的东西。(D02，女，25 岁，政府职员，本科，河北)

从品牌个性以及品牌与顾客的关系去观察意大利的品牌，我们可以发现，中国"90 后"女性消费者认为意大利品牌对于自身的形象及其使用者的形象定位是明确的，而且她们也能准确接收到意大利品牌传递的这些定位信息。同时，她们对意大利品牌与顾客积极互动做出的努力是给予肯定的，她们在购买意大利产品时会考虑品牌塑造的形象与个人形象的一致性。

四、符号维度

符号维度是消费者对品牌感受较深刻的东西，是品牌形象的高度浓缩和象征，包括视觉符号和隐喻式图像等内容。[①] 意大利品牌的商标设计都具有品牌的个性。一些拥有百年发展历史的品牌，其商标依旧能让中国"90 后"女性消费者觉得设计感强烈。

> 卡帕(Kappa)的商标很时髦，两个人背靠背坐在那里。它的设计感蛮强烈的，让我印象特别深刻。而且这个牌子的衣服总是有那种大条纹，蛮流行的。(S12，女，26 岁，比较文化，硕士生，山西)

即使有一些意大利品牌的商标设计风格无法令中国"90 后"女性消费者喜欢，但是当她们提起这个品牌时，仍然能清晰地描述品牌商标的图案。这说明，从符号角度，品牌的商标已很好地发挥了作用，有助于加深消费者对品牌的印象。

> 意大利的每个牌子好像都会有自己一些特别的东西。古驰(Gucci)的商标稍微古怪一些，它会有一些像蛇形一样的标记，让人印象特别深刻。(L04，女，26 岁，大学教师，本科，甘肃)

此外，中国"90 后"女性消费者认为意大利品牌商标中的字母命名方式能很好地向消费者传递一个信息，就是它是一个外国品牌，提高中国消费者对它的期待。与此同时，因为它使用的是非消费者母语的表达方式，也会从一定程度上阻止了消费者对品牌商标含义的直接理解而产生积极联想。

> 有的产品的质量是好的，可是你会因为它的品牌名称，觉得不想

① 范秀成，陈洁．品牌形象综合测评模型及其应用[J]．南开学报(哲学社会科学版)，2002(3)：68.

买。但是因为你不懂意大利品牌实际是什么意思,觉得没有问题,就会买了。(L39,女,26岁,教师,硕士,广东顺德)

从品牌的商标和品牌的隐喻式图像角度观察,我们可以发现不论中国"90后"女性消费者是否喜欢意大利品牌的商标设计,这些商标都有助于加深中国"90后"女性消费者对其品牌的印象。意大利品牌的商标和图像对塑造其品牌形象起到积极作用。

五、产地维度

产品来源地国家形象会影响消费者对品牌产品的评价和判断,而品牌形象也有助于产品来源国形象的强化。尽管中国"90后"女性消费者对意大利一些品牌的设计并不喜欢,但是会因为它们是意大利的品牌而接受它。

对于菲亚特(FIAT)这个牌子,我了解的不多。我不是很喜欢菲亚特的设计,但是因为它是意大利的牌子,所以我觉得还行吧。(L24,女,27岁,外企职员,本科,广东广州)

调查也发现,在产品来源地方面,中国"90后"女性消费者认为欧洲概念比意大利概念更为重要。她们对部分意大利品牌是不是意大利的并不清楚,也并不在意。她们认为只需要了解这些品牌是欧洲国家的即可,不需要深入了解它们是欧洲哪一个国家的。

为什么我不知道它是意大利的?我在想,可能我会偏向于知道它是欧洲的,不会细分这是意大利的,还是法国的,不会专门区分清楚具体的国家。我大概知道这是一个欧洲的牌子。(L39,女,26岁,教师,硕士,广东顺德)

"东西"概念对中国"90后"女性消费者的影响深刻。她们会简单地把非东方的文化都归入西方文化概念中,而西方文化中令她们印象深刻的是英美文化。因此,在辨别品牌所属国家时会出现"张冠李戴"的尴尬现象。意大利品牌商标中的一些元素与其他西方国家的相近,中国"90后"女性消费者因为对后者的印象更为深刻而进行错误的联想。她们会把意大利的品牌归为她们所熟悉的国家。

阿玛尼(Armani)不是美国的牌子吗?我记得它的那个商标图案

看起来就像一个鹰，美国联邦调查局(FBI)的标志也是一个鹰的样子，所以我觉得它应该是美国的。(L06，女，28岁，国企职员，本科，广东清远)

意大利品牌在宣传中忽视对来源地信息的传递，这是中国“90后”女性消费者未能正确掌握意大利品牌来源地信息的重要原因。她们认为意大利一些品牌在广告宣传中没有向消费者明确提示它的产地或者它的品牌来源地是意大利，所以她们会忽略这些品牌的来源地信息。

基科(Kiko)是意大利的，因为在它那些专卖店的牌子上都直接写着Kiko Milano(米兰)。所以我们一看就知道它是意大利米兰的。它这一点做得比较好。阿玛尼(Armani)就没写，它要是写着Armani From Milan(来自米兰的阿玛尼)，那我们肯定就记住阿玛尼是意大利的。(D02，女，25岁，政府职员，本科，河北)

尽管曾经知道某个牌子是意大利的，但是由于产品的使用频率低，而且意大利品牌在进入中国后使用了一些本土化的营销策略，中国“90后”女性消费者会误以为该品牌是一个中国品牌。由此可见，产品来源国形象对品牌形象影响会因使用频率低而弱化。

可能买的时候我知道它是哪里的。但是只要时间一久，我又只用过一两回，我就不知道它是哪里的了。当这个东西我用的时间比较长之后，再加上中国代言人的宣传度增加，我就会弄混了，会觉得它就是中国的。但是不管它是哪里的，阿玛尼(Armani)的粉底液真的好用。(L08，女，23岁，私企职员，大专，广东梅州)

甚至对于一些中国“90后”女性消费者而言，她们认为意大利品牌的形象中更突出的是品牌自身的形象。她们完全不了解这些品牌的来源国信息，而来源国形象对品牌形象的塑造没有任何影响。

其实我觉得很难说哪些是意大利的牌子。如果你具体问一个牌子，可能大家未必知道它确切是哪个国家的，但是大家都会知道它，因为它蛮有名的。(L04，女，26岁，大学教师，本科，甘肃)

从品牌的来源国角度观察，中国“90后”女性消费者认为，在知道品牌的来源国家信息时，意大利国家形象对于意大利品牌形象有重要影响。但是，在多数情况下，中国“90后”女性消费者对意大利品牌的来源国信息不是十分了解,主要原因包括品牌宣传时不强调来源国信息、品牌本土化营销时信息不明确、消费者将品牌传递信息与已有信息弄混淆、消费者个人因为使用频率低而遗忘等,此时对于她们而言,意大利国家形象对品牌形象没有任何影响。

综上所述,从产品维度观察,中国“90后”女性对意大利品牌的了解多限于奢侈品牌,对那些小众品牌了解不多。她们喜欢意大利品牌的质量和设计,并认为意大利品牌价格高,是高收入人群的消费品。从企业维度观察,中国“90后”女性对意大利品牌质量、技术水平、创新能力、发展历史、国际市场地位等给予积极评价。从拟人化维度观察,中国“90后”女性认为意大利品牌对其自身形象及使用者形象的定位明确,她们能准确接收意大利品牌传递的信息。她们认为意大利品牌与顾客之间的互动充分。在购买意大利产品时,她们会考虑品牌塑造的消费者形象是否符合个人的形象。从符号维度观察,意大利品牌的商标设计对塑造意大利品牌的形象起到积极作用,而且这种作用不受中国“90后”女性的喜好影响。从产地维度观察,在知道品牌的来源国信息时,意大利国家形象对意大利品牌形象有重要影响。但是,因为中国“90后”女性一般不太了解意大利品牌的来源国信息,所以对于她们而言,意大利国家形象对于品牌形象影响不大。

第三节　本章小结

从政府、企业、文化、景观、国民和舆论这六个维度观察意大利在中国“90后”女性心目中的形象,我们发现中国“90后”女性对意大利的了解程度不高,多是被动地从媒体等渠道获取关于意大利的信息。她们对意大利普遍有一些刻板印象,例如意大利经济不发达、政府工作效率低、社会治安差,意大利人热情、做事散漫、讲英语口音重等。但当她们主动去了解意大利或者直接与意大利人接触后,她们会改变对意大利的一些负面的刻板印象。她们对意大利仍保留一些负面的评价,例如政局形势复杂、行业发展多元化程度不够高、新生代企业家发展潜力不足、非奢侈品牌的知名度偏低、境内难民造成社会治安压力等。但是总体而言,中国“90后”女性对意大利的印象以积极方面为主,例如企业家追求服务品质的精神、企业的经验先进、国家的历史文化悠久、景观资源丰富多样、国民的人际交往能力强且生活有品位等。

从产品、企业、拟人化、符号这四个维度去观察意大利品牌在中国“90后”女性消费者心目中的形象，我们可以发现中国“90后”女性消费者认为意大利品牌的质量好，技术水平高，创新能力强，发展历史悠久，国际市场地位高。她们对意大利奢侈品牌的了解程度高，对于意大利一些非奢侈品牌的了解程度低。意大利品牌的消费者形象定位清晰，它们的商标设计也能积极影响中国“90后”女性消费者对品牌的印象。而从意大利品牌的来源国角度分析，在了解来源国信息的情况下，意大利的国家形象影响中国“90后”女性消费者对意大利品牌的印象。但是，由于意大利品牌的一些商标不标明品牌来自意大利，而且意大利品牌在中国营销时也未强调产品的产地，所以中国“90后”女性消费者容易混淆或者忽视意大利品牌的国家信息，此时的意大利国家形象对品牌形象没有影响。

第六章　中国“90 后”女性对意大利奢侈品的消费

本章从品牌消费动机、消费信息收集、品牌消费行为等层面分析中国“90 后”女性对意大利奢侈品的消费。

第一节　品牌消费动机

所罗门指出，消费动机是引导人们做出消费行为的过程，是希望满足的需要被激发时产生的。[①] 消费动机的分类有多个标准，本书按照消费者在消费时希望满足的需求，将消费动机分为自用消费动机和赠礼消费动机。

一、自用消费动机

按照梅森(Roger Mason)和蔡树培(Tsai Shu-pei)关于奢侈品消费动机的分类，自用消费动机可以进一步分为社会导向和个人导向两个维度。下面将从这两个维度去分析中国“90 后”女性消费者对意大利奢侈品的消费。

① 所罗门，卢宏泰，杨晓燕. 消费者行为学：第 10 版[M]. 杨晓燕，赫佳，胡晓红，等译. 北京：中国人民大学出版社，2014：78-84.

（一）社会导向

梅森从社会导向角度指出奢侈品消费主要的四种动机是炫耀性、从众性、领先性和社会地位象征。炫耀性动机是指消费者追求的是显示自己的身份、地位和财富。从众性动机是指消费者跟风购买，旨在获得某一社会群体的认同感和归属感。领先性动机，即独特性动机，是指消费者为了彰显个性和与众不同。社会地位象征性动机是指消费者追求品牌所代表的社会地位和社会角色。①

1. 炫耀性

受访的中国“90后”女性消费者在购买一些意大利的奢侈品时，首先考虑的是这个商品需要得到他人的认同，这样才能满足她们炫耀的心理需要。她们认为并不需要对这些商品有深入的了解。

> 买这个是身价的体现！我背了这样的一个包出去，人家就会觉得我很有钱。不需要我去了解它吧。因为大家都知道它是个名牌，会或多或少地满足一下我的虚荣心。其他的不需要了解，我也没想过要知道。（L07，女，25岁，国企职员，本科，黑龙江）

中国“90后”女性消费者同时也会认为，炫耀性消费是要分场合的。在某些情况下，即使没有经济因素的限制，她们也会因为要保持低调和不炫耀而决定不购买意大利的奢侈品，专门购买一些普通的非炫耀性商品。

> 但是实习的话，你不能穿意大利品牌那些很贵的衣服，因为这样面试的人会发现给你的工资连你的一套衣服都付不起，那为什么还要请你。所以我觉得没有必要这样。如果是跟工作有关，还是买正常点、朴素点的衣服。（S07，女，20岁，高级翻译，本科生，广东清远）

2. 从众性

中国“90后”女性消费者会因为从众的需要而专门购买意大利的奢侈品。此时她们购买意大利奢侈品的目的是融入自己认同的社交群体，减少自己与群体中他人的“距离”。

> 去参加活动时，里面的人穿的、用的东西都是那种价格比较高的，

① MASON R. Cross-cultural influences on the demand for status goods[J]. European advances in consumer research, 1993, 2(1): 46-51.

那我就得买一个价格相对贵的包。可能是因为有一种心理差距吧。如果到时候我只是背着几百块钱的包去参加这种活动,跟别人的差距挺大的,就会觉得不太合适,就不太想讲话。别人不会说你,因为每个人的选择是不一样的,但是自己会有这种心理差距。(L09,女,24岁,私企职员,本科,湖南)

但是,同样是因为从众的需要,中国“90后”女性消费者会选择不购买意大利的奢侈品。有时候,为了避免在群体中过于突出而被群体排斥,中国“90后”女性消费者会主动选择不去购买意大利的奢侈品。

在意大利综合性大学里面,学生非常随意。而且教室里也会经常没有位置坐,学生经常都是把包一甩,往地上一坐,然后开始听老师讲课。在那种环境下,我不太想去买一个很贵的东西,就随便一个就好。(L02,女,26岁,大学教师,硕士,湖北)

3.领先性

在追求群体认同的同时,中国“90后”女性消费者也非常注重个性表现。她们希望在群体中能表现出个人的与众不同,所以在进行意大利奢侈品消费时,会挑选一些设计比较有特色的或者那些对于大众而言消费熟悉度较低的奢侈品牌。

因为很多人都有这款包,它的花纹和设计从这个牌子建立起就一直都有,所以我不想要它。我不喜欢太大众的东西,就是不喜欢一背出来,人家说这个包是普拉达(Prada)的,所以就买了当时挺冷门的一个奢侈品牌。(S13,女,26岁,材料科学与工程,博士生,贵州)

中国“90后”女性消费者认为意大利奢侈品牌的设计与众不同、选材考究、做工精致,这些都能满足消费者们追求个性的需求。因此,尽管意大利奢侈品的价格昂贵,她们也觉得物有所值。

比如说珠宝首饰,有一些人就会追求那种比较亮眼的设计。意大利的奢侈品这么贵,其实也不是没有理由的。它的选材会更加精细一些,更加考究一些,它的设计也会更加有品位一些,更加有特色一些。(L28,女,24岁,私企职员,本科,广东广州)

4.社会地位象征性

中国“90后”女性消费者认为意大利奢侈品牌能代表较高的社会地位。

因此，在一些需要彰显自己的社会地位和社会角色的时候，她们会选择购买意大利奢侈品，以满足个人的社交需要。

> 在那种商务类的聚会，我就会穿上古驰（Gucci）、菲拉格慕（Ferragamo）的衣服。我觉得那种场合需要那些东西，其他比较正式的社交场合也是需要的。当你是大集团或者集团某一区域的一把手时，如果你要去见的是同级别的客人，除了自身的气场，你也要用一些东西彰显自己的身份。（L06，女，28 岁，国企职员，本科，广东清远）

此外，中国“90 后”女性消费者认为意大利奢侈品突出的是它的奢侈概念，能满足对自己现有社会地位、经济水平进行肯定的需要。但同时她们也指出这种需要是属于中高层次的需求，并不是必需的。

> 意大利奢侈品呈现的主要还是那种奢侈感，譬如当你感觉你自己的收入已经到了一个能用古驰（Gucci）包包的水平，你要显示自己的财力、自己的社会地位，你就会更倾向于使用这些意大利奢侈品来装点一下自己。其实我觉得奢侈品这种东西并不是一种基本的生活需求，而是属于中高层次的需求。没有这些奢侈品，我们一样可以过得很舒服。有了这些奢侈品的话，我们可能过得更舒服、更快乐，但是奢侈品并不是必需的。（L28，女，24 岁，私企职员，本科，广东广州）

从社会导向的炫耀性、从众性、领先性和社会地位象征性这几个角度观察，意大利奢侈品牌的形象已经在中国“90 后”女性消费者心目中成功塑造。在决定是否消费这些意大利奢侈品的时候，她们既会因为这些品牌代表的社会地位，为了获得某一社会群体的认同或者在某一群体中展现自己的与众不同而去购买、使用它们，又会因为不想被某一群体排斥而决定不消费这些意大利奢侈品。

（二）个人导向

按照蔡树培的理论，从个人导向角度可以将奢侈品消费的动机分为自我馈赠、品质保证、内在一致性和自我取悦。[①] 这四种动机分别是指消费者购买奢侈品是为了送给自己、追求质量的保证、保持个人的品位以及取悦

① TSAI S. Impact of personal orientation on luxury-brand purchase value: an international investigation[J]. International journal of market research, 2005, 47(4): 427-452.

自己。

1. 自我馈赠

从经济角度看,意大利奢侈品的销售价格较高。从社会角度看,意大利奢侈品也是个人身份地位的象征。所以当中国“90后”消费者为了纪念一些有意义的人生经历时,会选择购买意大利的奢侈品赠予自己。

> 普拉达(Prada)这个钱包的价格还可以吧,是我自己做翻译时,用攒了一个多月的钱买的。毕竟这是第一次凭自己学的德语赚的钱,所以就当给自己买了个礼物做个纪念,奖励一下自己吧。(S02,女,21岁,德语,本科生,北京)

中国“90后”女性消费者认为意大利奢侈品能给她们带来社会认同以及个人满足感。当中国“90后”女性消费者在经历人生的一些重要时刻时,为了鼓励自己,她们也会选择购买意大利奢侈品作为礼物送给自己。

> 意大利奢侈品对于我们“90后”来说,自己打工买的话是比较独特的一种礼物。因为它的价格比较贵,和平常的那些生活必需品好像不是一回事。如果自己买的话是比较珍贵、比较独特的,对于自己来说是一个特别的礼物。毕业以后辛苦工作了半年,到年底的时候,我想给自己买一个东西,就买了一个新年礼物,希望新的一年会更好。(L21,女,26岁,私企职员,大专,广东肇庆)

2. 质量保证

中国“90后”女性消费者对意大利奢侈品牌的质量是高度肯定的。产品质量好是她们选择意大利奢侈品牌的一个重要原因。

> 这些品牌对我来说就是一个质量的保证。就我了解的这些意大利牌子的东西来说,它们的质量确实挺好的,而且它们能把牌子做到在全世界都家喻户晓,那肯定不容易。(L03,女,29岁,大学教师,本科,吉林)

因为意大利奢侈品牌大多是世界范围内的知名品牌,品牌在产品材质和设计等方面的管理上有着严格的监管体系。这样极大地提高了中国“90后”女性消费者对意大利奢侈品牌的忠诚度。

> 意大利奢侈品牌的名气比较大。从某种意义上来说,它的质量也会比较有保障。因为为了维持它的名气和形象,它会在质量方面或者

产品设计方面把控得比较严格。如果你特别喜欢某个意大利品牌，那么你一直喜欢下去的可能性也会很大。（L28，女，24岁，私企职员，本科，广东广州）

3. 内在一致性

因为国际上的奢侈品牌众多，所以消费者的可选择性很大。而中国“90后”女性消费者在购买时，她们会先判断意大利奢侈品牌的风格是否符合自己的内在需求，然后决定是否购买这个品牌的产品。

我会先看这个牌子的风格。对于我这个年纪的女性来说，我觉得莫斯奇诺（Moschino）是性价比比较高的一个牌子，因为我觉得这个牌子的款式比较青春、日常一点，比较符合我的风格，不像其他大牌子可能稍微有点夸张。（L20，女，27岁，会计，硕士，广东肇庆）

中国“90后”女性消费者在购买意大利奢侈品时，除了品牌的设计风格，她们还会考虑品牌文化的内涵。通过对意大利奢侈品牌文化的了解，她们会认同品牌的文化，认为这些品牌与个人的品位契合。

我买这个意大利品牌的产品，是因为它也是我品位的代表。我喜欢这个品牌，是因为这个品牌有一些让我觉得很想买它的优势，比如我很喜欢它的创始人，我觉得这个品牌的衣服很好看，或者我很喜欢衣服的设计风格等。其实我不会很虚荣，就只想着让别人知道我穿的是华伦天奴（Valentino）的裙子。可能是年龄的问题，我没有太在意这方面。（L04，女，26岁，大学教师，本科，甘肃）

中国“90后”女性消费者会因为意大利奢侈品牌的形象与自己的风格不符而不购买该品牌的产品。所以当她们认为个人和品牌的风格不一致时，她们就会放弃购买这个意大利奢侈品。

如果你把一个大牌，像古驰（Gucci）的衣服穿在身上，或者你拎了一个特别贵的菲拉格慕（Ferragamo）或者普拉达（Prada）的包，但是你没有那个气场，在你身上体现不出这个东西的品质，就是不太搭。我觉得没有必要追求一些跟自己不搭的东西，要跟自己的风格吻合。（L15，女，28岁，政府职员，硕士，陕西）

4. 自我取悦

中国“90后”女性消费者初次购买意大利奢侈品牌时的动机可能会各

不相同,但是消费多次后,她们的消费动机主要是个人喜欢这个品牌或者这个产品,单纯地为了让自己开心。

> 我第一次买普拉达(Prada)的包是想证明自己能赚很多钱了,能买得起这个包了。后来就是因为确实很喜欢,并不是因为它是一个奢侈品牌。可能这个包放在路边摊我也会去买,只是它刚好放在普拉达的店里,我又很喜欢而已。第一次买的话确实是为了证明自己,后来就是因为实在很喜欢。(D02,女,25岁,政府职员,本科,河北)

因此,中国“90后”女性消费者在决定是否购买意大利奢侈品的时候,并不完全因为产品是奢侈品就盲目购买。她们会把这个奢侈品能令个人满意作为购买的先决条件。

> 我之前买过古驰(Gucci)的产品。如果我现在看到一个特别喜欢的东西,它可能刚好是个大牌,我也会去买。但是不会因为这个是大牌,那我就喜欢。(L15,女,28岁,政府职员,硕士,陕西)

5.其他动机

除了蔡树培在研究成果中已分类的个人导向消费动机,我们在调查中发现中国“90后”女性消费者会因为其他动机而购买意大利奢侈品。在不了解意大利奢侈品牌的质量或者文化时,她们会因为对意大利奢侈品的好奇心而尝试性选择购买它。

> 我买过一个普拉达(Prada)的包。我不知道那个包用啥做的,为啥那么贵。我决定买就是因为好奇,不是因为所谓的大牌子,也不是因为我想要。不像那些人喜欢收藏好多大牌,至少我现在觉得我不会收藏那么多。太浪费了。(S15,女,27岁,基础数学,博士生,河南)

中国“90后”女性消费者对意大利奢侈品的消费动机还有投资等其他因素。因为意大利的奢侈品是得到大家一致认可的,所以她们认为意大利奢侈品有升值空间,可以收藏投资。

> 有目共睹的,在圈内大家都是认可这个品牌的,所以大家会去购买。而且像古驰(Gucci)的包是有升值空间的,所以有人购买它,就和囤车或者买其他收藏品是一个道理,可以等它升值。(L18,女,24岁,插画设计师,大专,广东阳江)

有些中国"90后"女性消费者受限于个人的经济实际情况,在没有特殊原因的情况下她们不会考虑给自己购买意大利的奢侈品。但是,她们会出于社会公益目的为自己购买意大利的奢侈品。

> 就我目前的收入情况,我是不会消费意大利的奢侈品的。但是如果它这个产品能够给慈善事业带去一些有益的东西,我应该会考虑购买。(L10,女,25岁,早教机构教师,本科,广东梅州)

从个人导向的自我馈赠、质量保证、内在一致性和自我取悦这几个角度观察,中国"90后"女性消费者认同意大利奢侈品牌的形象。因为意大利奢侈品的质量高,她们会在重要的人生阶段选择这些产品作为对自己的奖励和鼓励,并表现出对意大利奢侈品牌的忠诚。在消费选择时,她们强调个人对品牌的判断,注重品牌的风格与个人品位的一致性。此外,在没有奢侈品消费欲望的情况下,中国"90后"女性消费者还会因为好奇、投资、社会公益等动机去消费意大利奢侈品。

二、赠礼消费动机

赠礼是一种有趣而又普遍存在的社会行为,对建立、维护以及强化人际关系起着特殊而又重要的作用。[①] 因此,赠礼消费也成为人们日常的消费动机之一。古德温(Cathy Goodwin)等人将赠礼消费动机分为自愿赠礼和义务赠礼。[②] 下面将从这两个方面分析中国"90后"女性在选择意大利奢侈品赠礼时的消费。

(一)自愿赠礼

古德温的自愿赠礼包括雪利(John F. Sherry)动机三分法中的其中两个——激励性动机和利他性动机。激励性动机是为了自我服务的,例如妻子希望从感情有所疏远的丈夫那里恢复感情而向他赠礼。利他性动机是无私的,例如孩子为了对父亲表示敬意而赠送礼物。[③]

---

① SHERRY J F. Gift giving in anthropological perspective[J]. Journal of consumer research, 1983, 10(2): 157-168.

② GOODWIN C, SMITH K L, SPIGGLE S. Gift-giving: consumer motivation and the gift purchase process[J] Advances in consumer research, 1990, 17(1): 690-698.

③ SHERRY J F. Gift giving in anthropological perspective[J]. Journal of consumer research, 1983, 10(2): 157-168.

中国“90后”女性消费者在主动赠送礼物时会选择意大利奢侈品。因为赠送礼物给他人时,她们认为必须要考虑礼物的品牌、美观度等因素,而意大利的奢侈品能完全满足这些条件。

送人礼物的话,送古驰(Gucci)的东西肯定挺好的。因为它的包装挺漂亮的,而且品牌也好。我觉得送礼物得送个好牌子的,还得是很漂亮的。(S06,女,21岁,俄语,本科生,甘肃)

从实用性角度来说,中国“90后”女性消费者认为意大利奢侈品并不符合她们的消费需求。但是在给朋友赠送礼物的时候,她们会选择意大利的奢侈品。她们认为这样才能表达她们对朋友的诚意。

我会把范思哲(Versace)归类为送礼的品牌。因为如果是买给我自己,我可能不会购买那些看起来不实用的,或者是对于我的年龄层过于奢侈的东西。但是当一个好朋友有一些重大的日子,我想给他送东西时,我会考虑买给他。因为我觉得买一个大家都比较认可的品牌,而且大家都知道这个东西的价格挺贵的,这样才会显得更有诚意。(L13,女,29岁,设计师,大专,广东广州)

中国“90后”女性消费者认为意大利奢侈品已经广泛地融入她们的社交生活。她们把这些奢侈品定义为社交沟通的媒介,并会选择意大利奢侈品作为礼物赠送朋友。同时,从个人经济能力角度考虑,她们会选择奢侈品牌中一些价格相对较低的产品,像口红、香水等。

如果我不知道要送什么的话,大概会送阿玛尼(Armani)的口红、香水等,这种类型的奢侈品已经广泛地融入我们的社交生活。口红、香水对于一般女性来说还是比较能接受的。如果它在我的消费能力之内的话,我会考虑它。我自己不会花很多钱在这上面,但是为了社交需求,比如送朋友礼物或者其他一些原因,我会把奢侈品作为一个媒介去进行社交。(L29,女,23岁,私企职员,本科,广东广州)

中国“90后”女性消费者选择意大利奢侈品去送礼,是因为她们认为这些产品的质量好。她们希望朋友在体验这些产品时,能有很好的使用效果。这样朋友才能真切地感受到她们在挑选礼物时的心意,不会因为体验效果不好而不喜欢她们所送的礼物。

送阿玛尼(Armani)给她,是因为我希望送的是她能接受的、喜欢

> 的一些东西。我希望收到礼物的那个人用的时候体验会很好，坚持使用的时间能长一些。不会说我送了一些东西给你，但是你觉得没有什么用，把它扔在一边或者说用了两次觉得不好就再也不用了。我觉得那会浪费了我挑礼物的时间和我的那份心意。我宁愿送一个贵一点但是质量更好的。(L39，女，26岁，教师，硕士，广东顺德)

在工作初期，为了向家人证明自己的工作能力，中国"90后"女性消费者会选择用个人的全部工资购买意大利奢侈品赠送家人。但是随着工作时间越来越长，她们只会在一些重要的节日才会给家人购买高价格的奢侈品。

> 那一年，老师给我推荐了一份工作，就是做家教，有的时候还有一些翻译工作。那个时候我爸妈还给我生活费，一年给了我一万块钱。所以我直接把自己赚的钱全部给他们买礼物，像普拉达(Prada)的钱包之类的。因为我觉得是我赚的钱，不会心疼。那个时候是想证明自己吧。但是现在就不会这样子了，现在要看场合，比如说我妈妈生日、我爸爸生日，我才会花这么多钱。(S01，女，25岁，法语，硕士生，四川)

在给长辈选购礼物时，中国"90后"女性消费者不会选择意大利奢侈品。因为长辈在使用时看不懂外语，而且他们对外国的商品接受度较低。她们会赠送意大利奢侈品给自己的朋友，因为同龄人在使用产品时没有语言障碍，而且同龄人对外国商品的接受度高。

> 如果送长辈的话，我不会买这些。因为他们可能看不懂外语，而且他们也不是很放心用国外的产品。但是可以送给朋友意大利奢侈品，他们一般没有语言上的问题，而且因为他们自己也在用国外的产品，所以感觉品质上好一点，更能证明我对他们的重视。(L01，女，25岁，大学教师，硕士，河南)

在挑选意大利奢侈品赠送朋友时，中国"90后"女性消费者会比较慎重。她们会考虑朋友的经济实力，避免对方在收到礼物后想回赠时有经济压力。所以她们会在一些重要的时机才选择意大利奢侈品作为礼物。

> 我会很慎重地送范思哲(Versace)等品牌的贵重礼物，因为很有可能我送了别人一些价格高的礼物，他们会想回送礼物给我，但是他们又很有可能拿不出这么多钱。所以我会尽量避免这种情况，不会随便

> 送这么贵重的礼物。（L13，女，29岁，设计师，大专，广东广州）

从自愿赠礼角度观察，意大利奢侈品牌已经广泛融入中国“90后”女性的社交生活中。意大利奢侈品的质量好，社会认同度高，能满足中国“90后”女性消费者赠礼时的需求，她们会主动选择意大利奢侈品赠送给家人和朋友，特别是在有重要意义的日子。但是，中国“90后”女性消费者也会强调有些情形不适合选择意大利奢侈品，例如不能赠送给对外国产品有一定抵触情绪的长辈以及不能给对方造成经济负担。

（二）义务赠礼

古德温的义务赠礼主要包括两种特定的义务形式：互惠性赠礼和礼仪性赠礼。互惠性赠礼是指互赠礼物，例如家庭成员在重要日子时交换礼物。礼仪性赠礼则是因为一些传统习俗而有赠送礼物的义务，例如广东地区的已婚人士在春节期间需要向未婚的朋友派发红包。[①]

在互赠礼物时，中国“90后”女性消费者认为选择的礼物要比较讲究，既要表现自己的立场，又要表现自己的诚意。她们挑选的礼物一般要与对方赠送的礼物在品牌的等级和价格上相近。

> 送礼是很有讲究的。太贵了，显得像巴结，也不能太便宜，太便宜像没花心思，礼物还得合适。所以，送的和收到的差不多是一样的。如果我送给他一个华伦天奴（Valentino）的丝巾，她很有可能会购买华伦天奴另外一个差不多价位的东西送给我。（L13，女，29岁，设计师，大专，广东广州）

除了礼物的价格，中国“90后”女性消费者认为在回赠礼物时还要考虑其他因素。在挑选回赠礼物时，她们一般会挑选与所收礼物价格相近的产品，同时她们还会考虑对方的喜好以及个人与对方的关系等。

> 我本人会倾向于回赠一些比较实用的产品，但是不一定全部都是这个标准，要分朋友。对方如果比较喜欢奢侈品，我可能会回送一些同等价位的奢侈品。但是如果对方不在意这些，或者是我比较熟的朋友，我就会偏向于送实用的东西，但必须是同等价位的。（L29，女，23

① GOODWIN C, SMITH K L, SPIGGLE S. Gift-giving: consumer motivation and the gift purchase process[J] Advances in consumer research, 1990, 17(1): 692.

岁，私企职员，本科，广东广州）

从经济角度出发，因为意大利奢侈品的价格较高，为了避免造成不必要的浪费，中国“90后”女性消费者在回赠礼物给关系比较亲密的朋友时，她们会直接咨询对方的需求后购买。

> 我和她这么多年一直都是这样：我给她买这个东西，她也会买给我一个差不多的，或者是我需要用的。我们不会因为要给对方惊喜，买一些不那么实用的东西。就像她说她看好了阿玛尼(Armani)某个色号的口红，我就给她买。可能因为我们大家赚钱都不容易，就不要乱花钱了吧。(L16[①]，女，26岁，中学教师，硕士，广东茂名)

外出旅游时，给亲朋好友买一些当地的特色产品作为伴手礼是中国的一个传统。中国“90后”女性消费者在意大利旅游或学习结束返回国内时，她们会挑选一些意大利奢侈品，她们希望在表达心意的同时能给亲朋好友留下好印象。

> 为了给亲朋好友表达心意，我会带当地的一些产品，这样才能代表我在这里生活过，或者我在这里游玩过。因为毕竟他们都知道我出国了，我回去时带一些意大利的特色产品、稍微好一点的奢侈品就是最佳的选择。这样他们对我的印象会比较好。(S12，女，26岁，比较文化，硕士生，山西)

但是，有些中国“90后”女性消费者也会认为不是必须要挑选意大利品牌的产品作为伴手礼。她们认为对于现在的中国消费者而言，意大利品牌的概念和欧洲品牌的概念几乎是等同的，所以她们只需要在欧洲品牌范围内挑选合适的产品即可。

> 我只要买到合适的就行了，不会太挑牌子。而且接受礼物的那个人也不会觉得有太大的差别。我给他们带一个香奈儿(Chanel，法国品牌)的香水，还是古驰(Gucci)的香水，对他们来说都是从欧洲带回去的，他们心里能得到那种满足感就行。(L12，女，25岁，律师，本科，广东梅州)

---

① 这位受访对象之前的职业是跨境电商平台职员。

从义务赠礼消费角度观察,意大利奢侈品牌形象已深入中国“90后”女性消费者心中,但是她们关注的主要是品牌的形象,不一定能完全把品牌与意大利联系在一起。此外,中国“90后”女性消费者在回赠礼物时需要根据对方所赠的礼物的品牌、价格等因素考虑应选择的意大利奢侈品牌产品。

综上所述,对中国“90后”女性的消费动机分析可以从自用和赠礼两个维度进行分析。自用消费又可细分为社会导向消费和个人导向消费,赠礼消费还可分为自愿赠礼消费和义务赠礼消费。从社会导向消费的炫耀性、从众性、领先性和社会地位象征性四个角度观察,意大利奢侈品牌的形象已经在中国“90后”女性消费者的心目中成功塑造。她们会因为这些品牌代表的社会地位或者为了获得某一社会群体的认同和在某一群体中展现自己的与众不同而购买它们,同时她们也会因为不想被某一群体排斥而决定不消费这些意大利奢侈品。从个人导向消费的自我馈赠、质量保证、内在一致性和自我取悦四个角度观察,中国“90后”女性消费者积极评价意大利奢侈品牌的形象。她们强调个人对品牌的判断,注重品牌风格与个人品位的一致性。从自愿赠礼消费角度观察,意大利奢侈品牌已经融入中国“90后”女性的社交生活。中国“90后”女性消费者认为意大利奢侈品的质量好,社会认同度高,所以她们会主动选择购买意大利奢侈品赠礼。但是,她们也强调不能将意大利奢侈品赠送给那些对外国产品有一定的抵触情绪的长辈,同时赠礼不应给对方造成经济负担。从义务赠礼消费角度观察,中国“90后”女性消费者关注的主要是品牌的形象,她们不一定将品牌与意大利国家联系在一起。在回赠礼物时,她们认为需要根据对方所赠礼物的品牌、价格等因素决定是否购买意大利奢侈品牌的产品,同时也要考虑对方的喜好。

第二节　消费信息收集

消费者的行为与其所处的信息环境是密不可分的,而信息环境是消费信息获取、交流、分享、利用等要素的集合。[①] 本节主要通过观察中国“90后”女性消费者消费信息收集的时间和渠道，分析中国“90后”女性消费者对意大利奢侈品的消费。

一、收集的时间

收集的时间在这里是指中国“90后”女性消费者记忆中初次接触或了解意大利奢侈品牌相关信息的时间。中国“90后”女性消费者的信息收集包括主动收集和被动收集。

在刚刚进入中国内地市场时，意大利奢侈品牌把一线城市作为主要开拓的市场。广东省是改革开放的前沿阵地，毗邻香港、澳门，广东当地居民的收入水平比较高，接触外国产品的可能性也比较大。但是，生活在广东一线城市的中国部分“90后”女性消费者对奢侈品的了解也是从初中才开始的。

> 我大概是在初中的时候，我才知道什么是牌子。有一件事情让我印象非常深刻。一天，初中的班主任突然把全班同学叫到一起，让我们面对面站着，看对方的鞋子。老师要鞋子价格超过一千元的同学自己站出来并写检讨。那个时候我才第一次明白大家穿的鞋子是不同的，我穿的鞋子是几百元的，而他们穿的鞋子是一千多元的。（L13，女，29岁，设计师，大专，广东广州）

因为意大利奢侈品牌在初期主要开拓的是中国的一线城市，所以三、四线城市的意大利奢侈品牌的实体店比较少。此外，在20世纪90年代，中国居民收入偏低，意大利奢侈品的销售价格显得极高。生活在三、四线城市的中国“90后”女性消费者在生活环境中接触到意大利奢侈品牌的可能性比较低，而且她们身边的亲友也没有意大利奢侈品的消费经验，所以她们大多是在高中才开始了解意大利奢侈品牌的信息。

> 我大概是在高中的时候知道的。我小学的时候肯定是不知道的，因为小城市没有那些门店，我妈也不用这些东西，就没有什么机会接触到，身边有钱人也比较少。（D02，女，25岁，政府职员，本科，河北）

---

① 卢泰宏，周懿瑾．消费者行为学：洞察中国消费者[M]．3版．北京：中国人民大学出版社，2018：102．

生活在乡镇地区的中国“90后”女性消费者对意大利奢侈品牌的了解时间相对城市的要晚。在高中的时候,随着网络的普及,信息来源越来越多,她们才有更多机会了解关于意大利奢侈品牌的信息。

> 我小时候对意大利奢侈品牌的了解不是很多,也不会太关注。到了高中,我从杂志里,从书里,或者听别人说,信息来源越来越多,才会慢慢地接触到这些品牌。一方面通过智能手机可以上网看到一些东西;另一方面接触不同地方的同学,能获得不同的信息。因为小学和初中我是在村里读的,高中是在靠近市区的一个学校读的。(L10,女,25岁,早教机构教师,本科,广东梅州)

中国部分“90后”女性消费者在小学时开始有品牌的认知,但是由于中国中小学生的日常着装是统一的校服,所以她们主要关注的是运动鞋的品牌。但是因为中小学学生的鞋类产品属于快消产品,所以她们对价格高昂的意大利奢侈品牌并不了解。

> 从小学到高中大家都穿着校服,能够自由发挥的就是鞋子。我当时对品牌的认知都是关于鞋子的。以前小孩就喜欢买鞋子,能彰显出自己不太一样。从初中开始我慢慢有一些自主意识,就会观察,看看其他同学穿得好不好看,就开始慢慢了解品牌,但是完全不知道意大利的牌子。(L15,女,28岁,政府职员,硕士,陕西)

中国部分“90后”女性消费者在中小学时听从师长们灌输的理念,以学习为重,不注重装扮。尽管她们曾经在电视上看过关于意大利品牌的信息,但是对意大利的奢侈品牌没有任何概念。直到进入大学后,她们觉得在这方面与其他同学存在差距,才开始主动关注意大利奢侈品牌。

> 耳濡目染的信息容易植入一个人的脑袋。如果只是看电视,我不会有太多的印象。高中也有很时尚的同学,但是都会被老师列为不良学生,我就会觉得学生不应该打扮得花里胡哨,不应该把时间放在这方面,应该专心学习。老师会灌输这种观念,所以会觉得不应该去了解这些东西。上了大学,我发现身边的同学了解得比较多,就会发现自己与她们的差距。(L06,女,28岁,国企职员,本科,广东清远)

中国部分“90后”女性消费者主要是在大学毕业后才开始接触一些奢侈品牌。因为进入职场工作,为了塑造个人的形象,她们需要购买使用一些必要的美妆产品，所以她们会主动了解一些中高端的品牌。

> 我是从学校走出来之后开始接触的。当时因为工作需要，我就会去了解，例如要化一些淡妆，就会在淘宝上自己搜索，身边的人也会推荐她们在用的品牌，都是一些化妆品里的中高端品牌。（L07，女，25岁，国企职员，本科，黑龙江）

因为意大利奢侈品的价格较高，一些中国“90后”女性消费者认为在没有消费需要的时候，没有必要了解这些品牌。她们认为当自己有一定的经济实力时，才会主动收集与意大利奢侈品相关的信息。

> 我觉得意大利这些奢侈品应该是30岁以上的人群才会消费的。我从自身情况考虑，觉得在30岁以前不会想着了解这些奢侈品。除了别人偶尔可能会提起，但是自己不会太在意，不会上网查这些东西，所以不太了解。只有自己有那个经济实力，觉得自己买得起的时候，才会特意关注这些品牌。（S13，女，26岁，材料科学与工程，博士生，贵州）

从信息收集的时间观察，因为意大利品牌进入中国不同市场有时间先后的差异，所以中国“90后”女性消费者对意大利奢侈品牌信息初次收集的时间也有所不同。此外，受生活环境以及个人消费观念的影响，她们会在进入大学、进入职场或者个人经济水平达到预期的时候才主动收集关于意大利奢侈品牌的信息。

二、收集的渠道

消费者信息收集的渠道会因为媒体的演变而发生变化。从早期人类社会的口碑传播到大众传播时期的报纸、杂志、广播、电视，再到21世纪的新媒体时期[①]，消费者信息收集的渠道越来越多样化。本书参照美国传播学家哈特（Andrew Hart）对传播媒体的分类方法，将信息收集的渠道分为通过直显媒介收集、通过再现媒介收集和通过机器媒介收集三类。[②]

---

① 卢泰宏，周懿瑾．消费者行为学：洞察中国消费者[M]．3版．北京：中国人民大学出版社，2018：103．

② HART A. Understanding the media[M]. London: Routledge, 1991: 5.

(一)通过直显媒介收集

直显媒介是指人类面对面传递信息的媒体,包括人类的口语以及表情、动作、眼神等非语言符号。[①] 简而言之,通过直显媒介收集是指消费者通过与他人面对面的语言和非语言沟通收集信息。

尽管中国“90后”女性消费者没有主动收集关于意大利奢侈品牌的信息,但是在日常生活中,通过和朋友或者同事一起聊天,她们也会被动地收集到与意大利奢侈品牌相关的信息。

> 没什么事的时候,女孩子会在一起聊聊最近用什么化妆品,哪一款比较好,哪一款不好。其实我不是很关注那些大牌的东西,但是我身边的有些女性朋友,她们的生活很精致,她们会关注这些信息,所以我也会听到一些。(L07,女,25岁,国企职员,本科,黑龙江)

当被动地从朋友那里收集到意大利奢侈品牌的相关信息时,中国“90后”女性消费者只是对这些信息进行了一定的概括。但是因为后面没有继续收集信息或消费,她们对这些品牌的了解仅限于一个初步的印象而已。

> 可能以前听一些朋友说过,但是只是一个印象,我从里面提取的关键字就是意大利的包很好,然后就没有了。听到她们说,我会自动地提取一些关键字,然后把它们关联在一起,但是没有进行详细的了解,不会去查那些信息。(L06,女,28岁,国企职员,本科,广东清远)

意大利奢侈品牌的设计比较有个性,容易引起消费者的注意。当身边的朋友或家人在使用意大利奢侈品牌时,中国“90后”女性消费者会被产品的设计吸引,她们会主动收集关于意大利某个奢侈品牌的信息,并随着了解的深入更加喜欢这个品牌。

> 大概三年前,我看我小姑背了一个普拉达(Prada)的包,我觉得很好看,就问她品牌。我是从她那里了解到这个牌子的。后来上意大利语培训课的时候,老师又专门介绍意大利本土的一些奢侈品牌,我对它有了进一步了解,挺喜欢的。(S13,女,26岁,材料科学与工程,博士生,贵州)

① 卢泰宏,周懿瑾. 消费者行为学:洞察中国消费者[M]. 3版. 北京:中国人民大学出版社,2018:103.

当知道自己对意大利奢侈品牌的了解不足时，中国“90 后”女性消费者会主动向朋友收集相关信息。她们希望在消费前能更加全面地了解品牌，这样才能保证消费时做出更好的选择。

> 我是画插画的，平时主要关注那些画师有什么新的画作。我有一个很好的朋友，她对米兰时装周比较了解，关注的是服装设计、品牌设计。所以有时候我会和她聊，收集一些消息，这样进店购买的时候才能买到更好的。（L18，女，24 岁，插画设计师，大专，广东阳江）

中国“90 后”女性消费者和其他女性消费者一样，她们会主动分享自己对意大利奢侈品的消费经验。通过相互的交流，她们能进一步丰富自己对意大利奢侈品牌的产品和消费信息的了解。

> 我觉得女性在买东西这方面的能力真的是天生的。大家买了以后会进行沟通和交流，例如通过哪个代购者买的东西质量好、性价比高，可以去看一下。大家互相传授经验。（L09，女，24 岁，私企职员，本科，湖南）

中国“90 后”女性消费者在和其他消费者交流时，除了会交流产品的相关描述性信息，她们还会针对产品说明中的某些描述进行实际测试，以辨真伪。通过这种测试性体验，她们加深了对品牌的印象。

> 我以前不知道有这个牌子。第一次接触它，是因为大一的时候我和同学出去逛街，刚好她的一个同事来找她。那个同事戴的手表就是阿玛尼（Armani）的。因为以前的手表基本都不防水，他专门给我们介绍他这个手表是防水的。我同学还真的把手表放到水里去试了一下，还挺搞笑的，我的印象很深。（L08，女，23 岁，私企职员，大专，广东梅州）

但是，有些中国“90 后”女性消费者在没有消费需要时，不会主动收集与意大利奢侈品牌相关的信息，也不会记忆这些信息。她们完全依赖自己的朋友或家人，每次需要购物时才临时收集信息。她们甚至有时候会依赖他人完成必要的购买过程。

> 我那些姐姐就经常交流她们买的衣服、包的品牌。她们能说得出各种各样的牌子，还有各种各样的类型。所以我听她们的就好。比如我要买衣服了，和她们一说，她们其中一个人就会帮我买，我就很少操

心这些东西。（L12，女，25 岁，律师，本科，广东梅州）

（二）通过再现媒介收集

再现媒介是指信息生产者和传播者在向信息接收者传递信息时使用到的物质工具或机器，包括绘画、文字、活字印刷和摄影等。[①] 通过再现媒介收集信息时，消费者不需要使用工具或机器。

中国“90 后”女性消费者在没有消费需要前，会通过阅读喜欢的时尚杂志收集关于意大利奢侈品牌的信息。广东是我国改革开放的前沿阵地，当地居民有机会阅读境外的杂志。广东的“90 后”女性消费者早期阅读的时尚杂志主要都是中国香港和日本的杂志，随着内地传媒业的发展，她们才通过内地的时尚杂志收集关于奢侈品牌的信息。

> 刚才提到的菲拉格慕（Ferragamo）和普拉达（Prada）这两个牌子都是奢侈品。我小的时候也没什么机会直接接触，应该是看时尚杂志和听别人介绍的。（L14，女，28 岁，私企职员，硕士，广东深圳）

在求学期间，中国“90 后”女性消费者能通过时尚杂志和商场的广告牌被动地收集到与意大利奢侈品牌相关的信息。但是，因为意大利奢侈品牌的价格较高，而中国“90 后”消费者当时的个人消费能力相对较低，所以她们尚未对意大利奢侈品产生消费的欲望。

> 我当时在外面逛，能看到商城里面的广告牌。我以前也会买一些杂志，翻看一下穿搭之类的。杂志上也会有意大利奢侈品牌的介绍。那些时尚杂志，有一些是日系的，就会介绍日本的品牌，还有一些是介绍国际大牌的。不过那个时候消费能力还没有到达那个程度，我就只是看看而已。（L15，女，28 岁，政府职员，硕士，陕西）

在中小学期间，中国“90 后”女性阅读课外书的类型会受到家长和老师的限制，所以她们中有一部分人未能主动阅读相关的时尚杂志，也没有主动收集关于意大利奢侈品牌信息的想法。她们当时对意大利奢侈品牌的了解是完全空白的。

> 因为那时候看的课外书范围比较局限，也没想过特意了解意大利

---

① 卢泰宏，周懿瑾．消费者行为学：洞察中国消费者［M］．3 版．北京：中国人民大学出版社，2018：103．

奢侈品牌的信息。某一天在书店里面偶然看到关于这方面的时尚类杂志，我就随手翻了翻，才发现原来还有奢侈品这种东西。(S04，女，20岁，德语，本科生，广东云浮)

意大利知名品牌多是世界顶级奢侈品牌，为了实现最佳的宣传效果，品牌广告代言人选择的也是知名度较高的国际明星。尽管中国“90后”女性消费者对意大利奢侈品的了解不多，但是因为喜欢意大利品牌的广告代言人，她们会主动收集与品牌相关的信息。

普拉达(Prada)是最早一批在中国投放广告的外国奢侈品牌。那时候我特别喜欢一个俄罗斯的模特，那一年她是普拉达的全球代言人，所以那时候我专门收集了很多普拉达的海报和媒体报道。(L17，女，27岁，国企职员，本科，广东广州)

意大利品牌宣传广告的设计水平高，能准确地向消费者传递品牌的市场定位。中国“90后”女性消费者在看到意大利奢侈品牌的广告时，会被动地了解品牌的相关信息。对比其他产品的宣传广告，她们肯定意大利品牌的质量，同时她们也对“意大利制造”给予好评。

我觉得它的广告挺有吸引力的，能够彰显品牌的实力。它把广告做得比较高端，所以它的品牌定位一下就传递出来了。我感觉从广告中能够看出这个牌子比较好，是“意大利制造”的，就好像很厉害的样子。(L24，女，27岁，外企职员，本科，广东广州)

中国“90后”女性消费者发现境内的时尚杂志主要通过广告形式向读者传递与意大利奢侈品牌相关的信息，而境外的时尚杂志除了使用广告宣传品牌，还通过新品推介、品牌介绍等形式向读者宣传审美观、生活态度。她们认为境外时尚杂志多样化的宣传形式能更有效地将品牌信息根植到个人的消费理念中。

境外那些比较有名的时尚杂志是走在潮流前端的。上面不仅有广告，还有新品推介、女明星的穿着……这些看着像广告，但其实不是，它更大一部分功能是向大家推荐一种审美观，并把它在读者中推广开。奢侈品和其他大众品牌之间的区别在于不是所有人都知道奢侈品牌，它的使用人群没有那么广，它设计出一款比较前卫的产品，但这个产品并不会出现在普通人的日常生活当中。(L29，女，23岁，私企

职员，本科，广东广州）

除了杂志上会对意大利品牌进行宣传，意大利政府或者企业也会在一些国际性展示活动中主动向中国的观众介绍意大利品牌的文化。中国“90后”女性消费者通过参加一些与意大利文化相关的活动，加深了对意大利品牌的了解。

> 我对法拉利(Ferrari)跑车印象比较深刻。在上海世博会的时候，意大利馆里面专门展出了一辆法拉利的跑车。我之前知道法拉利这个车队在一级方程式赛车里面非常厉害，好像拿过不少冠军，看了实物觉得非常震撼。(L03，女，29岁，大学教师，本科，吉林)

（三）通过机器媒介收集

机器媒介是指信息传播方和接收方在进行信息传递时使用的机器。[①]在通过机器媒介收集信息时，不管是信息传播方还是信息接收方都必须使用机器。电视、网络等都属于机器媒介。

1. 电视媒介

中国的电视业发展起步于1958年，至今经历了破冰、经典、黄金、创纪录和网生时代。破冰时代是指1958年至1979年，1958年北京电视台的开播标志着中国电视业开始建立。1978年的《三亲家》是我国录制的第一部彩色单本电视剧。经典时代是指20世纪80年代，在这一时期改革开放逐步推行，看电视成为当时人们时尚的精神消费。1981年的《敌营十八年》是中国内地第一部电视连续剧，而20世纪80年代末，《西游记》《红楼梦》等一批经典作品推出了。黄金时代是指20世纪90年代，电视剧成为电视台的工作重心，电视剧的内容开始实现多样化发展，以满足不同观众的需求。1990年的50集长篇连续剧《渴望》是中国内地第一部大型室内电视剧。创纪录时代是指2000年至2009年，这一时期中国电视剧在世界各项指标中名列前茅。2007年中国电视剧的生产量、播出量和观众数量均列世界第一。网生时代是指2010年至今，在这个时期电视工作者开始利用网络传播。2014年，视频网站打出了“网络自制剧元年”称号，全网上线电视剧达

---

① 卢泰宏，周懿瑾．消费者行为学：洞察中国消费者[M]．3版．北京：中国人民大学出版社，2018：103．

205部，2018集。[①]

随着中国电视业的发展，电视传播对中国消费者日常生活的影响越来越大。2018年中国播放的电视剧中当代剧的占比为58%，近代剧占比21%。[②] 在这些剧目中，不仅有外国品牌信息的非主动传递，也有电视剧制作人主动进行的广告植入。因此，电视一直是中国"90后"女性消费者被动收集意大利奢侈品牌信息的主要渠道之一。

在进入中国市场初期，意大利奢侈品牌在中国内地投放的电视广告较少，而在中国香港和澳门投放的电视广告较多。内地"90后"女性消费者在观看香港频道播放的电视广告时，会肯定意大利奢侈品牌的质量。

> 我很小的时候就知道了。因为我小时候会看电视，我国香港、澳门的电视台经常会播意大利奢侈品的广告，就知道一些外国公司的牌子，觉得这些牌子有一定的信誉和保障。(S07，女，20岁，高级翻译，本科生，广东清远)

除了意大利奢侈品牌会主动在电视上投放产品广告，娱乐媒体在电视新闻或者综艺活动里也会报道品牌的相关信息。中国"90后"女性消费者在各种渠道中被动地接收意大利奢侈品牌的信息输入。

> 可能因为很多明星要去走红毯，或者去看时装秀，所以我会通过电视知道这些品牌。有的电视综艺节目把明星穿着的阿玛尼服装的价格都标了出来。像那个明星的裙子看起来很不起眼，但其实是阿玛尼的限量版，标价几十万元，价格非常贵，所以我就记住这个牌子了。(L06，女，28岁，国企职员，本科，广东清远)

随着生活水平的提高，中国的电视产业也迅猛发展。在中国播放的当代或者近代电视连续剧中，都不可避免地出现了一些与意大利奢侈品相关的信息。中国"90后"女性消费者在观看电视剧时，被动地收集到了这些信息，并对意大利奢侈品牌产生积极印象。

> 我以前会看一些电视剧，里面的意大利风景让人觉得好漂亮，想

---

① 温静，赵静. 复盘60年来中国电视剧发展史[J/OL]. (2018-07-11)[2021-05-05]. http://www.sohu.com/a/240641980_351788.

② 《中国电视剧产业发展报告2019》发布，全面解析电视剧市场现状[EB/OL]. (2019-03-30)[2021-05-05]. http://www.sohu.com/a/304877531_182272.

要去看看。里面一些设计师还说他们要去意大利学设计，我就会觉得这个国家的设计水平很高。有时里面的演员还会说在意大利定制一套西装之类的，衣服质量看着还不错，又会说这些鞋是从意大利空运过来的。我对这些印象挺深刻的。（L09，女，24岁，私企职员，本科，湖南）

还有一些品牌会通过在电视剧中植入软广告，潜移默化地向观众传递品牌的信息和进行品牌文化教育。中国“90后”女性消费者对电视剧中的软广告印象深刻，也并不抗拒甚至认同广告中传递的品牌文化。

2. 网络媒介

按照艾瑞咨询对中国互联网发展的统计，中国的互联网发展有三个阶段。第一阶段是1994年至2000年从大众互联网初期的四大门户[①]到搜索的过程，这一时期互联网主要被网民作为信息检索工具和通信工具。第二阶段是2001年至2010年从搜索到社交化网络时期，在这期间诞生了大批的社交型互联网产品，网民由被动转向主动，他们通过互联网主动拓展自己的社会关系。第三阶段是2010年至今的移动互联网融入生活时期，随着移动互联网发展，互联网渗透进网民生活的各个层面，移动社交平台成为沟通联络的主要平台。[②] 中国“90后”女性消费者经历了中国网络发展的三个时代，所以网络不可避免地渗透进她们生活的各个层面，而网络也是她们被动和主动收集关于意大利品牌信息的重要渠道之一。

在调查中，我们可以发现中国“90后”女性使用的网络平台有微信[③]、

---

① 这里的四大门户指的是丁磊的网易网、张朝阳的搜狐网、王志东的新浪网和马化腾的腾讯网。

② 艾瑞咨询. 2018年中国互联网流量年度数据报告[R/OL]. [2018-12-31]. http://report.iresearch.cn/wx/report.aspx? id=3332.

③ 微信(WeChat)创立于2011年1月，是一个为智能终端提供即时通信服务的免费应用程序。2020年1月，微信官方宣布2019年的月活跃账户数为11.51亿人，用户覆盖200多个国家，语言超过20种。

QQ[①]、淘宝网[②]、抖音[③]、新浪微博[④]、小红书[⑤]、哔哩哔哩[⑥]、知乎[⑦]等，它们在2019年12月16日公布的《2019年11月最新移动App TOP 1000榜单》[⑧]中分别排名第一位、第二位、第三位、第六位、第十三位、第三十九位、第五十一位和第一百七十位。

日常消费是中国"90后"女性相聚时聊天的主要话题，而奢侈品消费也是话题之一。因此，一些对意大利奢侈品牌并不了解的中国"90后"女性消费者，会主动用信息搜索平台搜索品牌信息，以拓展在这方面的知识，增加与朋友聊天的谈资。但是，因为没有消费体验，她们对那些信息的记忆会慢慢淡化。

> 我记得大学的时候搜索过世界排名前十位的奢侈品牌，除了阿玛尼(Armani)、迪奥(Dior)和香奈儿(Chanel)，其他的我都不记得！我当时就是为了能跟同学有聊天的话题，但因为和自己的生活没有多大的关系，所以就会忘记。(L06，女，28岁，国企职员，本科，广东清远)

为了扩大品牌的知名度和消费渠道以及迎合消费群体的需求，意大利各大品牌在21世纪初就已经开始建设品牌的国际网页，介绍品牌的发展历程和产品。中国"90后"女性消费者会利用网络主动收集自己喜欢的意大利奢侈品牌信息。

---

① 腾讯QQ创立于1999年2月，是一个基于互联网的即时通信网络软件。

② 淘宝网于2003年5月创立，是亚太地区较大的网络零售平台。2019年5月，淘宝网官方公布其移动月度活跃用户达到7.21亿人。

③ 抖音是2016年9月推出的音乐创意短视频社交软件，是一个专注年轻人音乐短视频的社区平台。2019年7月，抖音宣布其日活跃用户超过3.2亿人。

④ 新浪微博(Weibo)于2009年8月创立，是基于用户关系信息分享、传播以及获取简短实时信息的广播式社交媒体和网络平台。腾讯、网易和搜狐也推出了微博服务，如无特别说明，微博指的是新浪微博。2019年3月，新浪微博官方宣布其月活跃用户为4.62亿人。

⑤ 小红书创立于2013年6月，是一个生活方式和消费决策应用程序，旗下设电商业务。截至2019年7月，平台的用户人数已经超过3亿人，其中70%是"90后"。

⑥ 哔哩哔哩(bilibili)简称"B站"，创立于2009年6月，是一个年轻人进行文化交流的网络平台。2019年3月，哔哩哔哩官方公布其月活跃用户数量为9270万人。

⑦ 知乎创立于2011年1月，是中国的社会化问答网站，包括"知乎社区"、"知乎日报"和"读读日报"等应用程序。2018年12月，知乎官方宣布其用户数已超过2.2亿人。

⑧ 易观千帆. 2019年11月最新移动App TOP 1000榜单 用户稳中有升，移动购物领域绝对"C位"[EB/OL]. (2019-12-16) [2021-05-05]. https://www.analysys.cn/article/analysis/detail/20019606.

> 我喜欢意大利范思哲(Versace)的衣服。范思哲的官网会发布每季的新款,一般会直接发图片。我有时候会专门去官网上看一下它的发布,看有没有什么新品,有没有价格合适的,如果价格合适就可能会买。(S09,女,22岁,商务英语,本科生,广东佛山)

意大利的奢侈品牌除了建设公司网页进行主动宣传和供消费者查询品牌和产品信息,它们还和国内知名的在线销售网络平台合作,在这些平台的重要版面进行广告宣传。中国“90后”女性消费者登录这些网络平台后,在平台主页的显眼位置能看到意大利奢侈品牌的产品信息。

> 我感觉追求国外品牌的人一定是或者应该是有一定的消费力的,而且她已经有一定的品牌认知。我之前工作过的那个平台就会给那些品牌做广告,线下广告和线上广告都做。在大促的时候,平台也和那些大品牌合作,让它们在资源位打广告。我们打开App时会直接打开一个购物网页,马上能看到上面的很多品牌,那些显眼的位置都是资源位。资源位是有规划的,那是要用钱买的。(L16,女,26岁,中学教师,硕士,广东茂名)

随着手机网络技术的发展,中国网播电视剧和即时互动聊天软件也在迅猛发展。意大利奢侈品牌会和视频播放平台以及互动聊天软件平台合作,在广告时间和互动空间进行品牌产品宣传。所以中国“90后”女性消费者在观看网络电视剧或者浏览朋友动态时,会被动接收到意大利品牌的信息。

> 我“刷剧”时就会发现他们插播像阿玛尼(Armani)粉底液之类的广告。那些牌子经常做广告,特别是当他们有新品出的时候。我在朋友圈有时候也会刷到那些牌子的广告,它会以一个链接的方式出现。我没有特别留意,是有空才会刷朋友圈,突然发现那些品牌的广告链接就插在你朋友圈的某一个位置。(L08,女,23岁,私企职员,大专,广东梅州)

意大利奢侈品牌还根据中国女性消费者消费习惯的变化,开发了品牌在中国各主要网络平台的营销公众号,如微博账号、微信公众号等。这样,他们在宣传品牌产品的同时,还能直接与消费者进行互动,对消费者进行品牌文化输出。

> 我个人对时尚设计和服装设计比较感兴趣，之前看过一些和时尚相关的纪录片、电影，主要是通过网络了解。我自己也会跟踪他们的主页、微博之类的，还会关注一些关于时尚的自媒体。所以我会知道这些意大利奢侈品牌。某些品牌有自己的官方微博主页，定期会更新动态，和粉丝互动。（L04，女，26 岁，大学教师，本科，甘肃）

意大利奢侈品牌除了在微博和微信平台设立自己的官方账号，它们还会通过影视明星、微博大流量博主、网红等的微博等渠道进行品牌产品营销。

> 我有一个特别好的朋友，她在一个品牌的广告部工作。她告诉我，推哪个口红都是由她写的文案，她和她的老板一起商量推广哪个产品，定好了会给那些博主寄样品，让他们试个色，发个微博。她可能同时会找多个美妆博主，然后让这些人发她写好的文案。对于一些狂热的粉丝来说，明星效应还是挺有用的。但是对于一些不追星的人来说，这个效应的作用可能没有那么大。但是如果那些追星的人在购买产品后，消费体验好，那些不追星的人可能也会受他们影响去买这个产品。（D02，女，25 岁，政府职员，本科，河北）

在品牌主动通过各种网络平台进行品牌营销的同时，到意大利学习的中国留学生也会利用微信平台的“朋友圈”进行代购商品宣传。他们主要利用境内和境外的商品价格差进行获利，而他们代购的商品主要是意大利或者欧洲其他国家的奢侈品牌。因此，中国“90 后”女性消费者也会在微信“朋友圈”里被动接收到朋友对那些奢侈品牌的宣传信息。

> 我去留学之前就知道这些品牌。各种信息渠道都会有，比方说一些美妆博主宣传的信息会比较多。看她们的穿搭，我就会发现有很多这样的牌子。很多去意大利留学的学生都开始做代购，慢慢地朋友圈里会有很多代购信息，比如这些牌子的推荐信息、打折信息。（L02，女，26 岁，大学教师，硕士，湖北）

中国“90 后”女性消费者非常清楚意大利奢侈品牌在利用微博账号和微信公众号进行产品营销。她们对品牌的这种营销方式并不抗拒，她们还会主动关注那些感兴趣的品牌的微博账号和微信公众号，收集产品的信息。

> 博主就是通过自己的声音达到传媒的效果,是自媒体的一种,也是新媒体的一种。它突破了之前只有国家媒体、官方报纸的媒体传播模式。现在每一个人其实都可以成为一个自媒体,很多互联网公司给我们提供了这样的平台,比如微博、微信。意大利这些品牌都有自己的微信公众号,因为微信用户多,这些牌子得有自己的公众号进行营销。我关注过华伦天奴(Valentino)的公众号,应聘它的活动执行兼职岗位,就是做公关,给他们做一些策划、执行这种,帮他们在线销售产品。(L04,女,26岁,大学教师,本科,甘肃)

中国“90后”女性消费者在浏览一些经验交流类的网络平台时,会被动地从平台上收集到产品的营销信息。初期她们会因为不了解某个品牌或者某个产品而盲目地相信这些平台上的信息,并由此产生消费欲望。但是随着平台使用经验的丰富以及社会负面评价的增加,她们会对收集的信息持保留态度,并进行多方求证。

> 我有时候也会刷小红书。上面有一些博主说得挺可信的,自己有时候也会买来尝试一下,尝试之后觉得确实不错。但是前段时间网络上说小红书很多博主都是找人代写的,所以我觉得还是要辩证看待上面的评论。现在如果看了小红书的推荐,想买某一件商品时,我还会到其他地方看一看,比如知乎。如果有朋友在用这件商品的话,我也会问一下朋友,这件商品是不是真的这么好。(L27,女,25岁,外语译员,本科,广东佛山)

中国“90后”女性消费者也会通过网络平台主动收集想购买的产品的相关信息。她们清楚各品牌已经运用各种形式在平台上进行营销,为了避免落入品牌营销的“陷阱”,她们会更多地关注一般消费者的消费体验,并对他们的笔记和评论进行分析后得出个人的评断。

> 我有时候还会去知乎看,因为我之前负责的是跨境电商,我对这些平台都很了解,小红书其实已经是一个广告平台了。所以我会关注一些素人[①]的体验,而不是“大V”的。我现在不太相信“大V”。我先关注素人的体验,过滤一些笔记,然后去知乎看一下。我会尽量多看

① 素人是指平民、平常人、朴素的人,没有加入任何社会团体、组织、派别的独立人。

几位素人的笔记，继续看他们的评论，形成一个判断之后，再去试，再去买。(L16，女，26岁，中学教师，硕士，广东茂名)

中国“90后”女性消费者对品牌所做的广告以及自我评价持保留态度。当她们有消费计划的时候，她们会专门收集其他消费者的消费体验评价，并且对这些评价进行分析后才考虑是否接纳。

我不太喜欢看那些广告，因为打广告的大部分是新品，广告时间有限却搞得花里胡哨的，不明白要表达什么。我还是从网上搜一下。有想买的东西，我就会看一下产品测评，再决定要不要买。测评不一定是官方的，用过的人做的就可以。因为官方肯定都说好，所以得看一下用户的评价。(L15，女，28岁，政府职员，硕士，陕西)

目前，中国很多网络平台都会收集用户的使用偏好，并会针对用户使用中的浏览历史主动向用户推荐相关的产品。对于网络平台收集她们个人信息和偏好并推荐的操作，中国“90后”女性消费者并不抗拒，但是她们会按个人的喜好和判断标准决定是否接受这些信息。

淘宝给我推荐的，如果觉得很好看却发现它很贵，我就会退出来另外去找资料，考虑价格值不值。比如我今天搜了普拉达(Prada)的钥匙扣，它就会分析出我的偏好，给我推荐。用户的浏览、购买记录，淘宝都有数据分析的。它会分析你平时浏览和购买的东西，然后给你推荐产品，全部根据个人来定制，这样会达成更高的购买率。(L13，女，29岁，设计师，大专，广东广州)

品牌产品的网络宣传渠道多，中国“90后”女性消费者获取的信息渠道增加，但这并不意味着产品信息的透明度提高。她们也清楚网络信息的可操控性大，所以她们在主动或被动收集品牌信息时，她们较信任的是熟悉的朋友提供的信息，这些对她们的消费有重要的影响作用。

销售广告渠道大，商家散播的信息多，用户接收的信息也多。但这是相对的。可能在某个渠道这个品牌有一些不良信息，但是它能通过公关手段把这些负面信息压下去，这样其他渠道的消费者还是不知道它的负面信息。用户跟产品的连接还不是那么强。现在和以前相比好一点，但是还不够透明。我觉得如果真正从消费层级来看，信任度很重要。如果这个产品我了解不多，信息不透明，我会觉得不太敢

信任它。但是朋友推荐的,信任度就会很高。(L09,女,24岁,私企职员,本科,湖南)

在被动地接收来自品牌各个渠道的信息时,中国“90后”女性消费者会质疑一些非官方宣传渠道,会对它们传递的信息的真实性、产品质量产生怀疑。

> 手机里面有各种宣传信息,很多程序都会有推送……小红书以前还是不错的,很认真地在推,慢慢地就比较泛滥了,感觉就像微商随便推。我感觉微商的产品像三无产品,也不知道有没有资格证之类的。”(L26,女,24岁,行政职员,大专,广东韶关)

从信息收集的渠道观察,意大利奢侈品牌非常重视对中国消费者的信息和文化输出,它们会根据中国消费者信息环境的变化实施相应的营销策略。虽然中国“90后”女性消费者对意大利奢侈品牌信息收集的渠道是多样的,但是意大利品牌与消费者之间的产品信息传递并不完全透明,中国“90后”女性消费者需要凭个人经验对这些主动或被动收集到的信息进行甄别,因此她们会更加相信熟人提供的信息。

综上所述,从信息收集的时间观察,因为意大利品牌进入中国不同市场有时间先后的差异,所以中国“90后”女性消费者对意大利奢侈品牌信息的初次收集时间也有所不同。广东省居民的收入水平较高,接触外国产品的可能性也比较大;生活在乡镇地区的中国“90后”女性消费者对意大利奢侈品牌的了解时间要比生活在城市的晚。此外,受社会环境、家庭环境、教育环境以及个人消费观念的影响,中国“90后”女性消费者在进入大学或职场后,或当个人经济水平达到预期时才会主动收集关于意大利奢侈品牌的信息。从信息收集的渠道观察,中国“90后”女性消费者会被动或主动地从直显媒介、再现媒介和机器媒介等渠道收集关于意大利奢侈品牌的信息。在接触品牌营销信息初期,她们会因为不了解这个品牌或产品而盲目相信信息的真实性,并产生消费欲望。随着对传播媒介以及营销理念了解的深入,她们对品牌自我宣传的信息和评价持保留态度。分析中国“90后”女性消费者的信息收集渠道,我们发现意大利奢侈品企业重视对中国消费者的品牌信息输出。意大利奢侈品牌在中国市场的营销模式已经从最初的少量广告投入发展成为全媒体[①]营销，意大利品牌会根据中国消费者信息环境的变化实施相应的营销策略。虽然中国“90后”女性消费者能从各种渠道收集关于意大利奢侈品牌的信息，但她们与意大利品牌之间的信息传递并不是完全畅通的，她们需要凭个人经验对这些信息进行甄别。因此，她们会更加相信熟人提供的产品信息和产品评价。

第三节　品牌消费行为

品牌消费行为是一个复杂的过程，涉及的内容较多。下面主要从购买渠道、消费价格、参与人员、产品属性和消费经验等方面分析中国“90后”女性消费者对意大利奢侈品的消费行为。

一、购买渠道

中国“90后”女性消费者购买意大利奢侈品的渠道是多种多样的：按消费者购买的方式，可以分为实体店购买和网络购买；按消费者是否本人直接购买，可以分为直接购买和代理购买[②]；按消费者购买的地点，可以分为境内购买和境外购买。

（一）实体店购买

喜欢出门逛街的中国“90后”女性消费者在经过那些奢侈品牌专柜时，她们会进去看品牌是否有新品推出。如果看到各种宣传渠道正在推广的商品，她们会在实体店内体验。如果觉得合适，她们会直接在店内购买。

> 女生喜欢逛街。以前上大学时，我会经常和室友去逛街。我们逛街时会看到很多专柜，一般我们都会进去看一下有没有新款，或者有没有现在流行的款式，如果有就会试一下，看适不适合自己。如果觉得真的很好看，我就会直接买。（L08，女，23岁，私企职员，大专，广东

---

① 全媒体是指为了帮助企业打开市场，在品牌宣传与产品推广等方面应用一切可以传播的途径。

② 代理购买，即俗称的“代购”，是指找人帮忙购买需要的商品。目前常见的代购是指因为当地买不到特定的商品或该商品在当地的价格比其他地区的贵或为了节省个人时间成本，实际消费者请代购者帮忙购买该商品后送货上门。

梅州）

有的中国“90后”女性消费者也喜欢逛街，但是她们认为没有购买目的地逛街会比较浪费时间。在购买目标比较明确的情况下，她们去实体店购买商品，这样才能享受到购物的满足感。

> 逛街时如果能买到我喜欢的东西，我就觉得很值得，否则我就觉得很浪费时间。我很少没有目的地出去逛街，有东西要买才去逛。(L15，女，28岁，政府职员，硕士，陕西)

中国“90后”女性消费者认为直接去专柜购买意大利奢侈品比较方便。但是因为国内专柜的商品价格与代购价格之间存在差额，而且这个差额相对于“90后”的收入而言较大，所以她们会舍弃专柜购买的便利，她们会通过认识的代购者去购买在专柜已经看好的商品。

> 我觉得去专柜买比较方便，但也确实要考虑现在国内专柜的价格比代购的贵，最贵的会贵百分之三四十，我觉得我这个年纪的人还是很在乎这个差额的，我宁愿去找代购者。本来奢侈品就很贵，如果相差百分之三四十，就可能相差五六千块，我觉得这个差额还是挺大的。如果有认识的代购者，就找一个靠谱一点的代购者去买。但是通过代购者买是不能换货的，所以得看你自己怎么选择。(L20，女，27岁，会计，硕士，广东肇庆)

中国“90后”女性消费者认为在专柜购买的意大利奢侈品有质量保证，而且与海淘或者代购等渠道相比，在专柜购买付款即可取货，消费者购买的满足感更强。在网购价格与专柜价格差额不是特别大的情况下，她们会选择直接到专柜购买。

> 如果专柜有这个东西，我可能还是会去专柜买。因为海淘[①]的话，你要等待的时间很长。但是如果海淘的价格比专柜的少很多，例如少一大半价钱的话，那我会考虑。专柜的东西是有保障的，它一定是真的，因为专柜是这个产品的供货商，不可能卖给你假货，把自己的口碑

① 海淘是指海外或境外购物，实际操作模式是消费者通过互联网检索海外商品的信息，然后填写电子订购单并付款，海外购物网站接到消费者的购物订单后通过国际快递或经转运公司寄回国内。海淘主要有国内跨境电商代购和海外直邮直购两种。

弄砸。如果这个东西我能马上买到，需求马上得到满足，我自己觉得会比较开心。(L15，女，28岁，政府职员，硕士，陕西)

中国“90后”女性消费者在挑选一些特定的意大利奢侈品时，例如香水类产品，她们认为必须要到实体店去购买。此外，她们认为通过网络购买的商品可能会与专柜的有所不同，而且通过网络购买的价格即使与实体店的价格有差异，但是差额不会很大，所以只要商品的价格她们能接受，即使比通过网络购买的贵，她们也还是会选择在专柜购买。

像香水就要在实体店买。我很怕那种很浓郁的味道，所以我要先闻香水的味道，我才会买。我觉得在实体店都看好了，为什么还要在网上找，万一找的不对呢，所以我会直接买。实体店的价格我觉得可以接受，我就买了。网上的价格其实差不多，阿玛尼(Armani)这个牌子的价格不会有很大的差别，不像其他牌子通过网上买会便宜很多。而且在网上买你还要等，还不如直接在实体店买，买了你就可以用。(L06，女，28岁，国企职员，本科，广东清远)

对于一些喜欢网购的中国“90后”女性消费者来说，需要商家主动提供一些消费刺激，她们才会选择去实体店。当她们知道实体店有促销活动时，她们会去实体店消费。

除非门店有一些折扣或者礼品，我才会选择去门店，或者他们通知这个月有什么活动，我才会专门过去看一看。比如那些衣服品牌的一些门店搞促销，推送信息给客户，我就会过去看。(S12，女，26岁，比较文化，硕士生，山西)

当中国“90后”女性消费者在意大利奢侈品店内看到自己喜欢的商品时，尽管通过网络购买价格可能较低，但是她们还是会决定直接在店内购买。主要原因是她们担心网购时不一定能找到同款的商品或者在网上寻找同款商品的过程需要耗费过多时间和精力。

像意大利那些大品牌，我在实体店看到的话，可能就在那里买了，不会再到网上看。因为我要是找的话，只能去网上那家店找。网上的价格可能便宜点，但是找同款还是挺麻烦的。我可能会找到比较喜欢的，但不一定一样。(S10，女，18，印地语，本科生，安徽)

实体店内的现场购物环境也会影响中国“90后”女性消费者的消费欲

望。当她们选择去实体店购买意大利奢侈品时,如果实体店内的消费人流过大,她们会因此而直接放弃消费计划。

> 商场会有很多人,相对来说,会比批发市场的人少一点。但是,如果商场做一些活动的时候,比如在一些大节日之前,人就会很多。有一次在奥特莱斯看到卖芬迪(Fendi)包的店里面就有很多人在排队结账,可能是因为刚好在打折。我一看人那么多就不想进去了。(L09,女,24岁,私企职员,本科,湖南)

(二)网络购买

中国“90后”女性消费者通过网络购买意大利奢侈品的可选择渠道多,包括各品牌官网的在线销售、各网销平台提供的海购、通过淘宝或者微信平台的专业代购等。中国“90后”女性消费者偏爱网购的原因是,她们认为逛街比较累,而网购允许她们足不出户就完成购买。此外,网络平台提供的商品信息要比实体店的信息更直接,而且商品的种类比较丰富。

> 第一,我不是一个很爱出去逛街的人,觉得逛街太累。第二,网购很方便,在家就可以购买。第三,网购平台的信息比你去商场能更直接获取,而且品种比较多。第四,网购的价格比门店的便宜些。所以我会选择网购。(S12,女,26岁,比较文化,硕士生,山西)

正是因为网络平台的消费模式跨越了时间和空间的限制,所以中国“90后”女性消费者可以利用日常生活中碎片化的时间进行购买,而不需要浪费过多的时间出门购物。网络购物平台提供的信息公开透明,消费者可以随时查询,所以即使在线下购物,中国“90后”女性消费者也会习惯性查询网购价格进行比价。

> 没有活动时,价格其实不会便宜很多。但是有的东西如果不需要试的话,在家里面有碎片时间就可以上网看,看到有价格优惠的就可以买,如果没有合适的,我可能也就是看一看。我不是非要局限在哪一个渠道。但是我在线下看到想买的东西时,我会下意识地去网上查价格,看一下网上的会不会便宜一些。(L17,女,27岁,国企职员,本科,广东广州)

虽然意大利一些知名奢侈品牌已经进驻了中国各大城市的商业中心,但是大部分品牌,特别是比较小众的奢侈品牌尚未进入或者只进入了中国的一线城市。因此，在中国海购模式便利且售后服务有保障的情况下，中国“90后”女性消费者会选择通过网络购买意大利奢侈品。

> 正规官网会有一些限时退换或者保修的服务，现在快递也比较方便。一些比较有名的牌子在内地的城市会开店，但是大部分牌子其实还是没有开店，所以人们主要通过网络购买。如果非要到实体店购买，香港或者澳门才有它们的门店，过去不太方便，所以网购会比较方便。（L29，女，23岁，私企职员，本科，广东广州）

在选择使用海淘还是让朋友帮忙从国外代购意大利奢侈品时，中国“90后”女性消费者认为，尽管从价格角度朋友帮忙代购能省下其中的差价，但因此欠下的“人情债”也是需要用其他形式偿还的，而且她们为了偿还“人情债”要支付的金额可能会比商品的差价还高。因此，她们会偏爱直接通过海淘去购买相关商品。

> 现在我觉得找朋友代购这种想法越来越淡了。因为像“天猫国际”是专门做海淘的，里面的商品全部都是国外进口的品牌，都是直接从国外邮寄回来。而且它也有一些活动，比如“双11”这种定时活动，它的价钱很有可能比从国外买回来的价钱还低。因为你让朋友从国外直接买的话，除了商品的价格，你还要还人情，怎么也得请对方吃顿饭吧。（L04，女，26岁，大学教师，本科，甘肃）

虽然网购有各种便利，但中国“90后”女性消费者会对网购过程中与客服的在线沟通、货物的售后服务、运输途中可能出现的破损问题存在顾虑。与在实体店面对面沟通不同的是，在线与客服沟通时会出现没有专门的人员跟进或者客服人员不能及时回答而延时回复等问题。而国际运输途中出现破损或者收到商品与要求不符时也需要在线与客服进行烦琐沟通。这些都使得中国“90后”女性消费者放弃通过网络购买意大利的奢侈品。

> 网店也有售后服务，但是我觉得会有延迟，而且在网上的一些沟通可能会让人有点累，还不如当面直接说。因为有时候你去找它的客服沟通，客服会换好几个。如果你要退货或者换货，还涉及邮费问题，就会涉及很多方面，很复杂。有时候那边发货，你又看不到产品到底是不是完好的。如果在运输中产生破损，责任由谁来承担呢？这时候如果要去找快递公司就很麻烦。（L15，女，28岁，政府职员，硕士，

陕西)

在网购时,中国“90后”女性消费者购买的意大利奢侈品多是日常能看到宣传的品牌。意大利一些小众的奢侈品牌还没有完全进入中国市场,或者虽然进入了中国市场,但宣传不足,导致在网络销售平台上的关注流量低,中国“90后”女性消费者对它们完全不了解。因此,她们一般是通过代购者的推荐购买意大利这些小众的奢侈品牌,而不会自己直接从网络上购买。

> 这些品牌的门店还没有扩展到中国,我发现有一些开了“天猫”旗舰店,但是没有很高的流量和购买量,评价也比较低。我觉得这主要还是因为没有实体门店,人们不能经常看到门店。所以即使人们在网上看到了宣传,可能也不知道这是什么来头,更多的还是会选择一些日常能见到的。所以意大利小众的牌子就比较难发现。(S12,女,26岁,比较文化,硕士生,山西)

(三)境内购买

中国“90后”女性消费者认为在境内购买意大利奢侈品的价格比通过其他渠道购买的价格高,而且新款商品的上架速度比直接从境外代购慢。此外,在境内购买的一些商品除了包装会与在境外代购有差异外,有可能商品成分也有所不同。

> 专柜商品的价格可能会高很多,这边专柜的税比较高,而且上新的速度也会相对慢一点,代购的商品种类可能更齐全一些。除了会贴进口的一些标签,其实东西都差不多。但是一些产品确实会有不同。境外那边的是一种包装,到境内就换另外一种包装,这个我也不太清楚,也没研究。但是我看过一些测评,好像真的会有不同。(L15,女,28岁,政府职员,硕士,陕西)

事实上,正如中国“90后”女性消费者所说的,为了保持品牌内部销售渠道间的竞争,有的品牌在网络平台上销售的款式与实体店的款式并不完全相同。此外,同样的品牌,因为产地的不同,有可能在生产原材料以及质检过程等方面存在差异。中国境内的大型网络销售平台会对不同产地的同一品牌产品进行统一的质检,以求能打消消费者的顾虑,但是一些小型平台则不一定能实施这些管理。

> 我以前做电商，知道有一些是电商款，有一些是专柜的销售款，可能会有不一样。因为产地不一样，原料会有区别，它的质检过程也有一些不一样。同样的产品进口都是要质检的。但一些小的网络平台的货源不能确保是真实的。（L16，女，26岁，中学教师，硕士，广东茂名）

此外，因为国内市场上的外国奢侈品牌一直存在假冒问题，中国“90后”女性消费者会对在境内折扣卖场购买意大利奢侈品存有疑虑。她们因为无法对那些奢侈品的真伪进行甄别，所以会担心在折扣卖场购买到的商品是高仿品，而不是正品。

> 在国内的话，奥特莱斯也会打折，我对奥特莱斯不太信任，会觉得它的商品有点“山寨”的感觉。因为我有不少朋友都这样说。比如以前在深圳的时候，那些同事会说去奥特莱斯看看，买一些比较便宜的高仿货，这好像是大家公认的了。其实我自己对高仿货没有什么感觉。我自己无法真正辨别清楚的话，我就不会去买。因为我真的去买这种大品牌的东西，不是为了充门面，是因为自己喜欢。如果因为喜欢却买了假的那就不值得。（L09，女，24岁，私企职员，本科，湖南）

中国买手店主要是直接从国外秀场或者国外买手店进货。中国“90后”女性消费者对这些买手店的商品也有相同的疑虑。尽管买手店内的商品在价格方面有竞争优势，但是她们会担心这些商品的真伪。

> 买手店里边会有各种牌子，它不是某一个品牌的专卖店，算是一个很多牌子的集成店。买手店很多都是直接从秀场拿货的。一个大牌出最新一季的包和衣服时，都会让模特走秀展示。这些买手店可能就会去秀场直接拿货，价格会很低。很多人都会去秀场谈折扣，还有国内一些做奢侈品集合或者买手集合的网站也会和意大利那边的买手店谈，拿折扣，其实他们的内部价格是很低的。一般大的买手店我觉得还好，但是如果要找个人买货的话，我会担心是假的。（L02，女，26岁，大学教师，硕士，湖北）

针对消费者对在售意大利奢侈品真伪问题以及境内、境外购买的疑虑，国内一些大型的网络销售平台认真挑选有资质的产品合作方，并对他们的进驻进行严格管理。但是，中国“90后”女性消费者的这种刻板印象在短期内难以改变。

> 我在唯品会国际是做品牌管理的。那些产品方来找我们谈入驻,想和我们合作,我们首先会要求他们出示很多证件、很多材料,要求它必须是品牌方、一级代理商或者总代理商,一定要有授权书,不要二、三级代理,因为要保证货源,就溯源上绝对是真正的厂家。但一般人都不太相信。我记得很清楚,我们卖出了古驰的产品,去他们专柜调货时,那个柜员说了一句话:“哇,你们卖的居然还是真的呀!”(L16,女,26岁,中学教师,硕士,广东茂名)

(四)境外购买

在网购和代购还没有完全普及以前,中国内地“90后”女性消费者主要到境外购买意大利奢侈品。这里的境外购买主要指的是在中国港澳台地区和外国购买。在港澳台地区中,内地“90后”女性消费者主要选择在香港购买。

1. 中国香港地区

内地居民去香港是需要申请港澳通行证并提前办理签注的。虽然申请港澳通行证以及交通需要耗费一定的时间、精力和费用,但是内地“90后”女性消费者还是会选择前往香港购买意大利奢侈品,主要原因是香港的牌子比内地多,商品质量有保证,在汇率差以及品牌促销活动的影响下,商品的价格较低。

> 去香港不方便,还要申请港澳通行证,而且来回挺远的,即使可以坐高铁,也挺累的,路费也挺贵的。但是如果要买意大利那些牌子的话,我还是会去。第一是可选的牌子多一些;第二是质量还是有保证的,假冒伪劣问题比较少;第三,价格会便宜一点,除了汇率差之外,香港的商品经常打折。(S07,女,20岁,高级翻译,本科生,广东清远)

即使在香港购买意大利奢侈品有上述各种优势,有的内地“90后”女性消费者认为专门去香港购物太麻烦。所以当她们因为其他事情去香港的时候,才会顺便去看一下意大利奢侈品牌。

> 我感觉香港的品牌还是比内地的多,还有汇率差这个价格原因。可能我有事去香港,觉得这个是我一直想要的,那我会去买。但是我不会为了购物专门过去一趟,我不会做那么麻烦的事。(L15,女,28

岁，政府职员，硕士，陕西）

来自大城市的内地“90后”女性消费者认为，香港对于那些喜欢逛街购物的人来说具有吸引力，但是对于不喜欢逛街，喜欢欣赏当地文化和风景的人来说，吸引力不高。

> 我不是特别喜欢逛街购物，不是特别喜欢这种感觉。而且对我来说，香港也就是大城市而已，我也是从大城市来的。我比较喜欢那种文化类的，自然风景类的，所以香港对我来说没有什么吸引力。我不会为了购物专门去香港。（S02，女，21岁，德语，本科生，北京）

随着对香港当地情况的深入了解，内地“90后”女性消费者也发现其实香港销售的商品也不像其他人所说的一定有质量保证。她们发现在香港一些商业区内销售的产品属于未通过官方检测的走私产品，质量不合格。

> 香港有不同的商业区，一种是像旺角那里的水货街，另一种是那种专柜的地方。每个地方都有“山寨”的东西吧，其实不算“山寨”，应该是“水货”，就是检测不合格的一些东西。因为有一些实际经验，我知道香港的东西并不是都是好的。（L09，女，24岁，私企职员，本科，湖南）

2.外国

意大利每年有冬季和夏季两个打折季，分别是在1月中旬到2月上旬和7月下旬到8月中旬。在打折季期间，意大利境内所有的商家都会进行较大力度的促销活动。除了在各大国际机场设有免税店，意大利在主要城市的郊区还有折扣村，在折扣村内主要汇集了意大利和其他国家的奢侈品牌。例如佛罗伦萨市郊的德莫折扣村（The Mall Outlet），虽然它只是欧洲第二大奢侈品折扣村，但折扣村内的欧洲奢侈品牌数量最多。

在外国购买的商品价格低且质量有保证，是中国“90后”女性消费者在外国游玩时购买意大利奢侈品的主要原因。在网购还没有像现在这么普及的时候，意大利奢侈品的网购价格比直接从外国购买的价格要高，所以中国“90后”女性消费者会在自己出国或者朋友出国的时候，在外国直接购买。

> 首先，我觉得从国外带回来的东西不用担心质量，因为在商场或者机场免税店买会有质量保证。其次就是关税的问题，在国外买没有

那么高的进口关税,我觉得价格肯定会便宜很多,所以会优先选择等自己去国外或者有亲朋好友在国外,顺便买了带回来。(L04,女,26岁,大学教师,本科,甘肃)

能够快速完成购买则是中国“90后”女性消费者选择在机场免税店购买意大利奢侈品的重要原因。当她们去意大利游玩时,需要购买一些意大利奢侈品回国送亲朋好友。由于旅游行程紧凑,尽管在折扣村的价格更低,她们还是会选择在机场免税店完成采购计划,以节约更多的时间去游玩。

我们知道折扣村(Outlet)的商品价格比较便宜。但是去意大利主要是想去更多的地方玩,所以没有太多的时间放在逛折扣村,因为时间比较紧。在机场买是因为可以买了就走。(L12,女,25岁,律师,本科,广东梅州)

因为折扣村内的商品价格优惠力度大,所以中国“90后”女性消费者会选择去意大利市郊的大型折扣村购买意大利奢侈品。她们发现折扣村的价格比意大利市区专柜的价格低很多,从经济角度考虑更实惠。但是到折扣村购物也有其他问题需要注意。意大利的折扣村在郊区,距离较远,而且营业时间比国内商场的时间短,所以她们需要事先做好购物计划和攻略。

折扣村的那些品牌与市区专柜的相比会优惠很多。那边的品牌还有促销活动,所以我就在那边买了送中国的朋友。我感觉时间很紧,不像自己平时在国内逛街,可以从上午逛到晚上,在那边就三四个小时的时间,如果不做攻略慢慢逛,根本就逛不完那些店。(S13,女,26岁,材料科学与工程,博士生,贵州)

商品价格和商品款式之间的矛盾是中国“90后”女性消费者在折扣村购物时需要解决的重要问题。从商品款式看,意大利折扣村里各品牌销售的主要都是过季商品。但是在商品价格方面,折扣村内除了平时的正常折扣外,在冬夏打折季还会执行“折上折”的超低价促销活动。因此,在折扣村购物对中国“90后”女性消费者还是会有一定吸引力。她们会平衡价格与款式之间的矛盾,购买那些价格和款式相对满意的商品。

意大利那边是有打折季的,寒假的是12月份、1月份,暑期的是7

> 月份、8月份。听说折扣村在打折季的时候会“折上折”，我们就去了。当时在那个折扣村里没有看到特别合适的。因为折扣村里主要都是一些过季的款，所以就挑了一个相对没那么贵，然后样子也还说得过去的。（L02，女，26岁，大学教师，硕士，湖北）

商品款式陈旧是一些中国“90后”女性消费者放弃在折扣村内购买意大利奢侈品的主要原因。她们认为在那些品牌店里的打折商品都是过季的款式，是其他顾客挑选后淘汰剩下的。此外，因为各品牌的经典款式并不参与折扣活动，所以她们觉得即使折扣村的价格实惠，也没有必要去折扣村购物。她们宁愿在意大利市区的品牌专柜按正常的价格购买那些奢侈品牌的经典款。

> 折扣村我去过，米兰的、佛罗伦萨的都去过。但是我去了两次后，发现自己并不适合去折扣村。我觉得折扣村里的东西都是淘汰剩下来的，是人家不是特别喜欢才留下来的，颜色或者是尺寸都不一定让人满意，就是便宜而已，对于正价来说可能会便宜一半，甚至更多！但是每一次在折扣村买东西我心里都觉得很不爽，就是觉得它很便宜，其实我并没有很喜欢，并不是特别需要这个东西。但是它那么便宜，不买又不好，所以特别纠结。我宁愿去买正价的，因为经典款从来不打折，打折的都是过季款。我觉得买奢侈品就要买经典款。（L24，女，27岁，外企职员，本科，广东广州）

（五）代购

代购与海淘都是通过他人从境外购买所需商品。但它们也有所不同，海淘主要是通过网络平台的官方渠道，代购虽然也是借助网络平台完成，但主要是通过个人（如淘宝和微店的一些代购商家、微信朋友圈里做代购的朋友等）去购买的。

代购操作形式简便是中国“90后”女性消费者选择代购意大利奢侈品的其中一个原因。她们认为代购和网购一样方便，可以直接在线完成，不需要出门到专柜或者出国挑选和购买。特别是在代购刚兴起的时候，她们主要采用代购的形式购买意大利奢侈品。

> 代购也是网购，比较方便，而且省事。你到专柜买，还得试，还得和同学一起出去。有一段时间，就是可能一两年之前，感觉代购特别

盛行,大家都在网上买。(S15,女,27岁,基础数学,博士生,河南)

代购的价格低是中国“90后”女性消费者选择通过代购购买意大利奢侈品的一个重要原因。她们发现意大利奢侈品代购的价格大约是国内专柜的五折到六折。但是因为在与代购者沟通时,需要向代购者提供商品的具体信息以免买错商品,所以她们会提前去这些意大利品牌在中国的专柜研究拟购商品。

> 我到专柜一般是去试色,然后找代购者买。因为代购的价格应该是专柜的五六折,有特价的时候会更便宜。(L18,女,24岁,插画设计师,大专,广东阳江)

代购商品的质量有保证也是中国“90后”女性消费者决定通过代购购买的另外一个原因。尽管有些意大利奢侈品牌的代购价格和国内专柜的销售价格差不多,但是她们认为直接在品牌原产地购买能保证产品的质量,所以她们还是选择通过代购去购买。

> 有一些包的价格差得挺多的,比如在国内可能卖到2万元的,在意大利可能也就卖1.5万元,代购费不是特别贵,不会超过1000元。还有一些包可能算起来总费用和国内专柜的价格不会差很多,但就是觉得在意大利买回来的会比较安心,觉得肯定是真的,所以还是在意大利购买,再寄回来。(L11,女,25岁,自由职业,本科,广东河源)

在代购者的选择问题上,中国“90后”女性消费者会倾向于选择做代购的熟人。因为她们平时不经常消费意大利奢侈品,不能甄别商品的真伪,所以为了确保代购商品的质量,她们会更愿意通过那些之前有过交往,而且对个人情况比较了解的朋友去代购商品。

> 我要对这个代购者很熟,大家比较知根知底的,我才可能会考虑。比如我有个小学同学,我就很相信他。因为他本身家境不错,所以他出国旅游买东西挺方便的。如果代购者自己都不会鉴定货,而且也不是亲自去买的,我绝对不会去找他。因为奢侈品有很多假货,我们买奢侈品不是经常用,甚至也没有在门店里面逛,对包的材质、做工都不太清楚,根本不清楚那个包是真的还是假的。(L13,女,29岁,设计师,大专,广东广州)

对于是否选择熟人代购意大利奢侈品,有的中国“90后”女性持相反的观点。她们认为友谊关系不应与金钱关系掺杂在一起。对于她们而言，微信朋友圈是朋友间的社交网络，她们不希望因为代购过程中可能出现的不愉快影响朋友间的情谊。所以，尽管有熟悉的朋友在微信开展代购业务，她们也不会找朋友帮忙代购意大利奢侈品。

> 虽然我没有说一定不要找熟人代购，但是差不多就是这个意思。我觉得朋友圈毕竟还是属于一个比较小圈子的社交网络，友谊还是不要跟金钱混在一起，不然会很尴尬。万一他的货有什么问题，那我们还做不做朋友？（L29，女，23岁，私企职员，本科，广东广州）

从购买的渠道观察，不管是选择到实体店购买还是通过网络购买，不管是选择直接购买还是通过代理购买，不管是选择在境内购买还是在境外购买，商品价格是中国“90后”女性消费者在购买意大利奢侈品时主要考虑的因素。此外，她们还会考虑通过某个消费渠道购买的商品款式、质量和真伪以及是否符合个人消费习惯等因素。

二、消费价格

正如在购买渠道观察到的，中国“90后”女性消费者在购买意大利奢侈品时非常关注商品的价格。商品价格的高低是中国“90后”女性消费者衡量意大利奢侈品牌质量的一个重要标准。她们认为通过个人的体验甄别不知名品牌商品的好坏需要花费比较长的时间，而意大利奢侈品的价格是一个能帮助她们快速辨别品牌好坏的客观标准，因为商品的定价是经过市场考验才能保持的。因此，她们认为销售价格高的意大利奢侈品的质量也会比较高。

> 我不知道哪个牌子的东西是最好的，但是牌子就是一种分类，虽然有些没有牌子或者是牌子知名度低的商品的质量也很好，但是你在购买之前是很难了解到的，你要去试它是不是真的好，这会花费很多时间。如果别人已经告诉你这个意大利牌子东西好，而且它的价格也摆在那里，就会让人有种已经被挑选好的感觉。它的价格在这里，东西应该也不会差。但如果它的价格没有那么高，它的东西有可能是好的，也有可能是不好的。（L15，女，28岁，政府职员，硕士，陕西）

商品价格中的附加值是中国“90后”女性消费者购买意大利奢侈品的

重要原因之一。商品的价格不仅包括商品的生产成本,还包括品牌效应产生的附加值。她们在决定购买意大利奢侈品时,已经知道这种附加值的存在,并愿意为此支付较高的价格。

> 意大利奢侈品牌的价格主要贵在它的附加值。我觉得如果这个商品是一个名牌,它的附加值就已经产生。它会让人们觉得这部分多出来的钱是在给这个名牌买单。我愿意买它,就是愿意给这一份名气或者说这个口碑付钱。(L11,女,25岁,自由职业,本科,广东河源)

中国"90后"女性消费者认为商品价格的高低是影响她们是否购买意大利奢侈品的重要原因。尽管她们很喜欢意大利文化,而且意大利品牌对于她们来说有一定的亲切感,但是如果商品价格过高,超出了她们的接受范围,她们也会放弃购买意大利的奢侈品。

> 因为喜欢意大利文化,我会觉得意大利品牌亲切一点,我想去了解,我想去看那些意大利的奢侈品。但是,无论再亲切,我还是得看这个产品的实用性,价格是不是符合我的收入水平,我能不能接受这样的价格再做选择。(L16,女,26岁,中学教师,硕士,广东茂名)

商品价格与个人收入之间的关系也是影响中国"90后"女性消费者是否购买意大利奢侈品的重要因素。她们认为奢侈品消费需要个人的经济收入支撑,如果商品的价格与个人收入的比值过高,即超过了个人的正常经济承受能力,是一种攀比状态,属于过度消费。只有价格与个人收入的比值不高,她们才会考虑购买意大利奢侈品。

> 消费奢侈品牌意味着她的经济水平是可以支撑的,已经能赚很高的工资。如果我现在就七八千块的工资,我买几千块的衣服或者包之类的,就会觉得有点贵,有一种过度消费、攀比的感觉。但是如果我有1万多块的工资,那可以买几千块钱的,因为只占我工资的一小部分。(L01,女,25岁,大学教师,硕士,河南)

商品的绝对价格并不是中国"90后"女性消费者对意大利奢侈品牌定义以及购买的唯一标准。有的中国"90后"女性消费者认为相对价格高的商品才是奢侈品,就是商品价格与商品使用次数的比值高的商品才是奢侈品。因此,她们购买意大利奢侈品时不仅考虑商品的绝对价格,还会考虑实际使用频率。

> 我自己对奢侈品的感受就是我购买了以后，使用次数不多的。如果说我买了一个普拉达(Prada)的包，花了大概1万块钱，但我背的次数不多，从购买到丢弃，我可能背它不超过30次，那背一次300多块钱。如果我买一个同样价格但是经常使用的，我背的次数很多，从购买到丢弃可能有300次，那每次背它也就30多块钱，就比较便宜。(L09，女，24岁，私企职员，本科，湖南)

商品价格也反映了在中国“90后”女性消费者中存在明显的消费分层。通过代购购买意大利奢侈品时，中国“90后”女学生挑选的是价格相对较低的奢侈品，而工作稳定的成熟女性则会购买价格较高的商品。从总体看，中国“90后”女性消费者的购买能力越来越高。

> 分层挺明显的，学生买的是便宜的，有些上班的人花钱还挺爽快的，买的都是贵的。因为我本身年龄的限制，我认识不了太多成熟稳定、买得起很贵东西的顾客。但是顾客真的越来越有钱。(D02，女，25岁，政府职员，本科，河北)

消费商品价格的变化也反映了中国“90后”女性消费者社会身份的变化对她们消费态度的影响。中国“90后”女性消费者在学生阶段，因为没有收入来源，为了不过多增加父母的负担，她们购买时会挑选价格较低的商品。当她们从学生身份转变为工作者，有了个人可支配收入后，她们会更多地考虑个人的喜好，买一些价格较高的商品。

> 我本科时候的消费观跟现在比还是有挺大差别的。比方说当时我觉得是花父母的钱，因为有这种想法，就不会大手大脚地买一些东西。等到后来我出去留学的时候，自己慢慢会赚钱了，特别是工作一年之后才出去的，手里有了一点钱，觉得自己达到这个消费水平后，就会考虑买一些自己喜欢的更贵的东西。(L02，女，26岁，大学教师，硕士，湖北)

从消费价格观察，商品价格不仅是中国“90后”女性消费者衡量意大利奢侈品质量的一个重要标准，也是影响她们是否购买意大利奢侈品的重要因素之一。此外，她们在购买意大利奢侈品时不仅考虑商品的绝对价格，还考虑商品价格中的附加值、商品价格与个人收入的比值、商品的相对价格等因素。

三、参与人员

这里的参与人员是指在中国“90后”女性消费者购买意大利奢侈品的过程中，参与其中的其他人，包括专柜导购、在线客服、现场陪同或者在线帮忙的亲朋好友等。

导购的服务态度对中国“90后”女性消费者购买意大利奢侈品有重要影响。她们认为意大利奢侈品专柜导购员的服务态度好和服务质量高，不仅能让她们有宾至如归的感觉，还能根据她们的喜好给出合适的推荐。

> 我觉得意大利奢侈品店不管导购还是售后都很好。他们的服务态度或者服务质量是那些小品牌达不到的。例如我进去以后，即使开始并不想买，她们也会很认真给我推荐一些符合我喜好的东西，让我产生购买的欲望。（L09，女，24岁，私企职员，本科，湖南）

专柜导购合理利用名人效应营销会有助于刺激中国“90后”女性消费者购买意大利奢侈品的欲望。中国“90后”女性消费者在购买并不是十分熟悉的意大利奢侈品时，如果导购说某位世界名人也在使用这个商品，会增加她们对品牌的好感和信任度，她们会直接购买产品。

导购的建议对于一些中国“90后”女性消费者来说，并不会对她们购买意大利奢侈品构成决定性影响。中国“90后”女性消费者在选择意大利奢侈品时，虽然会听取专柜导购的建议，但是她们做购买决定时仍是以个人的喜好为先。

> 品高(Pinko)的导购没有给我介绍这件衣服。他介绍的是别的裙子，我试了一下，觉得不太喜欢。后来我自己在别的架子上无意间看到这件衣服，试了以后觉得挺喜欢的，就买了。（S13，女，26岁，材料科学与工程，博士生，贵州）

配偶意见会直接影响中国“90后”女性消费者是否购买意大利奢侈品。对于一些喜欢听从他人建议去做消费决策的中国“90后”女性消费者来说，当她们独自购买了意大利奢侈品后，如果家人对她们所购商品总是给予负面评价，这会打击她们对商品选择的自信心，她们会选择听从家人的意见购买商品。

> 我一般会和老公一起去逛。因为我买了之后，我老公可能会不喜

> 欢，他会说你的眼光怎么这么差，那这件衣服我就不会穿，所以还是跟他一起逛的时候买比较好。（L01，女，25 岁，大学教师，硕士，河南）

中国“90 后”女性消费者在购买意大利奢侈品时会受同伴意见的影响。她们认为自己对那些商品并不了解，经验丰富的同伴给出的建议具有重要的参考价值，可以帮助她们正确购物，避免不必要的浪费。

> 别人会给你建议，你也可以自己再想想，就看到底是不是适合。有可能她知道的我并不知道，她给我介绍一下，我就会进步得很快。否则自己去摸索，有时候找不到适合自己的东西，有时候还花冤枉钱，挺浪费的。（S14，女，28 岁，基础数学，博士生，湖北）

但是，同伴意见的影响力并不是决定性的，中国“90 后”女性消费者还是按照个人的判断去做决定。她们认为在购买过程中需要同伴的参与、陪伴以及提供购买建议，但是她们同时强调当自己已经有确定的购买意向时，同伴的异议不会影响她们的最终决定。

> 一个人逛街时，我知道的东西少，而且感觉有点孤单，没人给我看好不好看。但是和别人逛街时，我本来已经有自己的想法，就是我喜欢，但是她觉得不好看，不让我买，我就觉得心里有点不爽。她也是为我考虑，觉得那个价格不值，可是那件衣服我很喜欢，所以最后我还是没听她的，买了。（S15，女，27 岁，基础数学，博士生，河南）

现场其他消费者的购买决定也会对中国“90 后”女性消费者有影响。如果没有提前对意大利奢侈品做好信息收集，但又急于购买商品时，中国“90 后”女性消费者会观察现场其他消费者对商品的选择，并完成自己的商品购买。

> 从北京出发的时候，大家都说一定要去免税店买点东西，特别是香水。我回国前也兴致勃勃地决定买一瓶香水。但是因为没有提前做功课，我不知道买哪个，就在店里转。在我踌躇不前的时候，有一个黑人大姐笃定地走向了范思哲（Versace）香水的柜子，她拿起来一瓶就去买单，感觉她好喜欢。我也拿了一瓶闻了下，觉得气味还不错，所以就买了。（L04，女，26 岁，大学教师，本科，甘肃）

网络平台营销会影响中国“90 后”女性消费者对意大利奢侈品的在线购买。当她们所喜欢和关注的博主进行在线营销，专门推荐一些意大利奢侈品时,她们会相信这些建议而去购买商品。

> 我有时候买,是因为一些我比较喜欢的博主或者公众号的运营者的推荐。在他们积累了一定粉丝基础和影响力的情况下,他们会推一些广告或者产品,作为他们的粉丝,我会去购买他们推荐的产品。我是因为相信他们才买的,而不是因为我本身了解这个产品,觉得它很好而去买。(L29,女,23岁,私企职员,本科,广东广州)

从参与人员的角度观察,在中国"90后"女性消费者购买意大利奢侈品的过程中,销售服务人员的工作态度、同伴的建议以及名人效应对她们是否购买意大利奢侈品有重要的影响。但是,在一般情况下,服务人员以及同伴的建议对于她们的购买行为只具有参考意义,并不具有决定性意义。

四、产品属性

品牌形象并不是影响中国"90后"女性消费者购买意大利奢侈品的决定性因素。尽管在看到实际商品前她们对品牌的印象特别好,当她们决定购买时,还是要根据商品的实际情况做决定。

> 我的主要目的是去看包。我在看之前对这几个意大利奢侈品牌的印象相对好一点,实际看了之后,发现不是我之前想的那样,比方说普拉达(Prada)的东西看起来感觉质量很次,所以最后没有买。(L02,女,26岁,大学教师,硕士,湖北)

但是,有的中国"90后"女性消费者认为商品的品牌是影响购买的重要因素。她们认为意大利每个奢侈品牌在产品细节上都会有自己的品牌特色,在功能上有所侧重,所以她们在购买商品时不是根据商品价格选择,而是根据商品的功能进行挑选。

> 我觉得每个品牌做的口红,或者它们自己不同系列的口红,都是有针对性的。不同系列或者不同品牌口红的功效会有不同的侧重。所以我主要是看它们具体哪一些方面的细节是我关注的,我会根据品牌选择,不一定是因为它的价格。(L29,女,23岁,私企职员,本科,广东广州)

品牌风格是否与消费者个人风格一致也会影响中国"90后"女性消费者的购买行为。当那些意大利奢侈品牌的风格与她们个人的风格不一致时，即使商品的款式非常受大众吹捧，她们也不会去购买。

> 可奇奈尔（Coccinelle）是两三年前流行起来的一个意大利品牌，但是我没有买，因为我感觉它不是特别适合我。它的品牌走比较简约的风格，颜色也比较单调。虽然网络上，像微博、小红书上很多人都推这个品牌的包，但是我从来没有买过。（L24，女，27岁，外企职员，本科，广东广州）

中国"90后"女性消费者认为商品能否反映品牌特色是影响购买的一个重要因素。她们认为如果购买意大利奢侈品，就应该购买那些能反映品牌特色的经典款，这样才能保证商品不会过时，使用的期限更长。

> 我挺喜欢芙拉（Furla）的，它的包我也看了一下，但是我感觉款式没有那么经典。如果要买这种奢侈品，没必要买一个特别花哨的包，就买一个经典款，永远都不会过时。（S13，女，26岁，材料科学与工程，博士生，贵州）

中国"90后"女性消费者购买意大利奢侈品时，也会考虑购买产品的日常实用度。她们认为，从欣赏角度看，意大利品牌的设计都非常有个性，她们也比较喜欢，但是从使用角度看，她们对产品的主要诉求是日常使用，所以她们只会买那些符合她们日常使用要求的意大利奢侈品。

> 古驰、普拉达的造型在每一年或者每一季的品牌中都是非常抢眼的……它们看起来就是在塑造那种宫廷感，适合很高贵的场合，非常漂亮。但是这样的单品从那个意境里面抽离出来后，就不太适合日常使用这种诉求，所以我不会去买。但是我一定会去看，因为它每年都会做得很好看。（L17，女，27岁，国企职员，本科，广东广州）

中国"90后"女性消费者认为商品的材质不是影响她们购买意大利奢侈品的决定性因素。她们在购买中高价位的意大利奢侈品时，尽管商品的材质一般，甚至有可能觉得不是很好，但是出于对款式的喜爱，她们还是会购买。

> 芙拉（Furla）是一个比较年轻的，设计感、颜色比较强烈的一个品牌，价位算中高档。虽然它的材料有些可能是PU（聚氨酯）的，甚至不是很好的材料，但是夏天偶尔搭一下衣服，我觉得也是一个很好的选择。芙拉比较适合20岁到35岁的年轻女性。（L24，女，27岁，外企职

员，本科，广东广州）

商品的真伪是影响中国“90后”女性消费者是否购买意大利奢侈品的重要因素。她们认为如果购买的商品不是正品，这不仅是对她们消费者权益的一种侵害，也是对品牌权益的一种侵害。而且在使用中，面对他人时她们会因商品不是正品而感到尴尬。

> 我会看一下评论或者看一下店家的介绍，具体哪个奢侈品牌对于我来说影响不大，只要是正品就行。这个比较重要，不能买到假货，买到假货首先是对我的消费者权益的一种侵害，也是对品牌权益的一种侵害，我会比较强调买正品。对我个人来说，当看到别人用的是正品，我用的东西是个假货，我会觉得很尴尬。（L28，女，24岁，私企职员，本科，广东广州）

中国“90后”女性消费者在购买意大利奢侈品时会受商品产地的影响。她们认为在中国生产的意大利奢侈品的质量没有在意大利生产的高，但是中国生产的商品的市场定位更加亲民，价格会低一些，所以性价比相对更高。

> 质量还是有区别的。因为这些外国品牌的商品如果是在中国工厂生产的，它的定位更加亲民，质量和在国外生产的相比可能没那么好，但是因为价格会比较低，性价比感觉更高一些。我觉得他们应该像汽车一样，为了扩大市场，使消费者能够更方便、快捷地买到这个商品。（L11，女，25岁，自由职业，本科，广东河源）

在中国“90后”女性消费者购买意大利奢侈品的过程中，品牌来源国家以及产品来源地不是决定性影响因素。中国“90后”女性消费者认为只需要了解品牌是国内还是国外的就可以，因为品牌对于她们而言只是一个审美的符号，不需要去了解它的来源国，这样会增加个人的负担。

> 我不会追根究底，不会去溯源。我更多地觉得这个东西对我来说只是符合我的审美标准，如果我还要去追溯它是哪个国家的，那我觉得我要了解的东西太多了。我最多知道它是国外的品牌还是国内的品牌，知道这个就够了。（L09，女，24岁，私企职员，本科，湖南）

外国品牌的品牌效应会影响中国“90后”女性消费者是否购买意大利奢侈品。她们认为从产品质量而言，中外品牌的质量差异不大，但是在一些特别的产品领域，外国品牌的品牌效应比国产品牌的大。

> 从产品方面来说，现在很多外国品牌的产品都是在中国生产的，所以质量应该没有很大差别。品牌效应可能还会有所不同，在一些产品领域，外国品牌会比较吃香，像意大利的那些皮具品牌。(L10，女，25岁，早教机构教师，本科，广东梅州)

从产品购买角度观察，商品的品牌和来源国家是影响中国"90后"女性消费者购买意大利奢侈品的重要因素，但不是决定性因素。此外，品牌风格与个人风格的一致性、商品能否反映品牌特色、商品的日常实用度、商品的真伪、品牌效应等都会影响中国"90后"女性对意大利奢侈品的购买。

五、消费经验

积极的消费经验会影响中国"90后"女性消费者对原本不喜欢的意大利品牌的印象。尽管她们不喜欢意大利某个奢侈品牌，但是在帮朋友购买了这个品牌的商品后，她们会改变对品牌的印象，会喜欢上这个商品并去购买它。

> 我有一个普拉达(Prada)的钱包。其实我不是特别喜欢普拉达的包，因为我不是很喜欢它的款式。但是普拉达的樱花粉色很漂亮，因为我之前帮我朋友买过一个樱花粉色的包，我超喜欢，但是因为这个包经常缺货，买不到，刚好钱包有货，所以我就买了个钱包。(L24，女，27岁，外企职员，本科，广东广州)

因为之前的消费体验良好，中国"90后"女性消费者会决定继续购买意大利奢侈品。当她们听从别人的建议购买意大利奢侈品牌的香水后，因为对商品消费满意，并由此慢慢形成了一种生活习惯，成为常规性的持续消费。

> 她们喜欢买莫斯奇诺(Moschino)的香水，我也跟着买了一小瓶。我就是从那时候开始用了这个香水，用了之后的感觉就是闻自己都是香香的，人家在你身边走过的时候也会觉得挺香的，会觉得心情愉悦。我后来经常买这个牌子的香水，就觉得这是必须要有的一个东西。(L06，女，28岁，国企职员，本科，广东清远)

避免浪费是中国"90后"女性消费者勉强使用意大利奢侈品的一个重要原因。当她们收到朋友赠送的意大利奢侈品时，尽管她们并不喜欢这个品牌以及这个商品的设计，但是因为意大利奢侈品的价格高而且能满足消费者的炫耀心理，她们会为了避免浪费而勉强使用。而且对商品的消费体验也不能改变她们对这个品牌的原有印象。

> 这个包是别人送的，其实我不觉得好看，到处都是古驰(Gucci)的商标。我不会有购买的想法。为什么有那么多人愿意花那么多钱买它？可能大家的审美标准不一样，不然它怎么可以存在这么多年，说不定有人就是喜欢它全是印着"Gucci"吧，要拿来彰显地位之类的。我也用了这个包很长一段时间，因为总不能浪费，它那么贵，每次我拿出来，大家都会说："你最近发财了？"(L19，女，29岁，培训机构教师，硕士，广东广州)

虽然积极的消费经验能帮助中国"90后"女性消费者加深对意大利小众的奢侈品牌的印象，但印象不够深刻。在消费意大利一些小众的奢侈品牌商品时，中国"90后"女性消费者对它们的性价比给予了积极评价，但是因为品牌知名度较低，她们未能正确记忆品牌的名称，也不会有继续消费的计划。

> 我之前去香港购物的时候，看到一个意大利的小众品牌，是一个布鞋的品牌。具体名字忘记了，我只记得是"S"开头。我那时候买了一双布鞋，觉得还挺好穿的，价格也比较适中，但是后来一直也没买过。(L27，女，25岁，外语译员，本科，广东佛山)

中国"90后"女性消费者对意大利奢侈品的负面消费经验会直接影响奢侈品消费观念。她们会因为别人的建议以及个人的炫耀性动机在超出个人的收入水平的情况下购买意大利奢侈品。当使用商品的消费体验不好且未能达到她们个人的预期时，她们会因此打消继续消费意大利奢侈品的想法。

> 当时我表姐就和我说了一句："我跟你说，你背上绝对棒！"我就问多少钱，她说16000元。尽管当时我的工资只有四千多元，我还是买了。但那个包实际上不好用。我觉得这给我上了一课，就是它很好看，但是不好用，很沉。别人也不会说因为我背上这个包，有什么特别

> 羡慕的眼神。那个包完完全全把我消费奢侈品的想法打消了。因为对我来说生活并没有因为这个包有太大的改变，但我会因为买了这个包接下来的那几个月都过得特别惨。（L13，女，29岁，设计师，大专，广东广州）

中国“90后”女性消费者对意大利奢侈品的消费还会受其他人的负面消费经验影响。亲朋好友对意大利奢侈品的负面消费经验会直接影响中国“90后”女性消费者，她们也会对这些意大利奢侈品牌产生负面印象，没有消费的计划。

> 我觉得有些奢侈品的质量不是特别好，比如范思哲（Versace）这个牌子的。我记得之前有个朋友买了一个范思哲的包，背了一次就坏了，是真品，送去保修了。虽然它是享誉国内外的品牌，但是它的售后不是特别好，过程处理得特别不好，我朋友都气到了极点。所以虽然范思哲的包很好看，我一直都没买过。（L09，女，24岁，私企职员，本科，湖南）

负面的消费经验还会影响中国“90后”女性消费者对意大利奢侈品的消费习惯。她们在消费意大利奢侈品的过程中，慢慢总结和积累自己的消费经验，并根据这些经验调整自己的消费习惯。

> 那瓶范思哲（Versace）的香水现在还在我家躺着。之前惨痛的经历告诉我，一瓶50毫升的香水我是真的几年都涂不完的，我就尽可能买体验装，反正品种比较多，自己想涂哪个就涂哪个。（L04，女，26岁，大学教师，本科，甘肃）

在消费经验分享方面，中国“90后”女性消费者习惯与熟悉的朋友分享，而不愿意与其他陌生的消费者分享。在网购时，她们会担心因为给予负面评价受到店家骚扰，所以她们一般都不会分享自己的负面评价而是由网购系统自动好评。但是在日常生活中，她们喜欢与身边的朋友分享自己对所购商品的使用经验，主要以分享积极经验为主。

> 因为差评对一个店家的影响还是蛮大的，所以一般的都算了，懒得被骚扰。我不太会评论，就直接等系统自动好评。在网上确认收货之后，还要打那么长一段的评论，我觉得累。我不是特别喜欢把自己的使用经验告诉别人。我只会告诉身边的朋友，我会告诉她们这个很

好用,买它。(L15,女,28岁,政府职员,硕士,陕西)

从消费经验角度观察,不管是积极的消费经验还是负面的消费经验都会影响中国“90后”女性消费者对意大利奢侈品的继续购买。积极的消费经验能帮助中国“90后”女性消费者改变或加深对一些意大利奢侈品牌的印象。不管是个人还是他人的负面消费经验都会影响她们对意大利奢侈品的消费,甚至影响她们的奢侈品消费观念和消费习惯。

综上所述,从购买的渠道观察,不管是选择到实体店购买还是通过网络购买,不管是选择直接购买还是通过代理购买,不管是选择在境内购买还是在境外购买,中国“90后”女性消费者在购买意大利奢侈品时,主要考虑的是通过该消费渠道购买到的商品价格的高低、款式的新旧、质量的高低或真伪以及是否符合个人的消费习惯等。从消费的价格观察,商品价格既影响中国“90后”女性消费者对意大利奢侈品质量的衡量,又影响她们对意大利奢侈品的购买。在购买意大利奢侈品时,中国“90后”女性消费者不仅考虑商品的绝对价格,还会考虑商品价格中的附加值、商品价格与个人收入的比值、商品的相对价格等因素。从参与人员的角度观察,在中国“90后”女性消费者购买意大利奢侈品的过程中,销售服务人员的工作态度、同伴的建议以及名人效应对她们购买意大利奢侈品有重要影响。在一般情况下,销售服务人员以及同伴的建议对于中国“90后”女性消费者的购买仅具有参考意义。从产品购买角度观察,产品的品牌和产品来源国家是影响中国“90后”女性消费者购买意大利奢侈品的重要因素,但不是决定性因素。此外,品牌风格与个人风格的一致性、商品能否反映品牌特色、商品的日常实用度、商品的真伪、品牌效应等都会影响中国“90后”女性对意大利奢侈品的购买。从消费经验角度观察,积极的消费经验和负面的消费经验都会影响中国“90后”女性消费者对意大利奢侈品的继续购买。积极的消费经验能帮助中国“90后”女性消费者改变或加深对一些意大利奢侈品牌的印象。中国“90后”女性消费者个人以及他人的负面消费经验不仅会影响她们对意大利奢侈品的消费,还会影响她们的奢侈品消费观念和消费习惯。

第四节　本章小结

从消费动机的自用消费和赠礼消费这两个角度观察中国“90后”女性消费者对意大利奢侈品的消费，我们可以发现意大利奢侈品牌的形象已经在中国“90后”女性消费者心目中成功塑造。在消费选择时，她们既会因为品牌代表的社会地位，为了获得某一社会群体的认同或者在某一群体中展现自己的与众不同而去购买意大利奢侈品，又会因为不想被某一群体排斥而决定不消费这些产品。此外，她们强调个人对品牌的判断，注重品牌的风格与个人品位的一致性。但她们关注的主要是品牌的形象，不一定能把品牌与意大利联系在一起。

从信息收集的时间和渠道观察中国“90后”女性消费者对意大利奢侈品的消费，我们可以发现她们对意大利奢侈品牌信息的初次收集时间会因生活城市的不同而有所不同。此外，受生活环境以及个人消费观念的影响，她们会在进入大学、进入职场或者个人经济水平达到预期的时候才主动收集关于意大利奢侈品牌的信息。虽然中国“90后”女性消费者对意大利奢侈品牌信息收集的渠道多样，意大利奢侈品牌重视对中国消费者的品牌信息输出，会根据中国消费者信息环境的变化实施相应的营销策略，但意大利品牌产品与消费者之间的信息传递并不是完全畅通的，中国“90后”女性消费者需要凭个人经验对这些主动或被动收集到的信息进行甄别，她们会更加相信来自熟人提供的信息。

从消费过程中的购买渠道、消费价格、参与人员、产品购买和消费经验观察中国“90后”女性消费者对意大利奢侈品的消费，我们可以发现在选择消费渠道时，她们主要考虑的是该渠道所购商品的价格、款式、质量和真伪以及是否符合个人的消费习惯等。商品价格不仅是衡量意大利奢侈品质量的重要标准，还是影响她们是否购买意大利奢侈品的重要因素之一。她们在购买意大利奢侈品时考虑的不仅是商品的绝对价格，还包括商品价格中的附加值、商品价格与个人收入的比值、商品的相对价格等因素。此外，销售服务人员的工作态度、同伴的建议以及名人效应也对她们购买意大利奢侈品有重要的影响，而服务人员以及同伴的建议仅具有参考意义。品牌和来源国家是影响中国“90后”女性消费者购买意大利奢侈品的重要因素，但非决定性因素。品牌风格与个人风格的一致性、商品能否反映品牌特色、商品的日常实用度、商品的真伪、品牌效应等都会影响中国“90 后”女性对意大利奢侈品的购买。不论是积极的消费经验还是负面的消费经验都会影响中国“90 后”女性消费者对意大利奢侈品的继续购买。积极的消费经验能帮助中国“90 后”女性消费者改变或加深对一些意大利奢侈品牌的印象。消费者个人以及他人的负面消费经验都会影响她们对意大利奢侈品的消费以及她们的奢侈品消费观念和消费习惯。

第七章 意大利品牌形象与意大利奢侈品消费

——基于问卷调查的研究

正如此前在研究方法中的说明，本书采用的是以质性研究为主、定量研究为辅，两种研究方式相互结合的形式。第五章和第六章是从质性研究角度分析中国“90后”女性心目中的意大利及其品牌形象和中国“90后”女性对意大利奢侈品的消费。本章对问卷调查收集到的数据进行分析，从定量研究角度分析影响意大利品牌形象及意大利奢侈品消费的因素及其关系。

第一节 问卷设计与数据统计

在对问卷统计结果进行详细分析以前，我们有必要介绍一下调查问卷的构成以及对各类数据应用的统计原则。这样既能明确分析报告中数值代表的意义，又能更好地理解研究分析的结果。

一、调查问卷的结构

调查问卷主要由三部分构成：第一部分是问卷填写说明，第二部分是问卷的问题填写，第三部分是答题结束提示。下面主要对第一部分和第二部分的内容进行介绍。

在填写说明中，研究者向受访者说明问卷为匿名调查，受访者填写的所有信息仅限于研究分析所用。此外，我们还明确告诉受访者调查研究的课题来源以及研究主题，以降低受访者关于问卷数据最终用途的顾虑。

问卷的问题填写部分由30道大题、151个小项组成。问题的题型主要包括填空题、单项选择题和多项排序题三个类型的题目。其中:填空题有4道大题6个小项,单选题有10道大题61个小项,多项排序题有16道大题84个小项。

问卷的问题主要包括四个部分的内容。第一部分是受访者的个人基本信息,这些数据的收集是为了通过对它们的分析,检验受访者的代表性。第二部分是对受访者关于意大利国家印象的测量,分析中国“90后”女性消费者对意大利的印象及其影响因素。第三部分是对受访者关于意大利产品印象的测量,目的在于分析中国“90后”女性消费者对意大利产品的印象及其影响因素。第四部分是对受访者关于意大利奢侈品消费的测量,分析影响中国“90后”女性对意大利奢侈品消费的主要因素、意大利国家形象和意大利产品形象以及身份认同等因素在其中的具体比重等。

在问题的逻辑方面,我们共对10道大题设置了跳转逻辑。跳转逻辑是当受访者作答时选择某个选项后,问卷按照研究者事先设定的规则,自动跳过部分问题显示其他的问题。例如:在答第25道选择题“您曾购买意大利产品吗?”时,如果甲受访者选择了“曾购买”,她后面的题目会按顺序进入第26题“曾购买,原因是”,作答完成后会跳过第27题,转到第28题。如果乙受访者在第25题选择“不曾购买”,她需要作答的问卷会跳过第26题,直接进入第27题“不曾购买,原因是”。这样在保证问卷逻辑性合理的同时,也为受访者节约了填卷时间,提高受访者对填卷内容的专注度。

二、数据统计的原则

使用问卷星提供的分类统计技术服务,我们可以选择问卷中任何一道或多道选择题的选项、填写者网络地址所在省份或城市、答卷来源渠道等为依据进行分类,从而得到每一类答卷的统计报告。下面将详细介绍我们如何结合问卷星的统计技术服务,完成所需研究数据的统计。

(一)填空题计分原则

对填空题的计分,我们主要使用问卷星平台提供的词频分析法对数据进行整理。词频(term frequency)分析法原指通过“对文献正文中重要词语出现的次数进行统计、分析，以选出频次最高的词语来表达文献主题内容”[①]的方法，我们这里的词频分析主要指在问卷调查中，对研究者在每一道填空题作答时使用到的关键词进行词频统计分析。问卷调查结束后，我们可以在问卷星平台上查询到针对每道填空题的数据的词频分析结果。在词频统计中，同一词语每出现一次记 1 分。

虽然问卷星平台有自动的词频统计服务，但是受访者在填写时对同一事物的表述存在差异，例如，同样是对意大利品牌古驰(Gucci)的表述，受访者共使用了 5 种表述方式：Gucci，古驰，gucci，cucci，guci，系统对这五个表述分别独立计算词频。因此，在填空题的统计中，为保证数据的准确性，除了借用问卷星平台的词频统计分析，研究者还需要手动对这些数据进行核对整理计算。

(二)单项选择题计分原则

单项选择题的计分原则和词频计分原则类似，选择题中的选项每被选中一次记 1 分。问卷统计报告除了提供每个选项对应的分值，还提供了选择题中各选项的百分比数值，具体的计算方法是：该选项被选择的次数÷本题有效答卷份数。

此外，问卷星平台还会提供对应的统计图表和饼图。它们的百分比计算方式分别是：表格中的百分比＝该选项被选择的次数÷有效答卷份数，表示选择该选项的人次在所有填写人次中所占的比例；饼图中的百分比＝该选项被选择次数÷该题目所有选项被选择的次数，表示该选项的选择次数在此题所有选项被选择次数中所占的比例。

(三)多项排序题计分规则

多项排序题的选项平均综合得分是由问卷星系统根据所有填写者对选项的排序情况自动计算得出的。它反映了选项的综合排名情况，得分越高表示综合排序越靠前。

具体分值的计算方法为：选项平均综合得分＝($\sum$ 频数×权值)/本题填写人次。权值由选项被排列的位置决定。例如有 3 个选项参与排序，那排在第一个位置的权值为 3，第二个位置的权值为 2，第三个位置的权值为 1。例如，一个题目共被填写 12 次，选项 A 被选中并排在第一位置 2 次，

① 袁世全，冯涛．中国百科大辞典[M]．北京：华夏出版社，1990：444．

第二位置4次,第三位置6次,那么选项A的平均综合得分=(2×3+4×2+6×1)/12=1.67分。

这里的分数和选项个数有直接关系。比如:有3个选项来进行排序,排第一位的得分就是3分;有30个选项来进行排序,排第一位的得分就是30分。而且这个分数不受题目中设定的应选项目数的影响。

观察问卷的结构,问卷内容设计合理,题型多样,逻辑性强。从数据的统计原则观察,问卷星平台对问卷内各类型题目的计分原则清晰合理,研究者对可能出现的词频统计失误的补救措施到位。因此,不管是从问卷的设计、结构和内容看,还是从数据统计看,问卷调查的流程合理,能从研究过程角度为获得准确的研究结果提供保证。

第二节　问卷调查数据的分析

根据回收的问卷调查数据,下面从数据角度对受访对象的社会文化特征、意大利形象、意大利品牌形象、意大利国家形象与其品牌形象的关系和中国“90后”女性的意大利奢侈品消费行为进行分析。在受访对象的社会文化特征方面,问卷的问题主要包括她们的出生年份、籍贯、职业和学历等。在意大利形象方面,问卷的问题主要围绕她们对意大利的了解程度、了解渠道、意大利的宣传渠道、是否喜欢意大利、喜欢和不喜欢的原因等。在意大利品牌形象方面,问卷的问题主要包括她们对意大利产品的了解、了解的渠道、喜欢和不喜欢的原因、意大利品牌辨析、喜欢的意大利品牌以及原因、品牌信息收集的渠道等。在意大利国家形象与意大利品牌形象的关系方面,分析的角度主要是中国“90后”女性消费者是否因为意大利而喜欢该国的品牌及其原因等。而在中国“90后”女性的意大利奢侈品消费行为方面,问卷的问题主要包括购买和不购买意大利奢侈品牌的原因、收集意大利奢侈品牌信息的时间和渠道、是否会再次购买意大利品牌及其原因等。

一、受访对象的社会文化特征分析

本次问卷调查共有518位中国“90后”女性在线匿名填写。根据问卷星的来源渠道分析,她们都是通过微信或者问卷星App填写提交的。

对受访者的出生年份分析，在518位受访者中，除了1999年出生的数量较多有112位，余下的406位相对平均地分布在1990年至1998年，占比最低的是1991年的受访者，仅有25位。受访者的出生年份不但覆盖了研究年龄段即1990年至1999年的全部年份，而且每个年份出生的受访者人数均超过25人。由此可见，受访者的年龄符合问卷调查的要求，而且她们出生年份上的人数分布合理，为获得客观合理的研究成果奠定了初始条件。问卷调查受访者出生年份情况如表7-1所示。

表7-1　问卷调查受访者出生年份情况

年份	人数/人	比例/%
1990年	34	6.56
1991年	25	4.83
1992年	40	7.72
1993年	38	7.34
1994年	47	9.07
1995年	44	8.49
1996年	55	10.62
1997年	59	11.39
1998年	64	12.36
1999年	112	21.62
总计	518	100.00

对受访者的籍贯进行分析，518位受访者分别来自我国27个省、自治区、直辖市、特别行政区，约占全国34个省级行政区划单位中的79%。其中，188位广东籍受访者来自广东省的21个市，覆盖了广东省全部的地级市。由此可见，本次问卷受访者的籍贯覆盖面广，能进一步保证问卷数据的广泛性和代表性。

对受访者的身份进行分析，518位受访者中有246位是学生，272位是工作者，比例相当。对272位工作者的职业进行分析，她们来自各行各业。参考《中国职业分类大全》的类别划分标准以及受访者填写的资料，问卷调查受访者身份情况如表7-2所示。由此可见，本次问卷调查受访者的身份类型多样,能从职业角度保证问卷数据的广泛性和代表性。

表 7-2 问卷调查受访者身份情况

职业	人数/人	职业	人数/人	职业	人数/人	职业	人数/人
学生	246	公务员	8	设计师	3	工人	1
企业职员	86	银行职员	8	策划师	2	检验员	1
教师	36	保险职员	7	律师	2	模特	1
自由职业者	18	旅行社职员	6	培训师	2	摄影师	1
电商职员	18	工程师	5	全职妈妈	2	时尚买手	1
财务会计	13	警察	4	审计师	2	实习生	1
企业高管	10	传媒职员	4	乘务员	1	经纪人	1
翻译	9	品牌管理	4	演员	1	咨询师	1
医生护士	9	文职人员	4				

对问卷调查受访者的学历进行分析,在518位受访者中,大专以上学历的占全部受访者中的绝大多数,共有513人,占比超过99%。这表明受访者中绝大多数都是已经接受过或正在接受高等教育的“90后”女性,这与中国“90后”的实际受教育程度有所不同。中国国家统计局的数据显示,2009年的10~19岁的人口数为1.57亿人,2008—2017年的普通和网络本、专科招生数为7296万人,在不考虑其他影响因素的情况下,我们估算中国“90后”人口中接受过高等教育的比例大约在46.5%。[①] 虽然受访者接受高等教育的程度远高于中国“90后”的实际状况,但是这符合本书主题的需要。首先,受访对象的学历并不是本书的研究变量或因变量;其次,据此前其他学者的研究成果,中国奢侈品市场的消费者受教育程度集中在本科学历以上。[②] 因此,从学历角度分析,本次受访者符合研究主题的需要,能保证数据的针对性和有效性。问卷调查受访者学历情况如表7-3所示。

---

① 中华人民共和国国家统计局. 国家年度数据[EB/OL]. [2021-05-05]. http://data.stats.gov.cn/easyquery.htm? cn=C01.

② 腾讯数据实验室,波士顿咨询公司. 2019中国奢侈品市场消费者数字行为洞察报告[R/OL]. (2019-07-10) [2021-05-10]. https://max.book118.com/html/2018/1008/8116140141001125.shtm.

表 7-3　问卷调查受访者学历情况

学历	人数/人	比例/%
本科	342	66.02
硕士/硕士在读	119	22.97
大专	41	7.92
博士/博士在读	11	2.12
中专	5	0.97
总计	518	100.00

综上所述，从受访者的出生年份、籍贯、职业和学历情况分析，本次问卷的受访者完全符合本书对样本的需要。因此，本研究能从数据的源头上保证数据的准确性和代表性。

二、意大利形象分析

从对意大利的了解角度观察，问卷结果显示，在 518 份问卷中，有 512 人表示她们知道意大利这个国家，占参与调查总人数的 98.84%。其中，361 人（占总人数 70% 以上的人）在小学阶段就已经知道意大利，另有 23.6%的人在初中阶段知道意大利。中国“90 后”女性对意大利这个国家都是有所了解的。中国“90 后”女性知道意大利的时间段如图 7-1 所示。

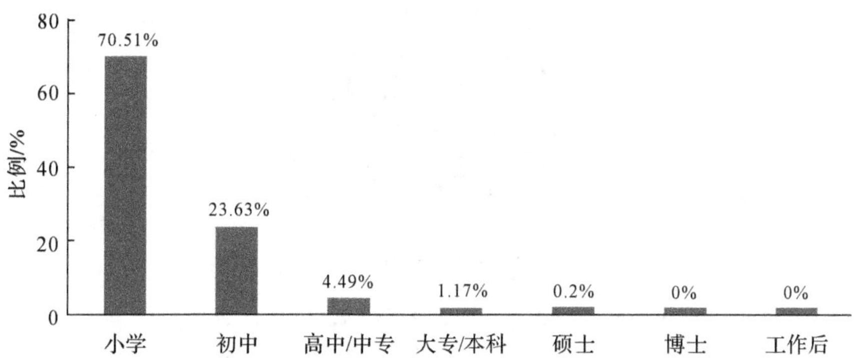

图 7-1　中国“90 后”女性知道意大利的时间段

从意大利的宣传渠道观察，在知道意大利的 512 人中，超过 44.1%的人表示第一次知道意大利是通过学校的课本,41.6%的人是通过电视,8.8%的人是通过网络,余下5.5%的人则是通过街边广告和杂志了解到意大利。按重要性排序,她们认为意大利目前主要使用的宣传渠道分别为网络、电视、杂志、街边广告。数据显示,意大利的宣传已经根据信息技术的变化做出了调整,宣传渠道主要采用的是最新的宣传媒介,即网络和电视。中国“90后”女性第一次了解意大利的渠道如表7-4所示。

表7-4 中国“90后”女性第一次了解意大利的渠道

了解渠道	人数/人	比例/%
学校的课本	226	44.14
电视	213	41.60
网络	45	8.79
杂志	20	3.91
街边广告	8	1.56
总计	512	100.00

从对意大利的喜爱角度观察,在知道意大利的512位中国“90后”女性中,有495人表示喜欢意大利,占比超过96.6%,而不喜欢的有17人,仅占3.3%。这说明绝大多数的中国“90后”女性对意大利的印象都是正面的。中国“90后”女性对意大利的喜爱情况如图7-2所示。

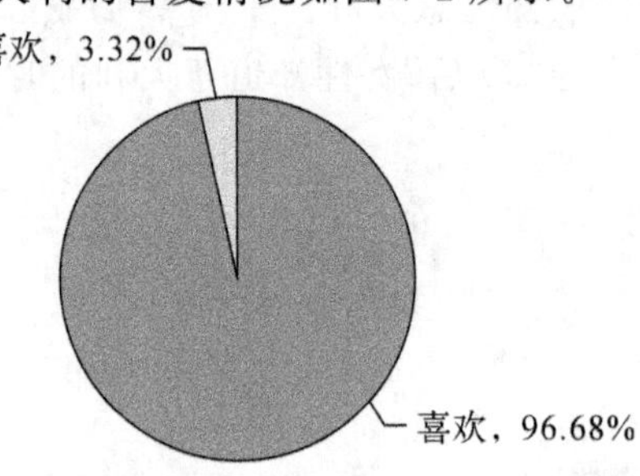

图7-2 中国“90后”女性对意大利的喜爱情况

按重要性排序,495位中国“90后”女性喜欢意大利的原因分别是风景美丽、历史悠久、国民热情、经济发达、购物便宜和交通便利。这说明意大利在景观、文化、国民、经济等方面的积极形象有助于在中国“90后”女性心目中树立意大利的对外的正面形象。中国“90后”女性喜欢意大利的原因如图7-3所示。

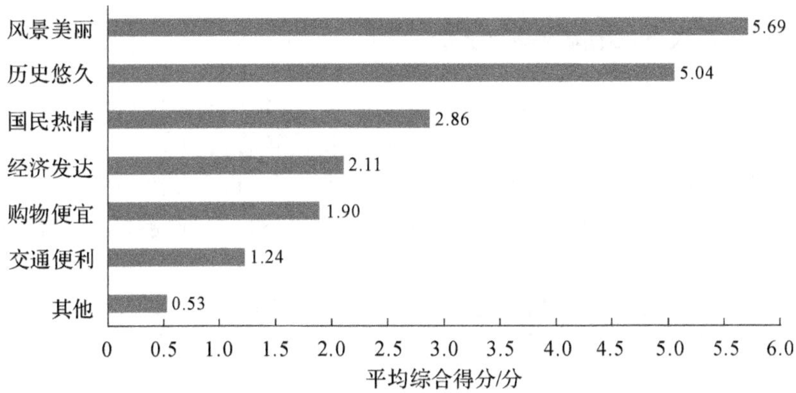

图 7-3　中国“90 后”女性喜欢意大利的原因

不喜欢意大利的 17 位中国“90 后”女性中，有 4 人是因为对意大利文化没有深入了解而不喜欢这个国家，其他 13 人不喜欢意大利的主要原因按重要性排序依次是政府办事效率低、城市治安差、其他、居民素质低、经济不发达、城市环境脏乱和领导人不靠谱。因此，意大利政府及其国民的负面形象和中国“90 后”女性对意大利的负面刻板印象会导致在她们心目中形成意大利国家的负面形象。中国“90 后”女性不喜欢意大利的原因如图 7-4 所示。

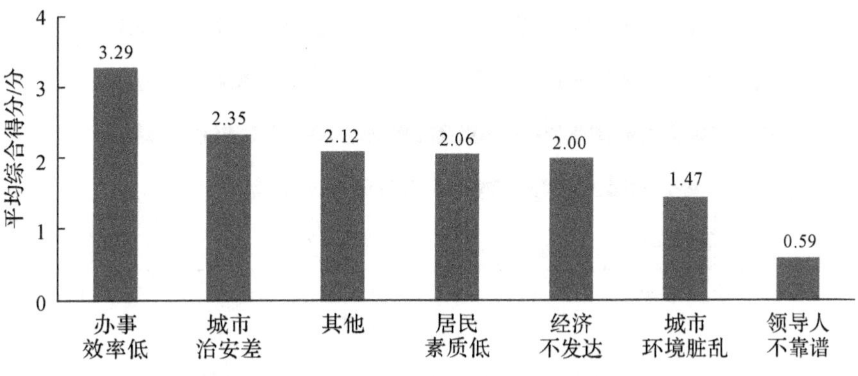

图 7-4　中国“90 后”女性不喜欢意大利的原因

与半开放式访谈调查的结果相同，虽然中国小部分“90 后”女性因为对意大利及其文化了解不深，对意大利拥有负面印象，但是从景观、文化、国民、经济等维度观察，中国“90 后”女性对意大利的印象是正面的。总体而言，中国“90 后”女性心目中的意大利形象主要是积极正面的。

三、意大利品牌形象分析

从对意大利品牌的了解角度观察,在518份有效问卷中,仅有225位中国“90后”女性表示了解意大利的产品,而不了解的人为56.56%。由此可见,与绝大多数都知道意大利这个国家不同的是,超过半数的中国“90后”女性不了解意大利的产品。中国“90后”女性对意大利产品的了解情况如表7-5所示。

表7-5　中国“90后”女性对意大利产品的了解情况

选项	人数/人	比例/%
了解	225	43.44
不了解	293	56.56
总计	518	100.00

从宣传角度分析中国“90后”女性了解意大利产品的原因,我们可以发现主要原因按重要性排序分别是杂志宣传、曾购买使用过、博主推荐、朋友介绍、其他。这说明品牌的主动宣传、消费者的消费经验以及他人的推荐有助于品牌的对外形象宣传。中国“90后”女性了解意大利产品的原因如图7-5所示。

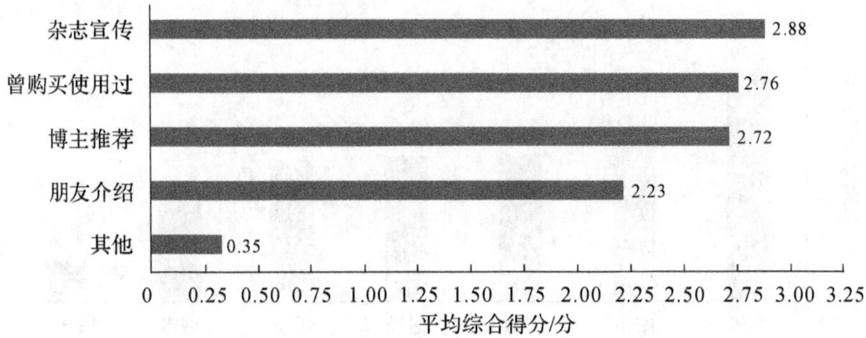

图7-5　中国“90后”女性了解意大利产品的原因

统计数据显示,中国“90后”女性不了解意大利产品的原因按重要性依次排序为不关心产品是哪个国家的、媒体没有宣传、产品太贵而不想了解、其他、不喜欢外国的牌子、不喜欢意大利这个国家。这说明国家形象是影响品牌的因素之一,但并不是决定性影响因素。受访人表示影响品牌形象的因素还包括媒体宣传、产品价格、民族主义情绪等。中国“90后”女性不了解意大利产品的原因如图7-6所示。

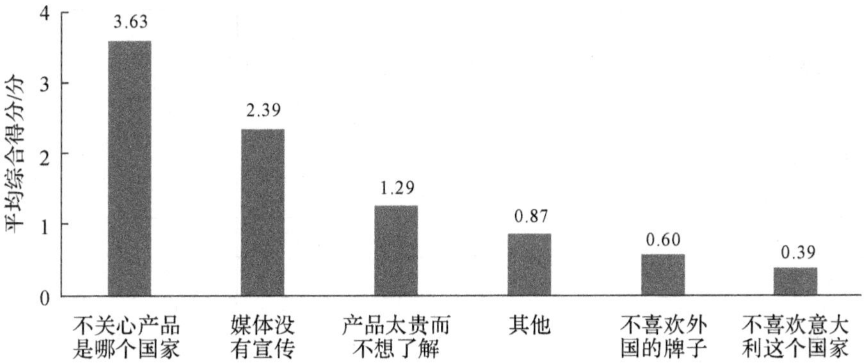

图7-6　中国“90后”女性不了解意大利产品的原因

从对意大利品牌与意大利国家关系的熟悉度分析，518位中国“90后”女性对意大利品牌判断的准确率较低。她们对在国际排名一百位以内的意大利奢侈品牌，如古驰(Gucci)、范思哲(Versace)、普拉达(Prada)、阿玛尼(Armani)和华伦天奴(Valentino)等的辨别准确率仍在80%以下，芙拉(Furla)和菲拉格慕(Ferragamo)的辨别准确率低于70%。此外，意大利的几个小众品牌像万莱斯特(Valextra)、卡帕(Kappa)、品高(Pinko)和可奇奈尔(Coccinelle)更是低于50%。这说明中国大部分“90后”女性对意大利知名品牌以及它们的来源国家有一定的了解，但是她们对意大利小众品牌的熟悉度较低，而意大利品牌在产品宣传时，来源地信息被接受的效果并不理想。中国“90后”女性对意大利品牌的辨别情况如表7-6所示。

表7-6　中国“90后”女性对意大利部分品牌的辨别情况

意大利品牌	是		否	
	人数/人	比例/%	人数/人	比例/%
范思哲(Versace)	412	79.54	106	20.46
古驰(Gucci)	406	78.38	112	21.62
普拉达(Prada)	395	76.25	123	23.75
华伦天奴(Valentino)	388	74.90	130	25.10

续表

意大利品牌	是		否	
	人数/人	比例/%	人数/人	比例/%
阿玛尼(Armani)	381	73.55	137	26.45
菲拉格慕(Ferragamo)	350	67.57	168	32.43
芙拉(Furla)	296	57.14	222	42.86
斐乐(Fila)	287	55.41	231	44.59
可奇奈尔(Coccinelle)	250	48.26	268	51.74
卡帕(Kappa)	241	46.53	277	53.47
品高(Pinko)	232	44.79	286	55.21
万莱斯特(Valextra)	200	38.61	318	61.39

分析中国“90后”女性喜欢的意大利品牌,在回收的518份问卷中有效回答仅为429份,余下的89份为无效回答。在无效回答中,有41人表示不了解意大利的品牌,另外48人则误把其他国家的品牌作为意大利的品牌,如法国的路易威登(Louis Vuitton)、香奈儿(Chanel)、爱马仕(Hermes)和迪奥(Dior),英国的博柏利(Burberry),美国的寇驰(Coach),瑞士的劳力士(Rolex)等。中国“90后”女性喜欢意大利品牌的调查情况如图7-7所示。

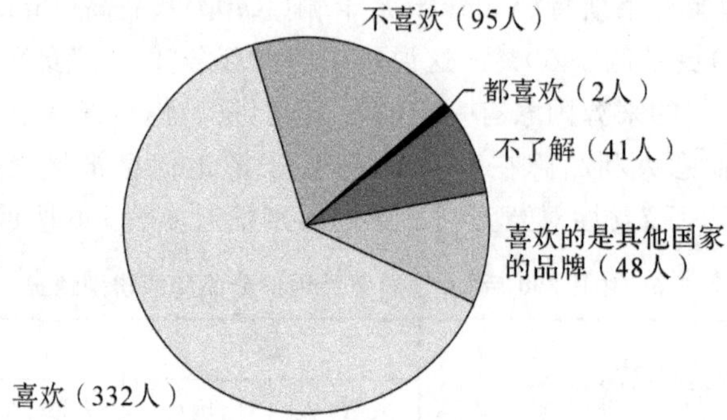

图7-7 中国“90后”女性喜欢意大利品牌的调查情况

在有效回答中,有95人表示没有喜欢的意大利品牌,2人表示所有的意大利品牌都喜欢,余下的332人则选择了意大利29个品牌,其中食品类品牌4个,机动车品牌3个,专业美妆护肤类品牌3个,服饰类品牌19个。中国“90后”女性喜欢的意大利品牌如表7-7所示。中国“90后”女性喜欢的 29 个品牌中，选择人数最多的 4 个品牌都是世界知名的奢侈品牌，选择它们的人数为 204 人，占选择意大利品牌总人数的 61%。这说明意大利奢侈品牌的积极形象已经在中国“90 后”女性心目中成功塑造，而意大利小众品牌的形象还有待加强。此外，数据显示，有 136 位“90 后”女性对意大利的品牌不了解或不喜欢。由此可见，对于她们而言，意大利品牌的正面形象尚未成功塑造。

表 7-7　中国“90 后”女性喜欢的意大利品牌

类别	品牌类别		品牌名称	人数/人
	大类	细分		
喜欢	服饰	综合	古驰(Gucci)	95
		综合	阿玛尼(Armani)	62
		综合	华伦天奴(Valentino)	26
		综合	普拉达(Prada)	21
		综合	范思哲(Versace)	18
		综合	菲拉格慕(Ferragamo)	17
		综合	品高(Pinko)	8
		综合	芬迪(Fendi)	5
		综合	葆蝶家(Bottega Veneta)	3
		综合	麦丝玛拉(Max Mara)	3
		综合	布鲁奈罗・库奇内利(Brunello Cucinelli)	1
		综合	缪缪(Miu Miu)	1
		运动服饰	斐乐(Fila)	8
		运动服饰	卡帕(Kappa)	3
		珠宝	宝格丽(Bvlgari)	1
		皮具	芙拉(Furla)	11
		皮具	可奇奈尔(Coccinelle)	3
		皮具	万莱斯特(Valextra)	2
		内衣	卡索多丽娅(Calzedonia)	1
	食品	巧克力	费列罗(Ferrero)	4
		咖啡	意利(Illy)	1
		咖啡	拉瓦萨(Lavazza)	1
		巧克力	芭喜(Baci)	1

续表

<table>
<tr><th rowspan="2">类别</th><th colspan="2">品牌类别</th><th rowspan="2">品牌名称</th><th rowspan="2">人数</th></tr>
<tr><th>大类</th><th>细分</th></tr>
<tr><td rowspan="6">喜欢</td><td rowspan="3">机动车</td><td>跑车</td><td>法拉利(Ferrari)</td><td>14</td></tr>
<tr><td>跑车</td><td>兰博基尼(Lamborghini)</td><td>2</td></tr>
<tr><td>摩托车</td><td>韦士柏(Vespa)</td><td>1</td></tr>
<tr><td rowspan="3">美妆护肤</td><td>美妆</td><td>基科(Kiko)</td><td>15</td></tr>
<tr><td>护肤</td><td>雷莉欧(L'erbolario)</td><td>2</td></tr>
<tr><td>药妆</td><td>圣玛利亚诺维拉(Santa Maria Novella)</td><td>2</td></tr>
<tr><td colspan="4">不喜欢</td><td>95</td></tr>
<tr><td colspan="4">都喜欢</td><td>2</td></tr>
<tr><td colspan="4">总人数</td><td>429</td></tr>
</table>

按重要性排序,中国"90后"女性喜欢上述意大利品牌的原因依次是品牌产品的设计好、质量好、知名度高、和个人风格一致、其他、彰显身份和地位。除了上述原因外,她们喜欢意大利奢侈品牌的原因还包括喜欢品牌代言的明星、性价比高、品牌名称好听、广告好看等。对于中国"90后"女性而言,意大利奢侈品牌已经从产品、企业、拟人化以及符号等方面成功塑造了正面形象。中国"90后"女性喜欢意大利品牌的原因如图7-8所示。

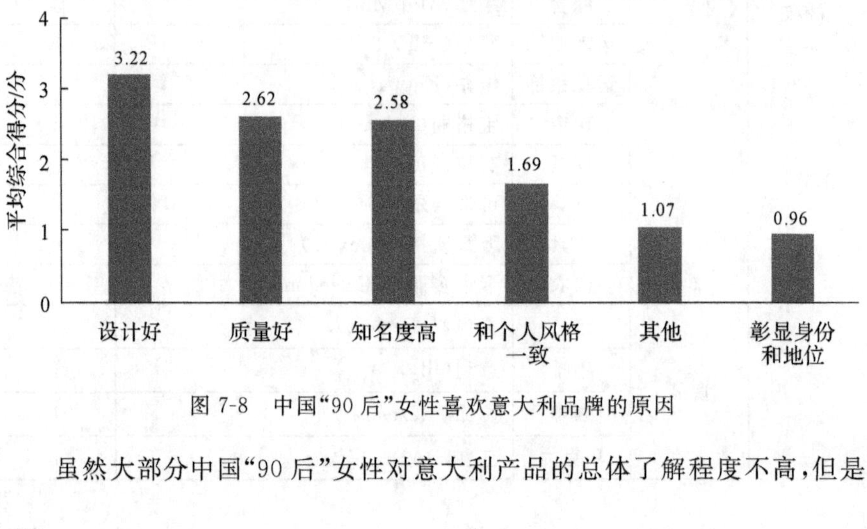

图7-8 中国"90后"女性喜欢意大利品牌的原因

虽然大部分中国"90后"女性对意大利产品的总体了解程度不高,但是数据显示意大利知名奢侈品牌已经在她们心目中成功树立了设计好、质量好、知名度高的积极形象。影响品牌形象的因素有媒体宣传、产品价格、民族主义情绪和来源国形象。这与半开放式访谈的调查结果一致。

四、意大利国家形象与其品牌形象的关系分析

在关于意大利国家形象与意大利品牌形象关系的调查中，518 位中国“90 后”女性中，有 249 人表示因为意大利而喜欢该国的产品，占比仅为 48.07%，而 269 人则表示不会因为意大利喜欢该国的产品。

因为意大利而喜欢该国产品的 249 位填卷人表示，主要原因是意大利设计水平高、意大利技术先进、意大利经济发达、不了解意大利的产品、其他。此外，还有填卷人补充说明是因为受意大利历史文化的影响而喜欢她的产品。这说明意大利在设计、生产技术和历史文化等方面的积极形象有助于意大利品牌在中国“90 后”女性心目中塑造正面形象。中国“90 后”女性在“不了解意大利的产品”的情况下，仅因为喜欢意大利而喜欢她的产品，这说明意大利国家形象效应在直接发挥作用。中国“90 后”女性因为意大利而喜欢其产品的原因如图 7-9 所示。

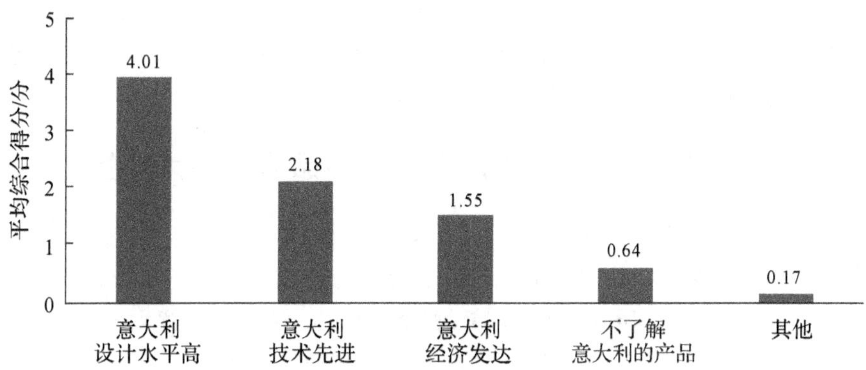

图 7-9　中国“90 后”女性因为意大利而喜欢其产品的原因

在回答为什么不会因为意大利而喜欢其产品这个问题时，269 位填卷人认为其他因素比产品产地更重要。这些因素按重要性排序分别是产品质量、产品设计、产品价格、产品风格、企业信誉、售后服务、企业管理、其他。此外，有填卷人还表示产品的实际用途比包括产地在内的其他因素更为重要。这反映在影响品牌形象的各因素中，大部分受访的中国“90 后”女

性认为来源国家形象并不是重要的影响因素。相比较而言,产品属性、产品质量、产品用途、企业创新能力、企业与顾客的关系这些因素对品牌形象的影响作用更大。中国“90 后”女性不会因为意大利而喜欢其产品的原因如图 7-10 所示。

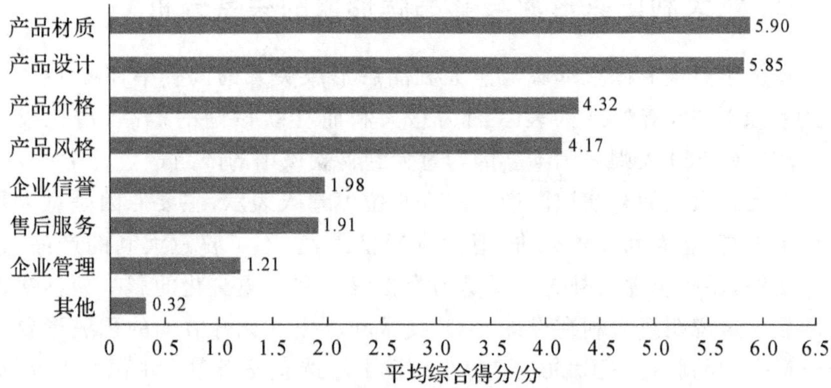

图 7-10 中国“90 后”女性不会因为意大利而喜欢其产品的原因

从意大利国家形象与意大利品牌形象的关系分析,我们可以发现国家在各方面的积极形象有助于该国品牌积极形象的塑造。国家形象是影响品牌形象的因素之一,但国家形象并不是影响品牌形象的决定性因素。品牌形象的塑造主要受产品形象和企业形象的影响。

五、中国“90 后”女性的意大利奢侈品消费行为分析

在 518 位填卷的中国“90 后”女性消费者中,有 342 人曾购买意大利的产品。关于购买意大利产品的原因,她们认为按重要性排序,主要原因依次是产品设计好、材质好、知名度高、和个人风格一致、喜欢意大利、彰显身份和地位、其他。还有 4 人补充原因还包括在意大利时产品折扣力度大,价格低。这说明在消费行为中,中国“90 后”女性消费者对个人导向性动机的关注比对社会导向性动机的关注高。此外,虽然重要性较低,但是国家形象效应也在发挥作用。中国“90 后”女性消费者购买意大利产品的原因如图 7-11 所示。

不曾购买意大利产品的 176 位中国“90 后”女性消费者表示,不曾购买的主要原因按重要性排序依次是价格太高、不了解意大利品牌、产品和个

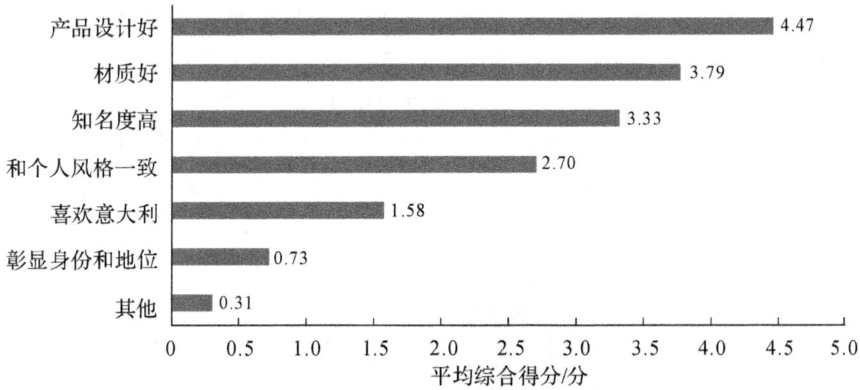

图 7-11　中国“90 后”女性消费者购买意大利产品的原因

人风格不一致、其他、知名度不高、太出风头、质量不好、产品设计不好。还有 3 人补充原因是个人收入过低。这反映束缚中国“90 后”女性消费者消费意大利产品的因素除了产品的属性、产品价格和个人收入等方面，中国“90 后”消费者对产品信息获取的完整度以及消费者的个人认同和群体认同等因素也起着重要的影响作用。中国“90 后”女性消费者不曾购买意大利产品的原因如图 7-12 所示。

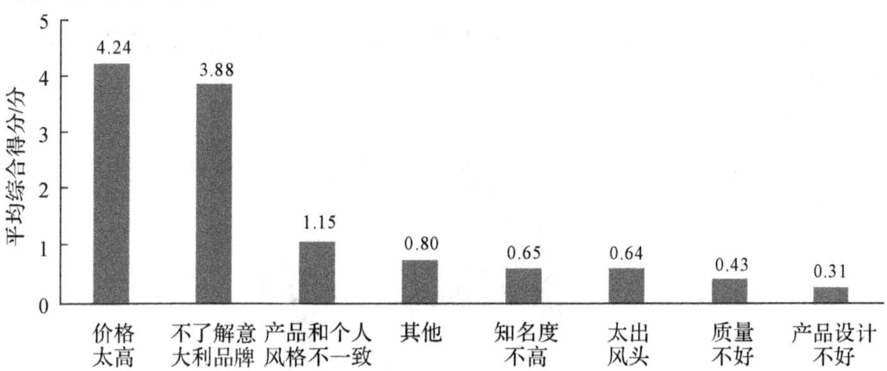

图 7-12　中国“90 后”女性消费者不曾购买意大利产品的原因

在意大利品牌信息收集方面，518 位中国“90 后”女性消费者中，86 人表示不知道或不记得了解的第一个意大利品牌的名称，59 人给出的是法国、美国或中国的品牌，准确指出自己所了解的第一个意大利品牌名称的有 373 人，占比超过 72%。在准确给出意大利品牌名称的中国“90 后”女性消费者中，在小学、初中、高中、大学、工作后开始收集意大利品牌信息的分别有 79 人、103 人、95 人、81 人和 13 人，而在硕士、博士阶段才了解意大利品牌信息的分别各有 1 人。这些数据说明中国“90 后”女性消费者在拥有独立经济能力以前，已经主动或被动地开始收集关于意大利品牌的信息。中国“90 后”女性消费者收集第一个意大利品牌信息的时间如图 7-13 所示。

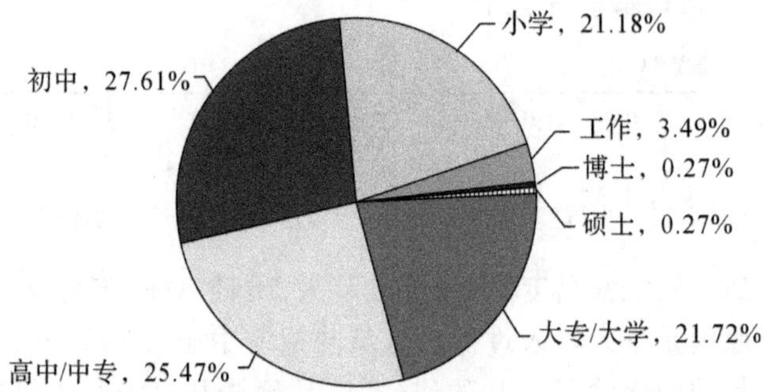

图 7-13　中国“90 后”女性消费者收集第一个意大利品牌信息的时间

在关于意大利品牌的信息收集方面，中国“90 后”女性消费者品牌信息收集的渠道是多样的。518 位中国“90 后”女性消费者表示她们主要通过网络、电视、朋友介绍、杂志和广告收集意大利品牌的信息，其中又以网络渠道的比重最高。中国“90 后”女性消费者收集意大利品牌信息的渠道如图 7-14 所示。

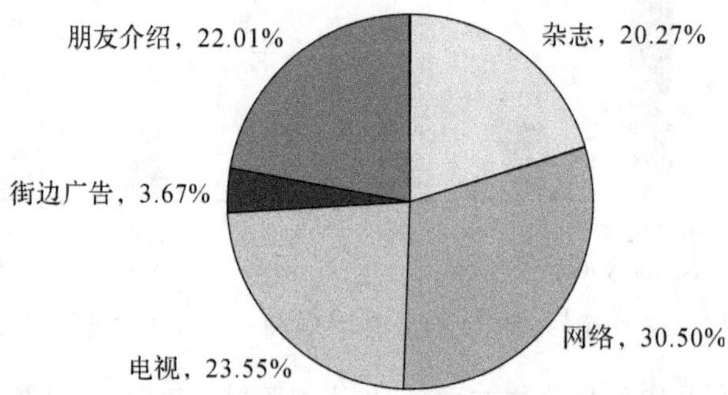

图 7-14　中国“90 后”女性消费者收集意大利品牌信息的渠道

关于是否还会或将会购买意大利产品，518 位中国“90 后”女性消费者中，有 466 人表示会购买，仅有 52 人表示不会购买。466 位中国“90 后”女性消费者表示会购买的原因按重要性排序分别是产品设计好、产品材质好、品牌知名度高、和个人风格一致、喜欢意大利、彰显身份和地位、其他。另有 11 位消费者补充说明意大利品牌的价格相对较低，性价比高。这说明中国“90 后”女性消费者对意大利品牌的印象良好，而且国家形象和消费者的身份认同也会影响她们消费意大利产品。中国“90 后”女性消费者会继续购买意大利产品的原因如图 7-15 所示。

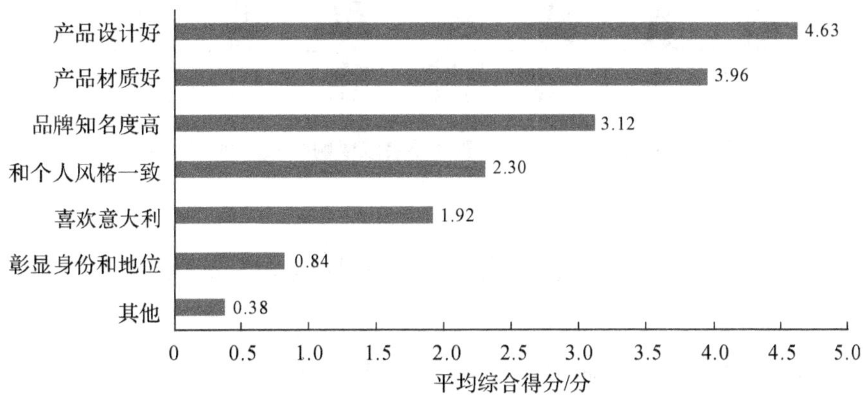

图 7-15　中国“90 后”女性消费者会继续购买意大利产品的原因

中国“90 后”女性消费者指出不会继续购买意大利产品的原因，按照重要性排序，依次是价格太高、其他、和个人风格不一致、知名度不高、质量不好、产品设计不好、太出风头、售后服务不好。除上述原因，她们还认为意大利某些品牌的辱华事件以及喜爱国产品牌也是不购买意大利产品的原因。这从反面证明消费者的身份认同和消费民族中心意识对消费的影响作用。中国“90 后”女性消费者不会继续购买意大利产品的原因如图 7-16 所示。

从消费动机看，中国“90 后”女性消费者对个人导向性动机的关注度更高，而国家形象效应虽然对她们的消费有影响，但在调查的六个影响因素中排名第五，影响度较低。从信息收集看，中国“90 后”女性消费者在工作以前就主动或被动收集意大利品牌的信息，她们收集的渠道以网络、电视这些机器媒介为主。从消费经验看，中国“90 后”女性消费意大利产品的影响因素包括产品因素、消费者的身份认同因素以及国家形象因素等。上述研究结果与第六章中半结构式访谈的分析结果一致。

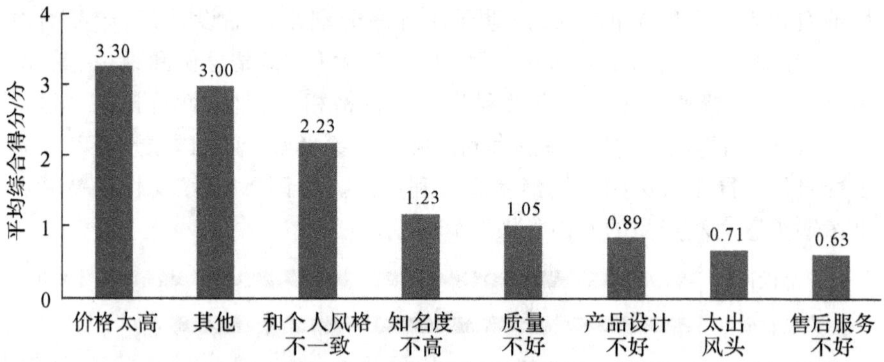

图 7-16　中国“90后”女性消费者不会继续购买意大利产品的原因

第三节　本章小结

本书的网络自填式问卷调查是在半结构式访谈分析结束后才进行的,目的在于从定量角度对质性研究结果进行检验。因此,问卷的研究分析既是前面两章访谈分析的有益补充,也是对它们的分析结论的量化检验。

通过对意大利形象、意大利品牌形象、意大利国家形象与品牌形象的关系以及意大利奢侈品的消费的分析,我们可以发现问卷统计数据的分析结论与此前半结构式访谈分析的相同。在意大利形象方面,中国“90后”女性对意大利及其文化的了解不深,她们对意大利的政府拥有负面印象,但是对意大利的景观、文化、国民、经济等维度的印象是正面的。所以,总体而言,中国“90后”心目中的意大利形象还是以积极正面形象为主。在意大利品牌形象方面,虽然中国“90后”女性对意大利产品的总体了解程度不高,但是她们对意大利知名奢侈品牌在设计、质量和知名度高等方面的印象良好,而影响品牌形象的因素包括媒体宣传、产品价格、民族主义情绪和来源国形象等。在意大利国家形象与意大利品牌形象的关系方面,国家的积极形象有助于该国品牌积极形象的塑造,但是国家形象只是品牌形象的影响因素之一,并不是决定性影响因素。在意大利奢侈品的消费方面,中国“90后”女性对意大利奢侈品的消费受个人导向性动机的影响更高,而国家形象效应虽然有影响,但影响度较低;她们在具有个人消费能力以前就会主动或被动地通过以机器媒介为主的渠道去收集意大利品牌的信息；除了产品因素和国家形象因素，消费者的身份认同因素也是中国“90后”女性消费意大利产品的影响因素之一。

第八章　形象、消费与身份认同

通过半结构式访谈和自填式问卷调查，我们分析了意大利及其品牌在中国“90后”女性心目中的形象以及中国“90后”女性消费者对意大利奢侈品的消费情况。在分析中，我们可以发现，产品来源国形象、产品的品牌形象、消费者的身份认同与消费之间是相互影响、相互作用的。

第一节　形象与消费

消费中的形象问题是多种多样的，不仅包括国家形象和品牌形象，还包括消费者形象、企业形象等。本书仅选择了其中的产品来源国形象（即意大利形象）以及产品品牌形象（即意大利品牌形象）这两个维度来探讨形象与消费的关系。如内本扎尔、贾菲和兰波特的动态模型所示，国家形象和品牌形象与消费之间的关系是动态的、相互影响的。但是，国家形象和品牌形象对消费的影响程度以及消费对两者的影响程度均存在差异。

一、影响消费的国家形象与品牌形象

按照影响消费者行为因素简单的分类理论，即霍金斯的二因素论，影响消费者行为的因素分为消费者内部因素和消费者外部因素①，而国家形象和品牌形象都属于影响消费者行为的外部因素。按照较新且较为复杂

① HAWKINS D L, MOTHERSBAUGH D L. Consumer behavior: building marketing strategy[M]. 13th ed. New York: McGraw-Hill Education, 2015: 6.

的消费者行为影响因素理论，即卢泰宏和周懿瑾的四因素论，消费者行为的影响因素分为外部环境因素、市场营销因素、消费者个人因素和消费者社群因素，而市场营销因素又包括营销要素和营销传播[①]，国家形象和品牌形象都归入了营销要素中，属于影响消费者行为的营销因素。因此，不论是按照最简单的还是较为复杂的消费者行为影响因素类理论，国家形象和品牌形象都是划归在一个类别内，它们是影响消费者行为的同一类别因素。

分析国家形象的构成和影响因素，我们可以发现国家形象的构成体系复杂。从传播学角度分析，国家形象的构成要素可分为政治、经济、军事、外交、文化、自然环境、社会、教育、科技、体育、国民等方面[②]；从政治学角度，国家形象的构成要素包括物质基础、政治制度、文化理念、意识形态和民族精神等[③]；从营销学角度分析，国家形象的构成要素则包括制度体系、经济绩效、文化认知、领袖风范等国家的客观存在和相应状态[④]。鉴于国家形象是影响消费者行为的营销因素，根据营销学对消费中的国家形象构成要素的分类，并考虑传播在营销中的重要作用，国家形象的构成和影响维度可以分为政府维度、企业维度、文化维度、景观维度、国民维度和舆论维度六个[⑤]，企业维度中包含企业家形象、企业形象等子维度，而产品形象和品牌形象则细分在企业形象的下一级维度。按照这一划分模式，国家形象包含品牌形象，品牌形象是国家形象的子维度。国家形象构成维度分析如图 8-1 所示。

按比尔等学者定义的品牌形象构成的三要素理论，品牌形象由企业形象、使用者形象、产品或服务自身形象构成[⑥]，国家形象被涵盖在产品形象内。按照艾克对品牌形象的四要素论，品牌形象由产品的品牌、企业的品

---

① 卢泰宏，周懿瑾. 消费者行为学：洞察中国消费者[M]. 3 版. 北京：中国人民大学出版社，2018：3.

② 刘继南，何辉. 当前国家形象建构的主要问题及对策[J]. 国际观察，2008 (1)：34.

③ 刘艳房，张骥. 国家形象及中国国家形象战略研究综述[J]. 探索，2008(2)：70.

④ 王新刚，周玲，周南. 品牌丑闻跨国非对称溢出效应研究：国家形象构成要素视角[J]. 2017，556(4)：128-142.

⑤ 范红，胡钰. 论国家形象建设的概念、要素与维度[J]. 人民论坛・学术前沿，2016(4)：57.

⑥ BIEL A L. How brand image drives brand equity[J]. Journal of advertising research，1992，32(6)：6-12.

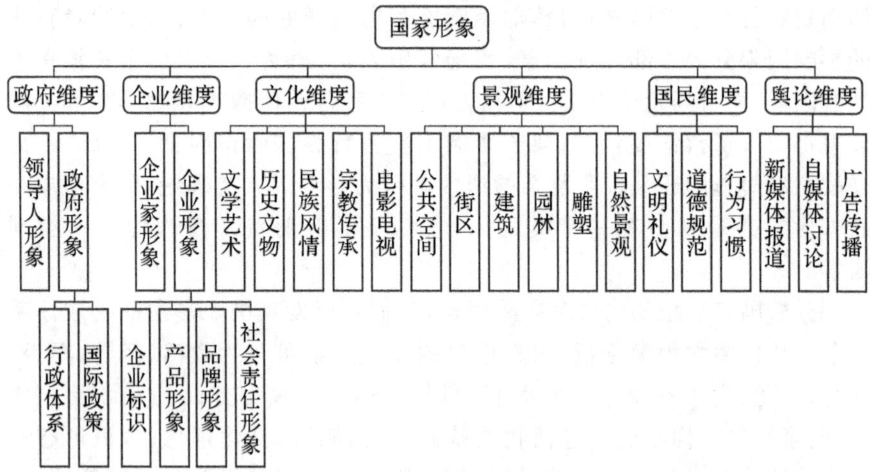

图 8-1 国家形象构成维度分析

牌、人的品牌和符号的品牌构成[1],国家形象划分在产品的品牌内。结合三要素理论和四要素理论对品牌形象构成要素的分类,品牌形象可以划分为产品、企业、拟人化和符号四个维度[2],其中国家形象包含在产品维度内。按上述分类,品牌形象包含国家形象,国家形象则是品牌形象的子维度。品牌形象构成维度分析如图 8-2 所示。

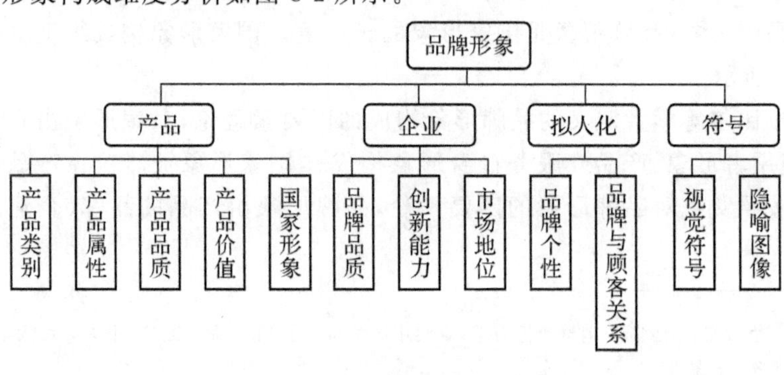

图 8-2 品牌形象构成维度分析

① AAKER D A. Managing brand equity[M]. New York: The Free Press, 1991.

② 范秀成,陈洁. 品牌形象综合测评模型及其应用[J]. 南开学报(哲学社会科学版), 2002(3):67.

通过分析国家形象和品牌形象的构成，我们可以明确，在消费中国家形象与品牌形象通过产品这一媒介相互联系，国家形象和品牌形象之间的关系是相互包含、相互影响的。因为国家形象只是品牌形象的子维度，所以正如对访谈和问卷的分析结果所强调的，国家形象和品牌形象都只是影响对方的因素之一，但并不是决定性因素。此外，因为国家形象和品牌形象与产品联系的紧密度不同，品牌形象与产品的联系比国家形象与产品的联系更为紧密，所以当它们对产品产生同等程度的影响效应时，国家形象对品牌形象的影响作用比品牌形象对国家形象的影响作用更为明显。

二、形象影响消费

虽然产品来源国形象与品牌形象都影响消费，但是因为国家形象与品牌形象的构成和影响因素存在差异，它们对消费的影响程度是不同的。此外，它们相互之间的关系也使得它们对消费的影响方式更为多样。

（一）形象对消费的影响程度

从消费的影响因素分析，国家形象和品牌形象是影响消费的外部因素或营销因素，但与产品属性对消费的影响程度相比，国家形象和品牌形象对消费的影响程度更低。佩科蒂奇和罗森塔尔在他们的研究中指出产品质量的影响效应最明显，品牌形象和来源国形象的影响效应不明显。此外，来源国形象需要与其他的外部线索，如品牌形象、消费者民族中心主义等结合，才会影响消费。[①] 通过对中国“90后”女性的意大利奢侈品消费分析，我们可以发现，国家形象和品牌形象对消费的影响程度比产品属性对消费的影响程度低，她们在购买意大利奢侈品时首先考虑的两个因素是产品的设计和产品的质量，而她们在解释为什么不了解意大利产品时，认为主要原因是不关心产品的来源国家。但是，在消费意大利奢侈品时，品牌的知名度以及对产品来源国的喜好还是排在了重要性因素中，而且影响比较明显。国家形象和品牌形象影响消费，而它们对消费的影响程度比产品属性对消费的影响程度低。

从国家形象和品牌形象与产品的紧密度分析，品牌形象与产品联系的

① PECOTICH A，ROSENTHAL M J. Country of origin，quality，brand and consumer ethnocentrism[J]. Journal of global marketing，2001，15(2)：31-60.

紧密度较高,而国家形象与产品联系的紧密度较低。在消费中,国家形象和品牌形象与消费的联系是通过产品进行的,产品是两者在消费中的物质载体,所以国家形象与消费联系的紧密度比品牌形象与消费联系的紧密度低。中国“90后”女性在购买意大利奢侈品时,虽然都认为国家形象和品牌形象是影响因素,但是她们更为看重品牌知名度,认为对产品来源国喜好的重要性更弱。因此,国家形象、品牌形象与消费联系的紧密度差异致使它们对消费的影响程度存在差异,品牌形象对消费的影响程度比国家形象对消费的影响程度高。

(二)形象对消费的影响方式

在国家形象和品牌形象的影响模型中,品牌形象可以直接影响消费,而来源国形象不仅可以直接影响消费,还可以通过品牌间接影响消费。[①]在对中国“90后”女性意大利奢侈品消费的分析中,国家形象对消费的直接影响和间接影响都明显可见,中国“90后”女性消费者在不了解意大利产品的情况下会因为喜欢意大利这个国家而喜欢其产品,同时不喜欢意大利这个国家也是她们不喜欢意大利品牌的原因之一。由此可见,国家形象可以直接影响消费,也可以通过品牌形象间接影响消费。

但是品牌形象对消费的影响方式并不是只有直接影响。通过分析品牌形象与国家形象的关系,我们可以看到,两者之间尽管在影响程度上存在差异,但它们是相互影响的。在访谈调查中,中国“90后”女性消费者表示,她们会因为喜欢的品牌是意大利所产而喜欢上意大利这个国家,由此可见品牌形象对国家形象的影响作用。因此,国家形象和品牌形象不仅可以各自直接影响消费,还可以通过对方间接影响消费。

三、消费影响形象建构

鲍德里亚在分析消费社会时强调消费是一种积极的关系方式,是一种系统的行为和总体反应的方式,并不是终极目的,我们整个社会的文化体系都是建立在这个基础之上的。[②] 因此,作为积极力量的消费自身是具有建构能力的。

---

① THAKOR M V, KATSANIS L P. A Model of brand and country effects on quality dimensions[J]. Journal of international consumer marketing, 1997, 9(3): 79-100.

② 鲍德里亚. 消费社会[M]. 刘成言,全志钢, 译. 南京:南京大学出版社,2000: 1.

建构主义认为形象具有可被建构性。形象是通过交往互动而被对方赋予的一种身份表达、折射[①]，只要形象与对方的交往互动不停止，形象就可以被建构。因此，国家形象和品牌形象是可以被建构的。

（一）消费影响国家形象建构

晕轮效应模型只是强调国家形象影响消费，而概括效应模型则说明了国家形象在消费经验影响后再去影响消费的过程。[②] 形象动态效应模型对晕轮效应模型和概括效应模型进行了整合，同时对模型内的内容做了进一步的丰富。在动态模型中，不仅国家形象会影响消费，消费还会反作用于国家形象，而且两者的相互影响是一种动态影响。[③]

国家形象与消费的相互影响是在两者的交往互动中产生的。在互动中，国家形象会影响消费，而消费也会发挥它的建构能力，去影响可被建构的国家形象，即消费影响国家形象的建构。从中国"90 后"女性消费者对意大利奢侈品的消费中，我们可以看到，她们会因为喜欢意大利而购买意大利奢侈品，同时她们在消费意大利奢侈品时会获得"产品的设计好"的消费经验，这个经验又会加深她们对"意大利是设计强国"的印象。

国际形象的建构是一个极为复杂的体系，涉及的因素和变量很多[④]，而消费只是众多影响因素之一。尽管消费会影响国家形象建构，但是这种影响是一个复杂、漫长的过程，只有经过长期持续的、前后一致的消费体验，国家形象才会发生变化。[⑤] 因此，消费影响国家形象的建构，但是影响程度较弱，需要一定的条件才能实现。

（二）消费影响品牌形象建构

形象效应模型主要用来解释国家形象的效应，但是我们在研究中发现，这些形象效应模型同样可以用于解释消费中的品牌形象效应。因此，

---

① 李智. 中国国家形象：全球传播时代建构主义的解读[M]. 北京：新华出版社，2011：25.

② HAN C M. Country image: halo or summary construct? [J]. Journal of marketing research, 1989, 26(2): 224.

③ NEBENZAHL I D, JAFFE E D, LAMPERT S I. Towards a theory of country image effect on product evaluation[J]. Management international review, 1997, 37(1):36.

④ 尚重生，赵璐阳. 国家形象建构的理论内涵、维度及路径选择[J]. 湖北行政学院学报，2017，94(4)：43.

⑤ NEBENZAHL I D, JAFFE E D, LAMPERT S I. Towards a theory of country image effect on product evaluation[J]. Management international review, 1997, 37(1):36.

在形象效应动态模型中,品牌形象与国家形象被放置在同一区域内,都作为形象效应中的形象类别因素。中国“90后”女性消费者在获得关于某个意大利奢侈品牌的负面消费经验后,她们会对这个品牌产生负面印象,而这种负面印象又会影响她们对这个品牌的下一次消费。所以,在品牌形象与消费的互动关系中,不仅品牌形象会影响消费,消费也会影响品牌形象。

虽然消费能影响国家形象和品牌形象的建构,但是消费对它们建构的影响程度并不完全相同。国家形象和品牌形象与产品联系的紧密度存在差异,这使得它们与消费联系的紧密度有所不同,因此消费对它们的影响程度也存在差异。在分析国家形象以及品牌形象的构成时,我们可以看到,品牌形象与产品联系的紧密度比国家形象与产品联系的紧密度高,所以消费对品牌形象建构的影响程度比它对国家形象建构的影响程度高。

综上所述,国家形象、品牌形象和消费是相互影响的。国家形象和品牌形象是影响消费者行为的同一类别因素,两者之间是相互包含和相互影响的关系;国家形象和品牌形象都是影响对方的因素之一,但不是决定性因素。国家形象和品牌形象影响消费,而消费影响国家形象和品牌形象的建构。国家形象对消费的影响比品牌形象对消费的影响程度低,消费对国家形象建构的影响程度比它对品牌形象的影响程度低。

第二节　消费与身份认同

随着消费社会的发展,消费不仅是经济学和营销学研究的问题,还是社会学和人类学关注的焦点。当代消费社会学的三个研究板块是传统的消费行为板块、消费生产板块和消费文化板块。消费行为板块的研究侧重的是消费者购买行为及影响该行为的社会因素,消费生产板块的研究侧重的是消费方式产生的政治、经济和社会制度环境,消费文化板块的研究关注的则是消费的符号意义、文化建构和感受过程。对消费生产的研究范式属于宏观范式,而消费行为和消费文化研究属于微观范式的研究。对消费与身份认同关系的研究主要分析身份认同沟通联系消费行为与消费文化之间的作用。[①] 而消费文化是现代性发展过程中文化生产的主要方式。它

① 王宁. 消费与认同:对消费社会学的一个分析框架的探索[J]. 社会学研究,2001(1):5-6.

代表了一种在市场主导下的社会分配，如社会资源与生活文化之间的关系、生活方式及其所依赖的物质和象征性资源之间的关系等。消费文化建立了一种系统，在这个系统中消费受到商品的制约，而文化再生产主要通过消费者个人选择的解放来实现。①

消费是沟通经济与文化的社会活动②，是具有社会性的。消费既是经济学角度下消费者追求个人效用最大化的过程，也是社会学角度下"意义"建构、趣味区分和文化分类的过程。③ 此外，社会学的身份认同跳脱了心理学概念的限制，拥有了更多社会学的内涵，是"消费者的一种社会定位过程"④。

根据消费者与社会的关系，消费者的身份认同可分为社会认同和个人认同，而社会认同又分为内在的群体认同和外在的社会分类。社会认同是指对某一集体的共同认同，群体认同是指群体成员对群体的主观归属感，而社会分类则是社会对某一成员的群体归类和划分。⑤ 个体认同也包括内在和外在两个方面。内在的个体认同主要是指自我形象，即消费者个人的主观自我认同。外在的个体认同则是公共形象，即社会对消费者个人的分类和综合评价。⑥

一、消费表达并建构身份认同

身份认同的塑造与身份认同的表现是同一过程的两个方面。在消费过程中，消费者借助商品符号来表达自己的身份认同，这种通过可视符号表达身份认同的过程构成了消费文化，而通过消费文化又可以创造消费者的自我形象，即自我认同。⑦ 在消费主义角度下，中国"90后"女性对意大利

---

① SLATER D. Consumer culture and modernity[M]. Oxford : Polity, 1999.

② LEE M J. Consumer culture reborn: the culture politics of consumption[M]. London: Routledge, 1993: Ⅷ.

③ 俞海山. 消费的一项系统论分析:兼论建立消费生态学的必要性[J]. 宁波大学学报(人文科学版),2008,21(4): 92.

④ 姚建平. 消费认同[M]. 北京:社会科学文献出版社,2006: 5.

⑤ JENKINS R. Social identity[M]. 3th ed. London: Routledge, 2008: 16-89.

⑥ GOFFMAN E. The presentation of self in everyday life[M]. Harmondsworth: Penguin Books, 1969.

⑦ 王宁. 消费与认同:对消费社会学的一个分析框架的探索[J]. 社会学研究,2001(1): 10-11.

奢侈品的消费就是对符号和意义的消费。消费中的意大利奢侈品除了具有实用价值,还象征一定的身份阶层。在分析中国“90后”女性消费意大利奢侈品的社会导向性动机时,我们可以观察到消费对消费者身份认同的表达和建构。社会导向性消费包括炫耀性消费、从众性消费、领先性消费和社会地位象征性消费四个方面。①

当中国“90后”女性对意大利奢侈品进行炫耀性消费时,她们认为不需要对这些商品有深入的了解,首要的是得到大家的认同,从而能满足她们炫耀的心理需要。在消费过程中,她们看重的不是商品的实际使用意义,而是消费商品的符号和象征意义,希望通过对这些商品的消费表达和塑造一个她们希望获得的社会分类和综合评价。中国“90后”女性对意大利奢侈品的炫耀性消费,表达和建构了她们外在的个人认同。

在从众性消费时,中国“90后”女性消费者为了在酒会上和其他客人之间不要有太大的差距而主动购买和使用意大利奢侈品。她们消费的目的是减少自己与群体中他人的“距离”,融入酒会社交群体,她们希望通过消费表达她们对所认同群体的归属感,并获得他人对她们的归类和评价。她们通过消费表达和建构她们的群体认同和个人认同。

身份认同的同一性是同一与差异的辩证同一性,所以奢侈消费中的领先性动机是指消费者彰显的是在同一群体中的个性和与群体中其他个体的差异。在领先性消费中,因为意大利奢侈品拥有设计与众不同、选材考究、做工精致等特点,能够满足中国“90后”女性消费者追求个性的需要,所以她们选择购买意大利奢侈品。中国“90后”女性消费者在消费中追求的个性需要是指她们希望在所属群体中塑造与其他消费者的差异之处。因此,在领先性消费中,中国“90后”女性通过对意大利奢侈品的消费表达和建构自己的身份认同。

在社会地位象征性消费中,因为意大利奢侈品塑造的形象是中高收入成功人士消费的品牌,所以它代表较高的社会地位或角色。因此,在需要彰显自己的社会地位和社会角色时,她们会购买意大利奢侈品。她们通过消费表达自己的社会地位和社会角色,同时也建构了自己的个人认同。

---

① MASON R. Cross-cultural influences on the demand for status goods[J]. European advances in consumer research, 1993, 2(1): 46-51.

二、身份认同决定并建构消费

弗里德曼认为消费是身份认同的消费。[①] 随着经济的发展和科技的进步、生产力水平的提高、商品数量和种类极大的丰富，社会为消费者提供了多样化消费的可能性。消费者对消费方式的选择在很大程度上是由他们的身份认同决定的。因此，消费与身份认同之间的影响并不是单向的，而是双向互动的。消费在表达和建构身份认同的同时，身份认同也在决定和建构消费。

中国“90后”女性对意大利奢侈品进行社会导向性消费时，她们会因为意大利一些奢侈品过于炫耀，不符合她们低调的形象，从而决定购买不过于炫耀的商品。这里呈现的是当中国“90后”女性消费者的身份认同与消费符号和象征意义产生冲突时，消费者改变消费的方式和内容。

在从众性角度下，有的中国“90后”女性消费者在意大利求学时，因为其他学生都不使用奢侈品，所以为了避免在学生群体中过于突出而被群体排斥，尽管她们喜欢意大利的奢侈品，她们还是选择不购买。这些中国“90后”女性消费者对自己的主观自我认同是学生身份，她们希望不突出和不被排斥是为了保持与所归属的学生这个低消费群体的一致性，所以在没有其他消费条件限制的情况下，她们主动放弃了自己的消费计划。她们对自己的身份认同决定和建构了她们的消费方式和内容。

在领先性消费中，因为中国“90后”女性要在群体中表现自己的个性，展示自己在群体中与其他个体消费者的差异，所以她们会在众多意大利奢侈品牌中挑选并购买设计出众的或者大众消费熟悉度较低的品牌。她们在强调社会认同的同时强调个体的认同，这决定并改变她们的消费方式和内容。

在社会地位象征性消费中，当中国“90后”女性认为那些意大利奢侈品表达的社会地位或角色与自己现有的社会地位不契合时，她们会放弃消费那些不符合自己身份要求的奢侈品而另外挑选合适的商品。对任一社会导向性消费动机的分析都清晰可见消费者身份认同对消费的决定与建构。

在消费生活中，女性处于中心地位，社会阶层的差异在此得以充分体

---

① FRIEDMAN J. Cultural identity and global process[M]. London: SAGE Publications, 1994.

现，代表不同文化的社会群体推动着消费的发展。而消费品多种多样，集使用、身份象征、趣味、纪念意义、美感和宗教意义于一身。这些不仅有助于消费者展示自我，树立个人形象，也有助于不同的社会圈子建立联系。[①]消费成为社会生活和生产的主导动力和目标，消费带上了文化与符号的含义。消费者对商品的选择本质上是对某个象征符号的选择，选择的过程体现着自身在社会阶层结构中的位置，表达了对自我身份的一种认同和自觉。消费者“通过某种认同而存在于社会，并与他人发生联系。认同并不是一个自然而然的产物，而是人们主动选择和创造的结果，并通过特定的行为和产品符号来表现、传达和显示”[②]。社会视角下的消费与身份认同是相互影响、相互建构的，消费表达并建构身份认同，而身份认同则决定并建构消费。

第三节　形象与身份认同

在研究数据收集和分析过程中，中国“90后”女性消费者多次提及意大利奢侈品是否符合个人风格、是否符合个人品位、和个人气质是否一致等顾虑，她们也把“和个人风格一致”和“彰显身份和地位”确认为影响意大利奢侈品消费的因素。这些都说明形象与身份认同之间影响关系的存在。而这里的形象与身份认同的关系是指在消费过程中国家形象和品牌形象与身份认同之间的关系。国家形象和品牌形象是影响消费的同一类别因素，与消费之间的关系是相互影响的，而消费与身份认同之间不仅相互影响还相互建构，所以国家形象和品牌形象与消费者身份认同之间必然存在一定的联系。此外，因为国家形象和品牌形象对消费的影响程度存在差异，所以国家形象和品牌形象与消费者身份认同之间联系的紧密度或影响度必然有所不同。

一、国家形象与身份认同相互影响

关于国家形象与身份认同的分析角度众多，这里主要讨论的是在消费

① 戴泽．消费[M]．邓芸，译．北京：商务印书馆，2015：122.

② 王宁．消费与认同：对消费社会学的一个分析框架的探索[J]．社会学研究，2001(1)：13.

过程中产品来源国形象与消费者身份认同之间的关系。在构成层面，国家形象和身份认同既有相同之处，又有差异之处。两者的相同之处在于它们的构成中都包含宏观维度和微观维度，而差异之处是宏观维度在它们构成中的重要程度有所不同。正如前文指出的，国家形象是一个复杂的构成系统，在国家形象的六个构成维度中，虽然也有微观维度，如国民维度、领导人形象和企业家形象等子维度，但是宏观维度所占比重较大，国家形象的构成以宏观维度为主。而消费者身份认同中的社会认同和个人认同是并重的，因此消费者身份认同中的宏观维度和微观维度占据同样地位。

在与品牌形象的关系方面，国家形象和身份认同与品牌形象之间都是相互影响的，但是在影响程度上存在差异。国家形象和品牌形象之间的关系是相互包含、相互影响的，国家形象和品牌形象都只是影响对方的因素之一，但并不是决定性因素。身份认同是构成品牌形象的主要因素之一，身份认同与品牌形象之间是相互影响、相互建构的。因为身份认同是品牌形象的主要构成因素之一，而国家形象只是影响品牌形象的众多因素之一，所以身份认同对品牌形象的影响程度比国家形象对品牌形象的影响程度高。

在与消费的关系方面，消费环境下的国家形象和身份认同通过消费进行联系。国家形象和身份认同与消费之间的关系是相互影响的，只是两者与消费关系中对互动模式的强调有所不同。国家形象影响消费，而消费影响国家形象的建构，在国家形象与消费的相互影响中主要强调消费对国家形象的建构。而在消费与身份认同的关系中两者是相互影响、相互建构的，强调的是相互之间的建构。

虽然国家形象与身份认同相互影响，但是在对中国“90后”女性消费意大利奢侈品的分析中，这种影响在消费者身份认同中的民族认同维度比较明显，在其他维度的表现则不太明显。中国“90后”女性成长在改革开放获得巨大成果时期，见证国家综合实力提升、国际地位提高的过程。虽然她们面临的社会消费背景发生了变化，她们的消费方式和观念受到了外国消费观念和价值取向的影响，但是她们对国家发展模式和发展道路的认同程度高，富有文化自信。因此，伴随着互联网成长的她们更敢于公开表达爱国情感。[①] 在问卷调查中,虽然所占比例不高,但是“不喜欢外国品牌”被中国“90后”女性消费者列为不了解意大利产品的其中一个原因。中国“90后”女性消费者这种“对本国产品认同、偏好和对外国产品负面抗拒的心理倾向”[②]是消费者民族中心主义的表现,同时也表现了她们的身份认同对她们心目中意大利形象的影响和建构。同样地,有的中国“90后”女性消费者认为“意大利某些品牌的辱华事件”和“喜爱国产品牌”也会导致她们不愿意购买意大利的产品。“意大利某些品牌的辱华事件”会导致意大利国家负面形象的产生,而这种负面形象又会影响并刺激中国消费者民族认同的建构。

二、品牌形象与身份认同相互影响

与国家形象的构成相比,品牌形象的构成系统相对简单。比尔的三要素理论认为“使用者形象”[③]是品牌形象的主要构成因素之一。艾克也把“人的品牌”看作品牌形象的四大构成要素之一。而在身份认同理论中,上述的使用者形象和人的品牌在消费中可以被理解为消费者的身份认同。所以作为品牌形象主要构成要素之一的身份认同,它不仅会影响品牌形象,还会建构品牌形象。因此,消费者身份认同的变化自然会引起品牌形象的变化。因为在消费中,品牌形象传播的目的是获得消费者的认同,让消费者觉得品牌形象与消费者的形象契合并产生消费欲望。随着中国综合国力的提升,中国奢侈品市场的重要性日益凸显。意大利奢侈品牌古驰(Gucci)为了迎合中国消费者,针对中国市场专门设计了含有中国元素的商品。而品牌在产品设计中添加中国元素就是希望通过品牌形象中的符号信息的变化,拉近与中国消费者的距离,获得中国消费者的认同。中国消费者的身份认同影响并建构该意大利品牌的形象。

在身份认同影响和建构品牌形象的同时,品牌形象也在影响和建构身份认同。从品牌形象的四个维度即产品维度、企业维度、符号维度和拟人

---

① 祝华新,潘宇峰,陈晓冉. 2016年中国互联网舆情分析报告[M] //李培林,陈光金,张翼. 社会蓝皮书:2017年中国社会形势分析与预测. 北京:社会科学文献出版社,2016:242.

② 王海忠. 消费者民族中心主义的中国本土化研究[J]. 南开管理评论,2003(4):31.

③ BIEL A L. How brand image drives brand equity[J]. Journal of advertising research, 1992, 32(6): 6-12.

化维度[1]分析品牌形象与身份认同的关系，我们可以确认品牌形象的四个维度都影响消费者的身份认同。其中，产品维度和拟人化维度对身份认同的影响较强，这是由于消费者对企业的评价是基于企业生产的产品和提供的服务，而企业形象、声誉等价值符号的作用则是在消费者对品牌个性的需求得到满足后才被考虑。而品牌形象对身份认同的影响可以表现在各个方面：消费者会根据品牌形象与个人形象的契合度决定是否认可该品牌形象；品牌形象传播会影响消费者对该品牌消费群体的社会认同；消费者使用产品时会通过该品牌形象的文化内涵展现和建构个人的形象，中国“90后”女性消费意大利奢侈品的其中一个原因就是希望通过这些品牌的符号和图像隐喻语言表达自身的社会身份；品牌形象涵盖了消费者的身份认同。[2]

品牌形象影响并建构消费者的身份认同。在新媒体时代，意大利奢侈品牌根据中国奢侈品市场的客观情况，采用全新的传播模式对中国“90后”女性消费者进行品牌宣传和品牌文化教育，而中国“90后”女性消费者也能通过各种媒体平台主动或被动地继续收集品牌的信息。新媒体为意大利奢侈品牌和中国“90后”女性消费者以及消费者相互之间建立了打破时空限制的沟通渠道，中国“90后”消费者可以相互分享对某一品牌的消费体验和认同，而同一品牌消费者的聚集就会形成品牌的消费者社群。而品牌消费者社群的建立意味着品牌形象对消费者社会认同和个人外在认同的成功建构。

综上所述，在消费中，由于品牌形象和国家形象的构成体系不同，它们与身份认同的关系存在差异。消费者身份认同是品牌形象的主要构成因素之一，品牌形象包含身份认同。而国家形象与身份认同通过消费进行联系，国家形象只是消费者身份认同的众多影响因素之一。因此，虽然品牌形象和国家形象与身份认同之间的关系都是相互影响、相互建构的，但是品牌形象与身份认同之间的影响程度比国家形象与身份认同的相互影响程度高。

---

① 范秀成，陈洁．品牌形象综合测评模型及其应用[J]．南开学报（哲学社会科学版），2002(3):67.

② 张志明．品牌选择的身份认同范式探析[J]．前沿，2016(391):37.

第四节　形象、消费与身份认同模型

在形象与消费这一对关系上,一方面,国家形象和品牌形象不仅可以各自直接影响消费,还可以通过对方间接影响消费。国家形象与品牌形象对消费的影响程度比产品属性对消费的影响程度低,而品牌形象对消费的影响程度比国家形象对消费的影响程度高。另一方面,消费反过来影响国家形象和品牌形象的建构。其中,消费对品牌形象建构的影响程度比对国家形象建构的影响程度高,因为消费对国家形象建构的影响需要一定的条件才能实现。

在消费与身份认同这一对关系上,社会学视角下的消费既是身份认同建构的原材料,又是表达身份认同的符号和象征。① 消费者通过身份认同与他人建立社会联系,而消费者的身份认同在很大程度上决定他们对消费方式的选择。

在形象与身份认同这一对关系上,国家形象和品牌形象与身份认同之间的关系是相互影响、相互建构的。但国家形象和品牌形象的构成体系不同造成它们与身份认同之间的关系存在差异。品牌形象包含身份认同,后者是前者的主要构成因素之一,而国家形象与身份认同是通过消费产生的,国家形象只是影响消费者身份认同的众多因素之一。因此,国家形象与身份认同的影响程度比品牌形象与身份认同之间的相互影响程度低。

综上所述,形象包括国家形象和品牌形象,国家形象和品牌形象影响消费,而消费影响国家形象和品牌形象的建构;消费表达并建构身份认同,而身份认同决定并建构消费;国家形象和品牌形象与身份认同是在相互影响中相互建构的。因此,消费过程中的形象、消费和身份认同之间是相互影响的。形象、消费与身份认同影响关系模型如图8-3所示。

我们发现可以对这个模型开展进一步的研究。不管形象还是消费或身份认同的构成体系都不是单一维度的,它们的构成都是多维度的、复杂的,因此它们各自会受到各种层面的、众多的因素影响。虽然在质性研究分析中我们发现了部分因素,例如传播媒介等,会对三者的关系有影响作

① 王宁. 消费与认同:对消费社会学的一个分析框架的探索[J]. 社会学研究,2001(1):9.

用，但是因为不是本书的研究内容和目的，所以没有对此进行深入的分析和论证。如果未来能继续对那些影响因素的具体关系和影响程度开展研究，则能进一步丰富本书所建立的形象、消费与身份认同影响关系模型。

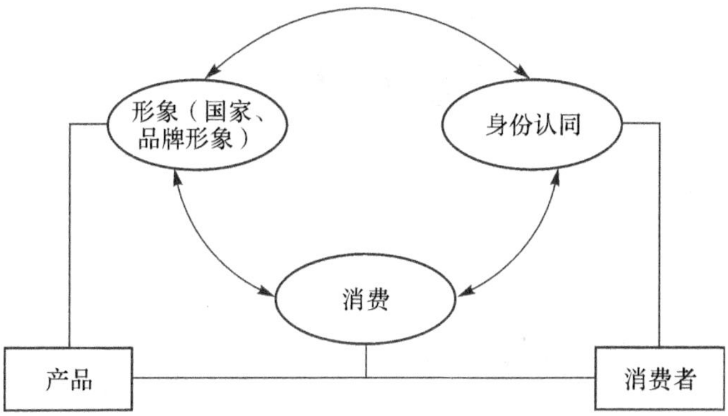

图 8-3　形象、消费与身份认同影响关系模型

参考文献

[1] 埃里克森．同一性：青少年与危机[M]．孙名之，译．杭州：浙江教育出版社，2000.

[2] 艾·里斯，劳拉·里斯．品牌的起源[M]．寿雯，译．北京：机械工业出版社，2013.

[3] 艾瑞咨询．2018年中国互联网流量年度数据报告[R/OL]．[2018-12-31]．http://report.iresearch.cn/wx/report.aspx? id=3332.

[4] 布东．社会学方法[M]．上海：上海人民出版社，1987.

[5] 车文博．当代西方心理学新词典[M]．长春：吉林人民出版社，2001.

[6] 陈向明．社会科学中的定性研究方法[M]．中国社会科学，1996.

[7] 陈向明．质的研究方法与社会科学研究[M]．北京：教育科学出版社，2000.

[8] 陈向明．旅居者与外国人[M]．北京：教育科学出版社，2004.

[9] 辞海编辑委员会．辞海[M]．上海：上海辞书出版社，2009.

[10] 爱格．品牌资产管理[M]．呼和浩特：内蒙古大学出版社，2003.

[11] 阿克．管理品牌资产[M]．吴进操，等译．北京：机械工业出版社，2013.

[12] 霍金斯，贝斯特，科尼．消费者行为学：第8版[M]．符国群，等译．北京：机械工业出版社，2003.

[13] 戴泽．社会科学[M]．彭郁，译．北京：商务印书馆，2015.

[14] 戴泽．消费[M]．邓芸，译．北京：商务印书馆，2015.

[15] 凡勃伦．有闲阶级论：关于制度的紧急研究[M]．李华夏，译．北京：中央编译出版社，2012.

[16] 范红,胡钰. 论国家形象建设的概念、要素与维度[J]. 人民论坛・学术前沿, 2016(2下):55-60.

[17] 范明林,吴军. 质性研究[M]. 上海:格致出版社,2009.

[18] 范秀成,陈洁. 品牌形象综合测评模型及其应用[J]. 南开学报(哲学社会科学版), 2002(3):65-71.

[19] 风笑天. 社会研究方法[M]. 北京:中国人民大学出版社,2013.

[20] 符国群. 消费者行为学[M]. 北京:高等教育出版社,2007.

[21] 付林芮. 发展与启示:近15年来国内消费与认同研究综述[J]. 浙江树人大学学报, 2016, 16(4): 56-62.

[22] 衡凤玲, 赵爱琴. 消费者行为学[M]. 北京:北京工业大学出版社,2004.

[23] 洪瑾. 社会调查方法[M]. 北京:中国轻工业出版社,2004.

[24] 黄合水. 品牌建设精要[M]. 厦门:厦门大学出版社, 2004.

[25] 霍布豪斯. 形而上学的国家论[M]. 汪淑钧, 译. 北京:商务印书馆,2000.

[26] 凯勒. 战略品牌管理[M]. 2版. 北京: 中国人民大学出版社, 2006.

[27] 希夫曼, 卡努克. 消费者行为学:第9版[M]. 北京:清华大学出版社, 2009.

[28] 李春玲,施芸卿. 境遇、态度与社会转型:"80后"青年的社会学研究[M]. 北京:社会科学文献出版社,2013.

[29] 李智. 中国国家形象:全球传播时代建构主义的解读[M]. 北京: 新华出版社,2011.

[30] 刘继南,何辉. 当前国家形象建构的主要问题及对策[J]. 国际观察, 2008 (1): 29-36.

[31] 刘世雄,周志民. 从世代标准谈中国消费者市场细分[J]. 商业经济文荟, 2002(5):19-21.

[32] 刘蔚华,陈远. 方法大辞典[M]. 济南:山东人民出版社,1991.

[33] 刘晓刚,朱泽慧,刘唯佳. 奢侈品学[M]. 上海:东华大学出版社,2009.

[34] 刘艳房, 张骥. 国家形象及中国国家形象战略研究综述[J]. 探索, 2008(2):69-73.

[35] 刘永中,金才兵. 英汉人力资源管理核心词汇手册[M]. 广州:广东经

济出版社,2005.

[36] 卢泰宏,等. 中国消费者行为报告[M]. 北京:中国社会科学出版社,2005.

[37] 卢泰宏,周懿瑾. 消费者行为学:洞察中国消费者[M]. 3 版. 北京:中国人民大学出版社,2018.

[38] 陆雄文. 管理学大辞典[M]. 上海:上海辞书出版社,2013.

[39] 所罗门,卢宏泰,杨晓燕. 消费者行为学:第 10 版[M]. 杨晓燕,郝佳,胡晓红,等译. 北京:中国人民大学出版社,2014.

[40] 卡斯特. 认同的力量[M]. 夏铸九,黄丽玲, 译. 北京:社会科学文献出版社,2003.

[41] 舍瓦利耶,马扎罗夫. 奢侈品品牌管理[M]. 卢晓,编译. 上海:格致出版社,上海人民出版社,2015.

[42] 鲍德里亚. 消费社会[M]. 刘成言,全志钢, 译. 南京:南京大学出版社,2000.

[43] 戎殿新,罗红波. 意大利工业化之路[M]. 北京:经济日报出版社,1991.

[44] 尚重生,赵璐阳. 国家形象建构的理论内涵、维度及路径选择[J]. 湖北行政学院学报,2017,94(4):37-43.

[45] 陶家俊. 身份认同导论[J]. 外国文学,2004(2):37-44.

[46] 陶应虎. 公共关系原理与实务[M]. 3 版. 北京:清华大学出版社,2015.

[47] 王海忠. 消费者民族中心主义的中国本土化研究[J]. 南开管理评论,2003(4):31-36.

[48] 王宁. 消费社会学[M]. 北京:社会科学文献出版社, 2011.

[49] 王宁. 消费与认同:对消费社会学的一个分析框架的探索[J]. 社会学研究, 2001(1): 4-14.

[50] 王新刚,周玲,周南. 品牌丑闻跨国非对称溢出效应研究:国家形象构成要素视角[J]. 2017, 556(4):128-142.

[51] 拉茨勒. 奢侈带来富足[M]. 刘风,译. 北京:中信出版社,2003.

[52] 李普曼. 公众舆论[M]. 阎克文,江红, 译. 上海:上海人民出版社,2002.

[53] 吴坚, 符国群. 原产地形象:市场上影响消费者选择的重要因素[J].

商业研究，2000(1):78-80.
[54] 伍庆. 消费社会与消费认同[M]. 北京：社会科学文献出版社，2009.
[55] 谢新观. 远距离开放教育词典[M]. 北京:中央广播电视大学出版社,1999.
[56] 徐稳. 论中国共产党引领先进文化的历史进程与基本经验[J]. 山东师范大学学报(人文社会科学版),2013,58(3):144-160.
[57] 薛荣久,王绍熙,刘舒年. 当代国际贸易与金融大辞典[M]. 北京:对外经济贸易大学出版社,1998.
[58] 严桦. 中国人均 GDP 首次突破 1000 美元[J]. 政治课教学,2004(3):6.
[59] 杨兴国. 品牌力[M]. 北京:人民邮电出版社,2012.
[60] 姚建平. 消费认同[M]. 北京:社会科学文献出版社，2006.
[61] 余翠娥. 个性消费与自我认同[J]. 社会，2003(10):47-49.
[62] 俞海山. 消费的一项系统论分析:兼论建立消费生态学的必要性[J]. 宁波大学学报(人文科学版),2008,21(4):90-95.
[63] 余明阳,朱纪达,肖俊崧. 品牌传播学[M]. 2 版. 上海:上海交通大学出版社,2016.
[64] 袁世全,冯涛. 中国百科大辞典[M]. 北京:华夏出版社,1990.
[65] 袁世全. 公共关系辞典[M]. 上海:汉语大词典出版社，2003.
[66] 张淑华,李海莹,刘芳. 身份认同研究综述[J]. 心理研究,2012,5(1):21-27.
[67] 张志明. 品牌选择的身份认同范式探析[J]. 前沿,2016(391):34-38.
[68] 赵玉明,王福顺. 广播电视辞典[M]. 北京:北京广播学院出版社,1999.
[69] 郑立华. 交际与面子博弈:互动社会语言学研究[M]. 上海:上海外语教育出版社,2012.
[70] 郑立华. 语言与交际:互动社会语言学导论[M]. 北京:外语教学与研究出版社,2003.
[71] 祝华新,潘宇峰,陈晓冉. 2016 年中国互联网舆情分析报告[M] //李培林,陈光金,张翼. 社会蓝皮书:2017 年中国社会形势分析与预测. 北京:社会科学文献出版社,2016.
[72] 朱健强. 品牌形象识别与传播[M]. 厦门:厦门大学出版社,2010.

[73] 何苗，姚建莉，周慧．“80后”“90后”女性消费PK：“90后”已提前进入贵妇行列？[EB/OL]．(2017-10-31)[2021-05-10]．http://m.21jingji.com/article/20171031/herald/d5e218b5c62da2bdcb6955646e244c42.html.

[74] 麦肯锡中国区服装、时尚与奢侈品咨询团队．中国奢侈品报告2019[R/OL]．(2019-04-01)[2021-05-04]．https://www.mckinsey.com.cn/wp-content/uploads/2019/04/McKinsey-China-Luxury-Report-2019-Chinese.pdf.

[75] 世界上文化遗产最多的国家排行 意大利文化遗产最多[EB/OL]．(2019-03-20)[2021-05-05]．https://www.souid.com/archives/142751.html.

[76]《中国电视剧产业发展报告2019》发布，全面解析电视剧市场现状[EB/OL]．(2019-03-30)[2021-05-05]．http://www.sohu.com/a/304877531_182272.

[77] 2018年中国游客出境游大数据报告[R/OL]．(2019-04-11)[2021-05-04]．https://www.sohu.com/a/307444345_100011688.

[78] 腾讯数据实验室，波士顿咨询公司．2019中国奢侈品市场消费者数字行为洞察报告[R/OL]．(2019-07-10)[2021-05-10]．https://max.book118.com/html/2018/1008/8116140141001125.shtm.

[79] 腾讯娱乐．Ermenegildo Zegna庆祝进驻中国20年[EB/OL]．(2011-09-19)[2021-05-04]．https://ent.qq.com/a/20110919/000558.htm.

[80] 王志东．中华优秀传统文化是当代中国最深厚的文化软实力[EB/OL]．(2019-01-16)[2020-04-20]．http://theory.people.com.cn/n1/2019/0116/c40531-30544538.html.

[81] 唯品会，艾瑞咨询．中国中产女性消费报告[R/OL]．[2021-05-02]．http://report.iresearch.cn/report_pdf.aspx?id=3341.

[82] 温静，赵静．复盘60年来中国电视剧发展史[EB/OL]．(2018-07-11)[2021-05-05]．http://www.sohu.com/a/240641980_351788.

[83] 易观千帆．2019年11月最新移动App TOP 1000榜单 用户稳中有升，移动购物领域绝对“C位”[EB/OL]．(2019-12-16)[2021-05-05]．https://www.analysys.cn/article/analysis/detail/20019606.

[84] 中国互联网络中心. 第23次中国互联网络发展状况统计报告[R/OL]. (2009-01-22) [2021-04-30]. http://www.cnnic.net.cn/hlwfz yj/hlwxzbg/hlwtjbg/201206/t20120612_26714.htm.

[85] 中国互联网络中心. 第44次中国互联网络发展状况统计报告[R/OL]. (2019-08-30) [2021-04-30]. http://www.cnnic.net.cn/hlwfzyj/hlwxzbg/hlwtjbg/201908/t20190830_70800.htm.

[86] 中华人民共和国教育部. 教育部关于印发《基础教育课程改革纲要(试行)》的通知[EB/OL]. (2001-06-08) [2021-04-28]. http://www.moe.gov.cn/srcsite/A26/jcj_kcjcgh/200106/t20010608_167343.html.

[87] 中华人民共和国商务部. 2019年意大利货物贸易及中意双边贸易概况[EB/OL]. (2020-04-08) [2020-05-11]. https://countryreport.mofcom.gov.cn/record/view110209.asp? news_id=68009.

[88] 中华人民共和国国家统计局. 国家年度数据[EB/OL]. [2021-05-05]. http://data.stats.gov.cn/easyquery.htm? cn=C01.

[89] 中华人民共和国驻米兰总领馆经商室. 意大利仍为世界第七大工业强国[EB/OL]. (2017-11-09) [2021-05-05]. http://milan.mofcom.gov.cn/article/jmxw/201711/20171102668324.shtml.

[90] QuestMobile研究院. QuestMobile"她经济"洞察报告[R/OL]. (2019-03-26) [2021-05-10]. http://www.questmobile.cn/research/report-new/24.

[91] AAKER D A. Managing brand equity[M]. New York: The Free Press, 1991.

[92] AGARWAL S, SIKRI S. Country image: consumer evaluation of product category extension[J]. International marketing review, 1996, 13(4): 23-29.

[93] AJZEN I, FISHBEIN M. Understanding attitudes and predicting social behavior[M]. Prentice-Hall: Englewood Cliffs, 1980.

[94] ALBERTI F, SCIASCIA S. Le politiche di marchio per i distretti industriali: i casi di Como e Biella [M]. Castellanza: Libero Istituto Universitario Carlo Cattaneo, 2004.

[95] ALIAGA M, GUNDERSON B. Interactive statistics [M]. 3rd ed.

Upper Saddle River: Pearson Prentice Hall, 2006.

[96] BABBIE E. The basics of social research[M]. 6th ed. Belmont: Wadsworth Cengage Learning, 2014.

[97] BALBONI B, GABRIELLI V, GRAPPI S. L'effetto del Country-of-Design e del Country-of-Manufacture sulla valutazione di prodotto: un'analisi sperimentale sul consumatore italiano [C]. The proceedings of 8th International conference marketing trends, 2008.

[98] BAUDRILLARD J. The consumer society: myths and structures [M]. London: SAGE Publications, 1998.

[99] BECKWITH N E, LEHMANN D R. The importance of halo effects in multi-attribute attitude models [J]. Journal of marketing research, 1975, 12(3): 265-275.

[100] BERG B L, LUNE H. Qualitative research methods for the social sciences[M]. 8th ed. Boston: Allyn & Bacon, 2012.

[101] BERGAMI M, BAGOZZI R. Self-categorization, affective commitment and group self-esteem as distinct aspects of social identity in the organization [J]. British journal of social psychology, 2000, 39: 555-577.

[102] BIEL A L. How brand image drives brand equity[J]. Journal of advertising research, 1992, 32(6): 6-12.

[103] BILKEY W J, NES E. Country-of-origin effects on product evaluations[J]. Journal of international business studies, 1982, 13(1): 89-99.

[104] BLACKWELL R D, MINARD P W, ENGEL J F. Consumer behavior[M]. 9th ed. Fort Worth: Harcourt College Publishers, 2001.

[105] BOMBELLI M C, ARDUINO A. Comunicare fra Italia e Cina [J]. Sviluppo e organizzazione, 2005, 211: 101-113.

[106] BRYANT A, CHARMAZ K. The SAGE handbook of grounded theory[M]. Thousand Oaks: SAGE Publications, 2011.

[107] CECCAGNO A, RASTRELLI R, SALVATI A. Ombre cinesi: dinamiche migratorie della diaspora cinese in Italia [M]. Roma:

Carocci, 2008.

[108] CHINEN K, ENOMOTO C E, COSTLEY D L. The country of origin effect on Toyotas made in Japan, USA and Mexico[J]. Journal of brand management, 2000 (8): 139-148.

[109] CORDELL V V. Effects of consumer preferences for foreign sourced products[J]. Journal of international business studies, 1992, 23(2): 251-269.

[110] D'ASTOUS A, AHMED S A. Multi-cue evaluation of made-in concept[J]. Journal of euromarketing, 1992, 2(1): 9-29.

[111] DE FELICE G, GUELPA F. Sistema moda e prospettive sui mercati internazionali[M]. Milano: Banca Commerciale Italiana, 2001.

[112] DOBNI D, ZINKHAN G M. In search of brand image: a foundation analysis[J]. Advances in consumer research, 1990, 17: 110-119.

[113] DOUGLAS M, ISHERWOOD B. The World of goods: towards an anthropology of consumption[M]. London: Routledge, 2002.

[114] DOWLING G R. Managing your corporate images[J]. Industrial marketing management. 1986, 15(2): 109-115.

[115] ELLEMERS N, KORTEKAS P, OUWEKERK J W. Self-categorisation, commitment to the group and group self-esteem as related but distinct aspects of social identity[J]. European journal of social psychology, 1999, 29: 371-389.

[116] ENGEL J F, KOLLAT D T, BLACKWELL R D. Consumer behavior[M] New York: Holt, Rinehart and Winston, Inc., 1968.

[117] ERIKSON E H. Childhood and society[M]. London: Paladin Grafton Books, 1950.

[118] FARINA P. Cina a Milano: famiglie, ambienti, e lavori della popolazione chinese a Milano[M]. Milano: Abitare Segesta, 1997.

[119] FINTONI S. No limits: presente e futuro del fashion marketing [M]. Milano: FrancoAngeli, 2010.

[120] FISHBEIN M. Attitudes and Prediction of Behavior[M]. New York: Wiley, 1967.

[121] FLICK U. An introduction to qualitative research[M]. 5th ed. London: SAGE Publications, 2014.

[122] FLICK U. Doing grounded theory[M]. Thousand Oaks: SAGE Publications, 2019.

[123] FOREST G, TRENTI S. Struttura e performance delle esportazioni: Italia e Germania a confronto[J]. Economia e politica industriale, 2012,39(2):77-109.

[124] FORTUNA D. La Fabbrica della Pasta di Gragnano: innovazione e internazionalizzazione del made in Italy [J]. Micro & Macro Marketing, 2015, 24(1): 113-130.

[125] FRIEDMAN J. Cultural identity and global process[M]. London: SAGE Publications, 1994.

[126] GALE B T. Managing customer value[M]. New York: The Free Press, 1994.

[127] GARDNER B B, LEVY S J. The product and the brand[J]. Harvard business review, March-April, 1955: 33-39.

[128] GIDDENS A. Positivism and sociology[M]. London: Heinemann Educational Books, 1974.

[129] GOFFMAN E. The presentation of self in everyday life[M]. Harmondsworth: Penguin Books, 1969.

[130] GOODWIN C, SMITH K L, SPIGGLE S. Gift-giving: consumer motivation and the gift purchase process[J] Advances in consumer research, 1990, 17(1): 690-698.

[131] GRAY A. Research practice for cultural studies: Ethnographic methods and lived cultures [M]. London: SAGE Publications, 2003.

[132] GUBA E G, LINCOLN Y S. Paradigmatic controversies, contradictions, and emerging influences [M]//DENZIN N K, LINCOLN Y S. The Sage handbook of qualitative research. 3 rd ed. Thousand Oaks: SAGE Publications. 2005: 191-200.

[133] HAMPTON G M. Perceived risk in buying products made abroad by American firms [J]. Journal of the academy of marketing science, 1977, 5(1): 45-48.

[134] HAN C M. Country image: halo or summary construct? [J]. Journal of marketing research, 1989, 26(2): 222-229.

[135] HAN C M. The role of consumer patriotism in the choice of domestic versus foreign products [J]. Journal of advertising research, 1988, 28(3): 25-32.

[136] HART A. Understanding the media[M]. London: Routledge, 1991.

[137] HAWKINS D L, MOTHERSBAUGH D L. Consumer behavior: building marketing strategy[M]. 13th ed. New York: McGraw-Hill Education, 2015.

[138] SCHÜTTE H, CIARLANTE D. Consumer behavior in Asia[M]. New York: NYU Press, 1998.

[139] INSCHA G S, MCBRID J B. The impact of country-of-origin cues on consumer perceptions of product quality: a binational test of the decomposed country-of-origin construct [J]. Journal of business research, 2004, 57(3): 256-265.

[140] JAFFE E D, NEBENZAHL I. D. National image and competitive advantage: the theory and practice of place branding [M]. 2nd ed. Copenhagen: Copenhagen business school press. 2006.

[141] JENKINS R. Social identity[M]. 3rd ed. London: Routledge, 2008.

[142] JOHANSSON J K, NEBENZAHL I D. Multinational production: effect on brand value[J]. Journal of international business studies, 1986, 17(3):101-126.

[143] KAYNAK E, KARA A. An examination of the relationship among consumer lifestyles, ethnocentrism, knowledge structures, attitudes and behavioral tendencies: a comparative study in two CIS states[J]. International journal of advertising, 2001,20(4): 455-482.

[144] KELLER K L. Conceptualizing, measuring, and managing customer-based brand equity[J]. Journal of marketing, 1993, 57(1): 1-22.

[145] KELLER K. Strategic brand management[M]. 4th ed. Upper Saddle River: Pearson Education, Inc., 2013.

[146] KHANNA S R. Asian companies and the country stereotype paradox: an empirical study [J]. Columbia journal of world business, 1986, 21(2): 29-38.

[147] KLEIN J G, ETTENSON R, MORRIS M D. The animosity model of foreign product purchase: an empirical test in the People's Republic of China[J]. Journal of marketing, 1998, 62(1): 89-100.

[148] KNIGHT G A, CALANTON R J. A flexible model of consumer country-of-origin perceptions: a cross-cultural investigation [J]. International marketing review, 2000, 17(2): 131-139.

[149] KOLTER P. Marketing management: analysis, planning, implementation and control[M]. 7th ed. New Jersey: Prentic-hall, 1991.

[150] KOLTER P, KELLER K L. Marketing management[M]. 14th ed. Upper Saddle River: Prentice Hall, 2012.

[151] LAVRAKAS P J. Encyclopedia of survey research methods[M]. Thousand Oaks: SAGE Publications, 2008.

[152] LEE M J. Consumer culture reborn: the culture politics of consumption[M]. London: Routledge, 1993.

[153] MAHESWARAN D. Country of origin as a stereotype: effects of consumer expertise and attribute strength on product evaluations [J]. Journal of consumer research, 1994, 21(2): 354-365.

[154] MASON R. Cross-cultural influences on the demand for status goods[J]. European advances in consumer research, 1993, 2(1): 46-51.

[155] MCWILLIAM G, DE CHERNATONY L. Branding terminology: the real debate[J]. Marketing intelligence & planning, 1989, 7(7/8): 29-32.

[156] MESLY O. Creating models in psychological research[M]. Berlin: Springer,2015.

[157] MILLER G A. The magical number seven, plus or minus two some limits on our capacity for processing information[J]. Psychological review, 1956, 63(2): 343-352.

[158] MOWEN J C, MINOR M. Consumer behavior[M]. Upper Saddle River: Prentice Hall, 1998.

[159] MUIJS D. Doing quantitative research in education with SPSS[M]. 2nd ed. London: SAGE Publications,2011.

[160] NAGASHIMA A. A comparison of Japanese and U. S. attitudes toward foreign products[J]. Journal of marketing research, 1970, 34(1): 68-74.

[161] NEBENZAHL I D, JAFFE E D, LAMPERT S I. Towards a theory of country image effect on product evaluation [J]. Management international review, 1997, 37(1): 27-49.

[162] NEBENZAHL I D, JAFFE E D, USUNIER J C. Personifying country of origin research[J]. Management international review. 2003, 43(4): 383-406.

[163] PAPPU R, QUESTER P G, COOKSEY R W. Country image and consumer-based brand equity: relationships and implications for international marketing [J]. Journal of international business studies, 2007, 38(5): 726-745.

[164] PARK C W, JAWORSKI B J, MACLNNIS D J. Strategic brand concept-image management[J]. Journal of marketing, 1986, 50(4): 135-145.

[165] PARK C W, MILBERG S, LAWSON R. Evaluation of brand extensions: the role of product feature similarity and brand concept consistency[J]. Journal of consumer research, 1991, 18(2): 185-193.

[166] PECOTICH A, ROSENTHAL J. Country of origin, quality, brand and consumer ethnocentrism [J]. Journal of global marketing, 2001, 15(2): 31-60.

[167] PETERSON R A, JOLIBERT A J P. A meta-analysis of country-of-origin effects [J]. Journal of international business studies, 1995, 26(4): 883-900.

[168] PLUMMER J T. How personality makes a difference[J]. Journal of advertising research, 40(6): 79-84.

[169] RICHARDSON P S, DICK A S, JAIN A K. Extrinsic and intrinsic cue effects on perceptions of store brand quality[J]. Journal of marketing, 1994, 58(4): 28-36.

[170] ROKEACH M. The nature of human vaules[M]. New York: Free Press, 1973.

[171] SOLOMON M R. Consumer behavior: buying, having, and being [M]. 10th ed. Upper Saddle River: Pearson Education, Inc., 2013.

[172] SAUNDERS M N K, THORNHILL A, LEWIS P. Research methods for business students [M]. 7th ed. Harlow, Essex: Pearson, 2016.

[173] SCHIFTMAN L G, KANUK L L Consumer behavior[M]. Upper Saddle River: Prentice Hall, 1995.

[174] SCHOOLER R D. Product bias in the central American common market[J]. Journal of marketing research, 1965(2): 394-397.

[175] SCHOOLER R. Bias phenomena attendant to the marketing of foreign goods in the U. S. [J]. Journal of international business studies, 1971, 2(1): 71-80.

[176] SCHÜTTE H, CIARLANTE D. Consumer behavior in Asia[M]. London: Macmillan Press, 2000.

[177] SHELLEY E T, PEPLAU L A, SEARS D O. Social psychology [M]. Upper Saddle River: Prentice Hall College Div, 1999.

[178] SHERRY J F. Gift giving in anthropological perspective [J]. Journal of consumer research, 1983, 10(2): 157-168.

[179] SHOCKER A D, SRINIVASAN V. Multiattribute approaches for product concept evaluation and generation: a critical review[J]. Journal of marketing research, 1979, 16(2): 159-180.

[180] SILVERMAN D. Interpreting qualitative data [M]. 5th ed. London: SAGE Publications, 2011.

[181] SLATER D. consumer culture and modernity[M]. Oxford: Polity, 1999.

[182] SMITH D C, PARK C W. The effects of brand extensions on market share and advertising efficiency[J]. Journal of marketing research, 1992, 29(3): 296-313.

[183] STRANNEGÅRD L, DOBER P. Unstable identities: stable unsustainability[J]. Sustainable development, 2010, 18(3): 119-122.

[184] TAJFEL H, TURNER J. An integrative theory of inter-group conflict [M]//AUSTIN W G, WORCHEL S. The social psychology of intergroup relations. Monterey: Brooks/Cole, 1979: 33-47.

[185] THAKOR M V, KATSANIS L P. A model of brand and country effects on quality dimensions[J]. Journal of international consumer marketing, 1997, 9(3): 79-100.

[186] THOMPSON M, ELLIS R, WILDAVSKY A. Cultural theory [M]. Oxford: West View, 1990.

[187] TSAI S. Impact of personal orientation on luxury-brand purchase value: an international investigation[J]. International journal of market research, 2005, 47(4): 427-452.

[188] VARRIALE F, DE PRETTO L. Cina-Italia-Cina: l'esperienza di un gruppo di giovani returnee altamente qualificati [J]. Studi emigrazione, 2013, 90: 225-248.

[189] VIANELLI D, DE LUCA P, PEGAN G. Modalità d'entrata e scelte distributive del made in Italy in Cina [M]. Milano: Franco Angeli, 2012.

[190] WALL M, LIEFELD J, HESLOP L A. Impact of country-of-origin cues on consumer judgments in multi-cue situations: a covariance analysis [J]. Journal of the academy of marketing science, 1991, 19(2): 105-113.

[191] WANG C K, LAMB C W. Foreign environmental factors influencing American consumers' predisposition toward European products[J]. Journal of the academy of marketing science, 1980, 8(4): 345-356.

[192] WEEKS J. The value of difference in identity [M]// RUTHERFORD J. Identity: community, culture, difference. London: Lawrence&Ishart Press, 1990: 88-100.

[193] WENGRAF T. Qualitative research interviewing: biographic narrative and semi-structured methods [M]. Thousand Oaks: SAGE Publications, 2001.

[194] ZHENG L, DESJEUX D, BOISARD A S. How the Chinese see the Europeans[M]. Paris: Editions Le Manuscrit, 2016.

[195] ZEITHAML V. Consumer perceptions of price, quality and value: a means-end model and synthesis of evidence [J]. Journal of marketing, 1988, 52(3): 2-22.

[196] Bain & Company, Altagamma. Altagamma monitor conference 2019 [EB/OL]. (2019-11-28)[2021-05-10]. https://altagamma.it/media/source/01.%20PRESS%20RELEASE%20CONFERENCE%20OSSERVATORIO%20ALTAGAMMA%202019.pdf.

[197] D'ARPIZIO C. Altagamma 2017 worldwide luxury market monitor [EB/OL]. (2017-10-25) [2021-02-20]. https://altagamma.it/media/source/Altagamma%20Bain%20WW%20Markets%20Monitor%202017.pdf.

[198] BARTOLONI M. Lo shopping parla sempre più cinese: lo scontrino medio a 1.167 euro, Milano al top [EB/OL]. (2019-07-30) [2021-05-04]. https://www.ilsole24ore.com/art/lo-shopping-parla-sempre-piu-cinese-scontrino-medio-1167-euro-milano-top-ACT277b.

[199] La Stampa. Confindustria Moda, nel 2018 cresce il fatturato delle aziende di settore [EB/OL]. (2019-01-29)[2021-09-10]. https://finanza.lastampa.it/News/2019/01/29/confindustria-moda-nel-2018-cresce-il-fatturato-delle-aziende-di-settore/OTlfMjAxOS0wMS0yO

V9UTEI.

[200] Deloitte. Global Powers of Luxury Goods 2019[EB/OL]. [2021-05-10]. https://www2. deloitte. com/content/dam/Deloitte/global/Documents/Consumer-Business/gx-consumer-business-gplg2019-report. pdf

[201] Federturismo Confindustria. Nasce l'osservatorio sul turismo di Global Blue e Federturismo Confindustria[EB/OL]. (2019-07-30) [2021-05-04]. http://federturismo. it/it/area-stampa/comunicati-stampa/570-comunicati-stampa/comunicati-2019/16386-nasce-l-osservatorio-sul-turi smo-di-global-blue-e-federturismo-confindustria. html.

[202] Istituto nazionale di statistica. Turismo in Italia nel 2018[R/OL]. [2021-05-05]. https://www. istat. it/it/archivio/232137.

[203] Pambianco. I top brand del Made in Italy crescono del 4,8% nel 2018 [EB/OL]. (2019-07-10)[2021-5-10]. https://www. pambianconews. com/2019/07/01/i-top-brand-del-made-in-italy-crescono-del-48-nel-2018-265891/.

[204] Pambianco. La moda italiana verso gli 80 mld nel 2021[EB/OL]. (2020-02-14) [2021-05-10]. https://www. pambianconews. com/2020/02/14/la-moda-italiana-verso-gli-80-mld-nel-2021-286225/.

[205] BCG,Tencent. 2019 China true-luxury palybook[EB/OL]. (2019-06-24) [2021-05-04]. https://max. book118. com/html/2019/0624/8034033126002031. shtm.

附　录　半结构式深度访谈受访者基本情况

类别	编号	出生年份	受访时年龄	职业或专业	受访时学历	籍贯
在职	L01	1994 年	25 岁	大学教师	硕士	河南
	L02	1993 年	26 岁	大学教师	硕士	湖北
	L03	1990 年	29 岁	大学教师	本科	吉林
	L04	1993 年	26 岁	大学教师	本科	甘肃
	L05	1990 年	29 岁	大学教师	硕士	广东茂名
	L06	1991 年	28 岁	保险公司职员	本科	广东清远
	L07	1994 年	25 岁	保险公司职员	本科	黑龙江
	L08	1996 年	23 岁	广告公司职员	大专	广东梅州
	L09	1995 年	24 岁	广告公司职员	本科	湖南
	L10	1994 年	25 岁	早教机构教师	本科	广东梅州
	L11	1994 年	25 岁	自由职业	本科	广东河源
	L12	1994 年	25 岁	律师	本科	广东梅州
	L13	1990 年	29 岁	设计师	大专	广东广州
	L14	1991 年	28 岁	外企职员	硕士	广东深圳
	L15	1991 年	28 岁	政府职员	硕士	陕西
	L16	1993 年	26 岁	中学教师	硕士	广东茂名
	L17	1992 年	27 岁	国企职员	本科	广东广州
	L18	1995 年	24 岁	插画设计师	大专	广东阳江

续表

类别	编号	出生年份	受访时年龄	职业或专业	受访时学历	籍贯
在职	L19	1990 年	29 岁	培训机构教师	硕士	广东广州
	L20	1992 年	27 岁	会计	硕士	广东肇庆
	L21	1993 年	26 岁	私企职员	大专	广东肇庆
	L22	1990 年	29 岁	小学教师	本科	广东肇庆
	L23	1993 年	26 岁	银行职员	本科	广东广州
	L24	1992 年	27 岁	外企职员	本科	广东广州
	L25	1991 年	28 岁	教育机构主管	本科	广东广州
	L26	1995 年	24 岁	国企职员	大专	广东韶关
	L27	1994 年	25 岁	外语译员	本科	广东佛山
	L28	1995 年	24 岁	私企职员	本科	广东广州
	L29	1996 年	23 岁	私企职员	本科	广东广州
	L30	1993 年	26 岁	教师	硕士	广东顺德
学生	S01	1990 年	25 岁	法语	硕士生	四川
	S02	1994 年	21 岁	德语	本科生	北京
	S03	1994 年	21 岁	高级翻译	本科生	广东梅州
	S04	1995 年	20 岁	德语	本科生	广东云浮
	S05	1994 年	21 岁	德语	本科生	广东广州
	S06	1994 年	21 岁	俄语	本科生	甘肃
	S07	1995 年	20 岁	高级翻译	本科生	广东清远
	S08	1994 年	21 岁	俄语	本科生	广东汕头
	S09	1993 年	22 岁	商务英语	本科生	广东佛山
	S10	1997 年	18 岁	印地语	本科生	安徽
	S11	1997 年	22 岁	声乐	本科生	湖南
	S12	1993 年	26 岁	比较文化	硕士生	山西
	S13	1993 年	26 岁	材料科学与工程	博士生	贵州

续表

类别	编号	出生年份	受访时年龄	职业或专业	受访时学历	籍贯
学生	S14	1991年	28岁	数学	博士生	湖北
	S15	1992年	27岁	基础数学	博士生	河南
代购者	D02	1994年	25岁	政府职员	本科	河北
	D01	2000年	19岁	意大利语	本科生	广东深圳
	D03	1984年	35岁	外企职员	本科	福建
对比	P01	1986年	29岁	大学教师	硕士	山东
	P02	1988年	31岁	保险公司职员	大专	广东清远
	P03	1986年	33岁	外企职员	大专	广东江门
	P04	1989年	30岁	外语译员	本科	山西
	P05	1978年	41岁	广告公司老板	大专	广东湛江
	P06	1973年	46岁	医生	本科	广东广州
	P07	1977年	42岁	外企主管	本科	四川
	P08	1973年	46岁	外企主管	本科	广东广州

后 记

因为学习和工作的原因，我曾多次访问意大利，见证了赴意大利中国游客人数的迅猛发展以及中国消费者购买能力的快速提升。当年，即使是旅游旺季，到访意大利的中国游客人数也比较少，而进入奢侈品店内消费的中国消费者更是屈指可数。随着改革开放的深入推进，中国居民收入以及消费能力不断提高，赴意大利旅游的中国人数不断增加，2019 年达到 600 万人，而且他们在意大利的消费总额也在不断上升。时至今日，意大利各大城市、景点随处可见中文撰写的告示，而意大利传统奢侈品牌店内更是纷纷聘请了中文导购。而令我深感疑惑的是为什么中国游客每到一个意大利城市必会购买意大利奢侈品。2011 年，国内发生的“达芬奇造假事件”则更是进一步印证了中国消费者对意大利奢侈品牌的追捧。因此，中国消费者对意大利奢侈品的消费问题一直吸引着我。

2013 年 9 月，我开始在广东外语外贸大学攻读比较文化研究专业博士学位。在两位导师郑立华教授和杨晓敏教授的指导下，我对品牌消费问题的认识提升到了理论高度，最终选定国家形象、品牌形象、消费与身份认同作为我的博士学位论文研究课题。正是在他们的无私帮助和悉心指导下，我完成了这个博士论文课题。而两位老师广博的专业学识、严谨的治学态度、忘我的工作精神和诚信的处事风范使我受益匪浅，这些财富必将让我受益终身。

在课题研究过程中，徐真华教授、栾栋教授、杨韶刚教授、谢詠教授、刘波教授、詹德华教授、罗红波教授、张弛教授和邓婷博士等在论文撰写方面也给予了我宝贵的意见。在此，我向各位前辈表示衷心的感谢。

此外，我还要感谢我所带领的广东外语外贸大学意大利语 2013 级、

2016级、2017级、2018级和2019级的本科生学生团队在访谈资料誊写、资料下载、图表绘制和文字核对中给予的支持、帮助和陪伴，感谢各位好友和学生在联系受访者、问卷调查中的无私帮助，感谢56位访谈受访者和518位问卷受访者的信任、理解。感谢学院领导以及意大利语系各位同事在此期间的支持、鼓励。我所任教的广东外语外贸大学西方语言文化学院积极支持本书的出版，并提供了部分经费。

最后，感谢我挚爱的父母，谢谢你们多年以来一直给予的无私关怀和无条件的支持、鼓励。感谢我亲爱的先生和儿子对我的理解和支持。感谢姐姐和姐夫对我的包容和鼓励。你们的陪伴是我能继续前进的动力。

在此，向所有帮助过我的师长、学生、朋友和家人表示最诚挚的谢意！

张海虹

于广东外语外贸大学

2021年5月16日